Fleisch geworden aus Maria

Karl-Heinz Menke

Fleisch geworden aus Maria

Die Geschichte Israels und der Marienglaube der Kirche

Verlag Friedrich Pustet
Regensburg

Die Deutsche Bibliothek – CIP-Einheitsaufnahme

Menke, Karl-Heinz:
Fleisch geworden aus Maria : Die Geschichte Israels
und der Marienglaube der Kirche / Karl-Heinz Menke. –
Regensburg : Pustet, 1999
ISBN 3-7917-1665-4

ISBN 3-7917-1665-4

Umschlaggestaltung: Anna Braungart, Regensburg
Umschlagmotiv: Gottesmutter des Zeichens, Rußland 14. Jahrhundert
Gesamtherstellung: Friedrich Pustet, Regensburg
Printed in Germany 1999

Meinem Zwillingsbruder
Herbert Menke (28. 1. 50 † 23. 9. 98)*
zum Gedenken an seine mit größter Tapferkeit
durchlittene Hoffnung
auf die Auferstehung im Tod

INHALT

B. DER MARIENGLAUBE DER KIRCHE

Einführung:
MARIOLOGIE IM SPANNUNGSFELD DER THEOLOGISCHEN ERKENNTNISLEHRE

Zu keiner Zeit der Kirchengeschichte ist Maria so verehrt und theologisch reflektiert worden wie zur Zeit der Pius-Päpste des 19. und 20. Jahrhunderts. Dabei kam es nicht nur zur Ausblendung der ökumenischen Perspektive, sondern auch zu Einseitigkeiten, Verkürzungen und Subjektivismen, die das Wesentliche des christlichen Glaubens verdeckten oder gar verdrängten. Das Motto „per Mariam ad Iesum" ist mit der Einzigkeit des Mittlers Jesus Christus nur schwer in Einklang zu bringen und stellt Maria mehr auf die Seite des Erlösers als in die Mitte der Erlösten.

Es gab, so bemerkt Hans Urs von Balthasar, eine Mariologie „von Anfang der theologischen Reflexion an [...] als ein unentbehrliches Stück der objektiven Heilslehre, ohne daß [...] eine isolierte subjektive Andachtsform damit verbunden gewesen wäre. Daß Maria Theotokos, Gottesgebärerin, ist, ist zunächst ein Satz der Christologie. Daß sie unbefleckt empfangen ist, zunächst ein Satz der Gnaden- und Erlösungslehre. Daß sie Jungfrau ist, um Mutter Christi werden zu können, ist – einfach dem Schriftzeugnis nachgesprochen – in der kirchlichen Überlegung ein Satz der Bundestheologie und damit der Lehre vom Kirchenvolk. Und das Dogma der leiblichen Aufnahme in den Himmel ist, recht verstanden, ein Stück der allgemeinen christlichen Lehre von den Letzten Dingen. [...] Wesentlich ist, daß dogmatisch Mariologie in der westlichen Kirche durch mehr als ein Jahrtausend – von Irenäus über Augustinus bis hin zu Anselm und Bernhard – bestanden hat, ohne daß sich etwas von den subjektiven Auswüchsen breitgemacht hätte, deren Einseitigkeiten man bedauern und die man zurückbinden muß"[1].

In der Darstellung Joseph Ratzingers kommt einer Abstimmung auf dem Zweiten Vatikanischen Konzil die Bedeutung einer geistigen Wasserscheide zu. Gemeint ist die Abstimmung vom 29. Oktober 1963, welche die Versammlung in zwei fast gleich große Lager (1114 zu 1074

[1] H. U. v. Balthasar, Das marianische Prinzip, in: Ders., Klarstellungen, Einsiedeln [4]1978, 65–72; hier: 66.

Stimmen) gespalten hat. Es ging um die vordergründig marginale Frage, ob die Aussagen des Konzils über Maria in die Konstitution über die Kirche aufgenommen oder in einem eigenen Dokument zusammengefaßt werden sollten. Dabei setzte sich die zugleich biblisch und ökumenisch orientierte Anhängerschaft der liturgischen Bewegung (angeführt vom Wiener Kardinal Franz König) gegen die marianische Bewegung der „Pianischen Epoche" (angeführt von Kardinal Rufino Santos aus Manila) durch[2]. Mit der Integration der Mariologie in die Konstitution „Lumen Gentium" wurde allen Spekulationen über ein „corredemptrix-Dogma" die Spitze abgebrochen. Nicht weil Maria im biologischen Sinne die Mutter des Erlösers ist, sondern weil sie jenes Israel repräsentiert, das „Ja" sagt zu dem Gott des Bundes, gehört sie in die Theologie. Maria ist nicht neben Christus „Mit-Erlöserin", sondern das „immakulate Konzept" des erlösten Menschen. Wäre das Geschehen der Inkarnation ein exklusiv-innovatorisches Handeln Gottes an Maria ohne sie, wäre also die Mutter des Erlösers nur „biologisches Instrument" des göttlichen Handelns gewesen, dann käme nur dem, den sie geboren hat, nicht aber ihr selbst theologische Bedeutung zu. Positiv gewendet: Weil der Erlöser seine Menschwerdung im Sinne des Bundesgedankens an das Ja-Wort des Menschen bindet, durch den er eintritt in diese Welt, ist Maria der heilige Rest Israels, Urbild und Stellvertreterin aller Gläubigen.

---

[2] „Die liturgische Bewegung suchte nach einer Frömmigkeit, die sich streng am Maß der Bibel oder allenfalls der alten Kirche orientierte; die marianische Frömmigkeit, die sich von den Erscheinungen der Gottesmutter in dieser Zeit ansprechen ließ, war viel stärker durch die Tradition des Mittelalters und der Neuzeit gestaltet [...]. Tatsächlich kann man das Ringen der ersten Konzilshälfte – den Disput um die Liturgiekonstitution, um die Lehre von der Kirche und die richtige Einordnung der Mariologie, um Offenbarung, Schrift, Überlieferung und um die Ökumene – nur richtig aus dem Spannungsverhältnis dieser beiden Kräfte verstehen. In all den genannten Auseinandersetzungen vollzog sich, auch wenn dies keineswegs im Vordergrund des Bewußtseins stand, der Sache nach das Ringen um das richtige Verhältnis der zwei charismatischen Ströme, die sozusagen für die Kirche von innen her ‚die Zeichen der Zeit' bildeten." (J. Ratzinger, Erwägungen zur Stellung von Mariologie und Marienfrömmigkeit im Ganzen von Glaube und Theologie, in: J. Ratzinger u. H. U. v. Balthasar, Maria – Kirche im Ursprung, Freiburg 1980, 15–40; hier: 17 f). – Dazu auch: W. Beinert, „Maria im Geheimnis Christi und der Kirche" (Lumen Gentium VIII). Bedeutung und Auswirkung einer konziliaren Entscheidung für das ökumenische Gespräch, in: J. Schreiner u. K. Wittstadt (Hgg.), Communio Sanctorum. Einheit der Christen – Einheit der Kirche (FS P.-W. Scheele), Würzburg 1988, 284–301; umfassend: I. Eggemann, Die „ekklesiologische Wende" in der Mariologie des II. Vatikanums und „konziliare Perspektiven" als neue Horizonte für das Verständnis der Mittlerschaft Marias (MThA 22), Altenberge 1993.

Alles, was die später ausgebildete Mariologie von der Gottesmutter aussagt, wird in der Heiligen Schrift von der Tochter, Braut und Mutter Zion gesagt und von den Vätern zunächst auf die Kirche übertragen. Von daher entspricht die Entscheidung des Zweiten Vatikanischen Konzils für eine Integration der Mariologie in die Ekklesiologie den Erkenntnissen der Exegese und der Patrologie. Dieses Votum war zugleich eine Abweisung der im 12. Jahrhundert einsetzenden Tendenz[3], Maria neben Christus zu stellen und ihr so im Sinne einer Parallelisierung die Titel einer Erlöserin und Mittlerin zu verleihen.

Die folgenden Ausführungen sollen vor allem dies zeigen: daß eine biblisch begründete und der Entscheidung des Zweiten Vatikanischen Konzils treue Mariologie zur theologischen Deutung des geschichtlich realisierten Bundes zwischen dem Gott Jesu Christi und Israel bzw. der Kirche gehört[4].

Es ist noch nicht sehr lange her, daß die Theologie das Verhältnis Christus/Kirche einseitig christologisch betrachtet hat und so zu einer ontologisierenden Auslegung des paulinischen Leib-Christi-Gedankens gelangte[5]. Die Kirche ist aber immer auch das Gegenüber Christi; sie ist zwar mit Christus verbunden (ganz besonders im Sakrament der Eucharistie); aber sie ist auch die sündige, die noch nicht vollendete Kirche, die Kirche unterwegs – ein Gedanke, der von der gegenwärtigen Theologie durch die Betonung der Differenz zwischen Reich Gottes und Kirche hinreichend herausgestellt wird. Zwischen den beiden Weltkriegen aber dominierte eine Leib-Christi-Ekklesiologie, die ständig in Gefahr war, die Differenz zwischen Christus und der Kirche durch das Attribut „mystisch" zu überdecken[6]. Und mit der Differenz zwischen Christus und Kirche wurde auch die zwischen Christus und

3 Dazu: H. U. v. Balthasar, Die Antwort der Frau, in: Ders., Theodramatik, Bd. II/2. Die Personen in Christus, Einsiedeln 1978, 260–330; hier: 287–290.

4 Dazu: ebd. 311–330.

5 „Wenn man sich auf *Paulus* beruft, sollte man sich damit bescheiden, daß der von ihm entworfene Leib-Christi-Gedanke nur begrenzte Reichweite hat. Der genuine Ort der Applikation der *paulinischen* Vorstellung ist nicht die ekklesiologische Homologese, nicht einmal die ekklesiologische Theorie, sondern schlicht die *Praxis des Dienstes*. Der Leib-Christi-Gedanke erläutert nicht die Christologie, sondern die christliche Existenz und begründet damit die Charismenlehre. Im gegenseitigen Dienst finden die Christen ihre Identität, die ihnen in Christus geschenkt ist." (H. Merklein, Entstehung und Gehalt des paulinischen Leib-Christi-Gedankens, in: Ders., Studien zu Jesus und Paulus [WUNT 43], Tübingen 1987, 319–344; hier: 343).

6 Dazu: R. M. Schmitz, Aufbruch zum Geheimnis der Kirche Jesu Christi. Aspekte der katholischen Ekklesiologie des deutschen Sprachraumes von 1918 bis 1943, St. Ottilien 1991.

Maria unterschlagen. Maria wurde in einem Maße wie nie zuvor in der Kirchengeschichte auf die Seite Christi gerückt. Die Zeit zwischen den beiden Weltkriegen ist die Zeit der zunehmenden Plädoyers für den Titel „corredemptrix" („Miterlöserin")[7]. Das Assumpta-Dogma von 1950 wird, wie die vorbereitenden Gutachten eindeutig belegen, nicht von der patristischen Ekklesiologie her begründet, sondern durch eine geradezu konsequenzmacherische Parallelisierung der Gottesgebärerin mit Christus.

Ohne die Theologiegeschichte ungebührlich zu vereinfachen, kann man ganz allgemein sagen, daß immer dann, wenn die Kirche allzusehr mit dem Leib Christi identifiziert wurde, die Mariologie dahin tendierte, Maria als „die Andere" der Kirche gegenüberzustellen. Das gegenteilige Extrem, nämlich eine Ekklesiologie, die den Unterschied zwischen Christus und seiner Kirche besonders stark hervorhebt, spiegelt sich ebenfalls in der Mariologie, und zwar in einer mehr oder weniger ausgeprägten Relativierung der Gottesmutter. Wenn die Kirche entgegen den Intentionen des Konzils ausschließlich als das Volk Gottes bezeichnet wird, das zwar aus den Verheißungen Christi lebt, aber doch die stets sündige, suchende, unvollendete Weggemeinschaft ist, dann wird genau das verschwiegen oder gar verdrängt, was in Maria so deutlich zum Ausdruck kommt: daß die Kirche nicht nur Empfängerin der Gnade, sondern als Empfängerin auch Geberin (Mutter) ist. Papst Paul VI. hat die Krise, in welche Marienfrömmigkeit und Mariologie nach dem Konzil gerieten, sehr hellsichtig diagnostiziert, indem er am 2. Februar 1974 in einem Apostolischen Schreiben über die rechte Form der Marienverehrung eine Rückbesinnung auf die Mutterschaft Marias fordert[8]. Denn so bedenklich eine Parallelisierung zwischen Christus und Maria ist, so richtig ist die Vorstellung von der Mutter Maria als der Personifizierung der Kirche[9].

---

[7] Vgl. dazu die kritischen Bemerkungen aus heutiger und protestantischer Sicht bei: C. A. de Ridder, Maria als Miterlöserin? Die Diskussion über die Mitwirkung der Mutter Gottes am Erlösungswerk Christi in der heutigen römisch-katholischen Theologie (KiKonf 5), Göttingen 1965.

[8] In dieselbe Richtung zielen auch die entsprechenden Verlautbarungen Johannes Pauls II., besonders seine Enzyklika „Redemptoris Mater".

[9] Das achte Kapitel der Kirchenkonstitution des Vatikanum II trägt den Titel: „Die selige jungfräuliche Gottesmutter Maria im Geheimnis Christi und der Kirche". In der ursprünglichen Vorlage lautete dieser Titel: „Über die selige Jungfrau Maria, die Mutter Gottes und die Mutter der Menschen". Dieser Titel ist theologisch durchaus akzeptabel, nicht aber die Überschrift, die – man weiß bis heute nicht, auf Grund von wessen Redaktion – den Konzilsvätern zu Beginn der 2. Sitzungsperiode präsentiert wurde: „Über die selige Jungfrau Maria, die Mutter der Kirche". Otto Semmelroth bemerkt in seinem

Der Versuch Pauls VI., die Rezeptionsgeschichte des Konzils vor Einseitigkeiten und Mißverständnissen zu bewahren, hat nicht viel bewirkt. Das liegt nicht nur daran, daß päpstliche Verlautbarungen in der Verkündigung vor Ort eine immer geringere Rolle spielen, sondern vor allem an dem Siegeszug jener Bewegung, die wir die liturgisch-biblisch-ökumenische genannt haben. Was viel zu lange in der katholischen Kirche unterdrückt und durch das Konzil endlich als gut begrüßt wurde, nämlich die historisch-kritische Exegese, bedeutete für die Mariologie, zumal für die christomonistische Mariologie der Pius-Ära, einen vernichtenden Schlag. Da sich in der Mariologie die Probleme der theologischen Erkenntnislehre – Fragen des Verhältnisses von Schrift und Tradition, Schrift und Dogma, Dogma und Lehramt – wie in einem Brennpunkt vereinen, muß von den Auswirkungen der historisch-kritischen Exegese auf die Mariologie wenigstens in einem Exkurs die Rede sein.

Exkurs: Die Mariologie als Brennpunkt der theologischen Erkenntnislehre

Man muß nur an den alten Gegensatz zwischen dem Traditionsbegriff der Protestanten und dem der Katholiken erinnern, um zu verstehen, warum die Mariologie in nachtridentinischer Zeit zum Sammelbecken der konfessionellen Differenzen wurde.

Nachdem Luther das Wort der Schrift zur Richterin aller Traditionen erklärt hatte, galt im sogenannten Altprotestantismus die Gleichsetzung der Offenbarung mit dem Wort der Schrift. Im Gefolge der Aufklärung wurde diese Gleichsetzung immer deutlicher aufgegeben. Nach der vom Historismus des 19. Jahrhunderts ausgelösten Kritik an jeder vermeintlich geschichtsunabhängigen Wahrheit wird die These von der Selbstauslegung der Hl. Schrift (Verbalinspiration) auch im Raum der protestantischen Kirchen kaum noch verteidigt. Dennoch ist der konfessionelle Gegensatz nur partiell überwunden worden[10]. Es

---

LThK-Kommentar zu LG 8: „Es war kein mariologischer Minimalismus, sondern Gespür für theologisch sachgemäße Ausdrucksweise, was die Mehrheit des Konzils veranlaßte, gegen die Aufnahme dieses Titels in das Konzilsschema – nicht gegen die geistliche Mutterschaft Mariens gegenüber den Gläubigen – zu stimmen. […] Bis in die letzten Diskussionen hinein gab es sowohl im Plenum wie in der Theologischen Kommission Meinungsverschiedenheiten über die Anwendung dieses Titels. Und gerade dieses starke Für und Wider mag den Papst veranlaßt haben, nachdem die Mehrheit des Konzils gegen die Anwendung des Titels ‚Mutter der Kirche' gestimmt hatte, der Gegenseite wenigstens dadurch Genugtuung zu verschaffen, daß er seinerseits in der Ansprache der Schlußsitzung der 3. Sitzungsperiode diesen Titel proklamierte." (O. Semmelroth, Kommentar, in: LThK.E^2 [1967] 327).

[10] Achim Buckenmaier („Schrift und Tradition" seit dem Vatikanum II. Vorgeschichte und Rezeption [KKTS 62], Paderborn 1996) unterscheidet verschie-

geht zwar nicht mehr um die Frage, ob die Schrift der Tradition oder die Tradition der Schrift überzuordnen ist. Umstritten ist jedoch weiterhin das Verhältnis von Schrift und Tradition zur Kirche. Denn es stellt sich die Frage: Ist die Bezeugung der Offenbarung (des Christusereignisses) durch Schrift und Tradition der Kirche anvertraut, oder ist die Kirche der Zusammenschluß derer, welche sich so vom Hl. Geist ergreifen lassen, daß sie die in Christus ein für allemal ergangene und durch die Schrift authentisch bezeugte Offenbarung unverfälscht tradieren[11]?

Nur vor diesem Hintergrund ist im nachhinein verständlich, warum der Tübinger Dogmatiker Joseph Rupert Geiselmann mit einer vergleichenden Analyse zwischen Entwurf und Endfassung eines auf das Verhältnis von Schrift und Tradition bezogenen Textes des Trienter Konzils enormes Aufsehen erregte. Geiselmann stellte fest, daß die Väter des Trienter Konzils ganz bewußt die zunächst vorgesehehene Formulierung „*partim* in libris scriptis *partim* in sine scripto traditionibus" durch die Fassung „in libris scriptis et sine scripto traditionibus" ersetzt hatten. Daraus schloß er, daß die in der nachtridentinischen Zeit auf katholischer Seite immer wieder verteidigte These, es gebe zwei Quellen der Wahrheit, nämlich Schrift und Tradition, so vom Trienter Konzil nicht gelehrt wurde. Das Streichen der ersten Fassung zugunsten der zweiten sei vielmehr so zu interpretieren, daß die Konzilsväter die inhaltliche Suffizienz der Schrift zumindest nicht bestreiten wollten. Im Kontext des Zweiten Vatikanischen Konzils wurde Geiselmanns Entdeckung als entscheidender Durchbruch des ökumenischen Gesprächs zwischen Katholiken und Protestanten gefeiert, bis man nach konkreten Konsequenzen fragte. Zum Beispiel: Was bedeutet die These von der inhaltlichen Suffizienz der Schrift für die Mariendogmen von 1854 und 1950?

Würde man die Bezeichnung der Schrift als suffizient in dem Sinne mißverstehen, daß sie die Offenbarung (das Christusereignis) nicht nur bezeugt, son-

---

dene Prioritätensetzungen. Während einige die „Vorgängigkeit der Kirche" (Ratzinger) bzw. der „Urkirche" (Rahner) betonen, verlangen andere die Beachtung der traditionskritischen Funktion der Schrift (Kasper). Buckenmaier selbst spricht von der dynamischen Interdependenz von Schrift, Tradition und Kirche, ohne das Verhältnis der drei Größen konkret zu bestimmen.

11 Der Bonner Neutestamentler Erik Peterson sieht im Dogma der Kirche die Fortsetzung der Inkarnation des Logos. Noch vor seiner Konversion zum Katholizismus bemerkt er in seiner 1927 in Bonn gehaltenen Vorlesung über das Johannesevangelium: „Nicht in der Schrift, sondern in Christus finden wir das Leben [...]. Die Schrift ist nur *martyria*, aber nicht *zoé* für die Christen. [...] Christus und die Schrift decken sich nicht einfach. Christus ist kein geschriebener Heiland. Er ist auch nicht in das Schriftwort eingegangen, sondern in den Leib der Jungfrau. Es hat einen Sinn, Christus von der Schrift zu trennen, ihn von der Schrift deutlich zu unterscheiden. Christus ist von der Schrift getrennt, wie er von Johannes dem Täufer getrennt ist. Der Täufer und die Schrift sind Zeugen über Christus; aber wie der Prolog des Johannes-Evangeliums dagegen protestiert, daß man in dem Täufer, der ein Zeuge ist, das ‚Licht' sieht, so protestieren die Verse Joh 1,39 f dagegen, daß man in der Schrift, die auch ein Zeuge ist, ‚das Leben' sieht. Licht und Leben finden wir weder in Johannes noch in der Schrift, sondern allein im Logos, der Fleisch geworden ist." (Zit. nach: B. Nichtweiß, Erik Peterson. Neue Sicht auf Leben und Werk, Freiburg 1992, 568 f).

dern in Worte faßt, dann wäre das Christentum eine Buchreligion; und die Offenbarung wäre eine in Sätze gefaßte Instruktion. Alle Versuche jedoch, den wahren Jesus „hinter" dem Christus der Dogmatik zu entdecken, sind gründlich gescheitert. Die nur hypothetisch mögliche Feststellung, daß ein Satz des NT auf Jesus selbst zurückgeht oder zumindest zum Urgestein des NT gehört, bedeutet keineswegs, daß darin ein tieferes Verstehen der Offenbarung als in einem chronologisch später anzusetzenden Zeugnis zum Ausdruck kommt. Die historisch-kritische Exegese kann die Eigenart des jeweiligen Zeugen eruieren, nicht aber entscheiden, ob z.B. Markus authentischer als Johannes von Jesus Christus spricht. Alle im NT versammelten Zeugnisse gemeinsam deuten in der vom Hl. Geist gewirkten Erinnerung (Joh 14,26; 16,13f) und mit Hilfe der Schrift – das ist im NT stets die Hebräische Bibel! – die Selbstoffenbarung Gottes in Jesus Christus. „Suffizient" ist das NT als für alle nachfolgenden Generationen hinreichende Bezeugung des Christusereignisses. Doch diese Suffizienz schließt Sätze (Dogmen) nicht aus, welche aus der gelebten „paradosis" oder „traditio" der schriftlichen Christusbezeugung erwachsen.

Dabei ist strikt zu beachten: Nicht die Schrift als solche und nicht die Dogmen als solche begründen den Glauben an Jesus Christus. Glaubensmotiv ist Jesus Christus selbst, nicht irgendein Bericht oder eine Definition, auch kein Zeichen oder Wunder. Aber Jesus Christus kann im Zeugnis eines Zeugen so gegenwärtig werden, daß dessen Adressaten zum Glauben gelangen[12]. Die Hl. Schrift ist Buchstabe gewordenes Zeugnis. Deshalb hat die Exegese keine vornehmere Aufgabe als die Eruierung der theologischen Gestalt, in die der einzelne neutestamentliche Autor sein Christus-Zeugnis gefaßt hat[13].

[12] „Das Zeugnis ist [...] der genuine Ort für die Erkenntnis und Weitergabe eines Ereignisses mit Geltungsanspruch an die sittliche Vernunft. Es macht ein ‚Vergangenes', besser (insofern es sich um ein Ereignis mit Aufforderungscharakter handelt): Ergangenes in dem Maße gegenwärtig, wie sich der Zeuge in einem zweifachen Sinn in Anspruch nehmen läßt; zum einen auf das hin, woher er sich zum Zeugnis berufen weiß, zum anderen auf die hin, die dieser Ruf erreichen soll. [...] Es gibt nur einen ‚Ort' in der Unüberschaubarkeit geschichtlicher Kontingenz, an dem erkennbar wird, daß sich ein Unbedingtes wirklich realisiert: ein Zeugnis, in dem der Zeuge sein eigenes Leben als völlig irrelevant betrachtet demgegenüber, was ihn unbedingt in Anspruch nimmt. In einem solchen Akt vermag die Unbedingtheit, die einem sittlich wirklich Verpflichtenden zugrunde liegt (und sittliche Verbindlichkeit ist notwendige Voraussetzung auch für alles, was zu Recht einen *religiösen* Anspruch erhebt), gleichsam ‚Fleisch zu werden', zur unabweisbaren Präsenz ihrer Wirkmächtigkeit zu kommen." (H. Verweyen, Botschaft eines Toten? Den Glauben rational verantworten, Regensburg 1997, 131f).

[13] Von daher muß der redaktionskritischen Methode der Primat vor allen anderen Methoden zugesprochen werden. Erst mit Hilfe der redaktionskritischen Methode „läßt sich relativ präzise die Besonderheit der jeweiligen neutestamentlichen Zeugen erkennen. Ohne die Arbeit der Quellen- und Formkritik (als analytische Methoden bei der Frage nach den früheren und frühesten Traditionsschichten) und der traditionsgeschichtlichen Forschung (als die Ergebnisse der Analyse voraussetzende synthetische Methode, deren ‚letztes Teilstück' die Redaktionsgeschichte bildet) ist Redaktionskritik aber nicht angemessen zu betreiben – ganz abgesehen von der Textkritik, der ‚Mutter' all dieser historisch-kritischen Unternehmungen, ohne die wir überhaupt keinen verläßlichen Bibeltext zur Hand hätten" (Ebd. 135f).

Das Ereignis, von dem alle neutestamentlichen Autoren Zeugnis geben, ist das Christusereignis. Auf dieses Ereignis bleiben alle Deutungen bezogen, welche die Kirche für verbindlich erklärt hat: nicht nur die im Kanon der Hl. Schrift vereinigten Deutungen, sondern auch die (erst in nachtridentinischer Zeit so bezeichneten) „Dogmen". Wenn die Theologiegeschichte von „Mariendogmen" spricht, dann nicht, weil deren Inhalt auf ein anderes Ereignis oder Faktum als die „christologischen" Dogmen bezogen ist; im Gegenteil, jedes Dogma, auch jedes „Mariendogma" kann nur dann dem Verdacht spekulativer Interpretation entgehen, wenn sein Inhalt notwendig verbunden ist mit dem Ereignis, das alle biblischen Autoren gemeinsam bezeugen.

Wenn man Maria in den Kontext der Zeugnisse stellt, die im Ursprung Deutung des Christusereignisses im Lichte des AT sind, entscheidet man sich zugleich gegen den Versuch, Mariologie durch logische Deduktion der Einzelaussagen aus einem „Fundamentalprinzip"[14] zu betreiben. Unbestreitbar ist, daß von allen marianischen Dogmen nur ein einziges, nämlich die jungfräuliche Empfängnis Christi, ausdrücklich von der Schrift mitgeteilt wird. Ein zweites Dogma, Marias Gottesmutterschaft, läßt sich daraus ableiten. Die bleibende Jungfräulichkeit, die Sündelosigkeit, die unbefleckte Empfängnis und die Verherrlichung im Leib stehen vielleicht in Kongruenz zu den beiden genannten Dogmen, sind aus diesen aber nicht einfach deduzierbar. Dieser Mangel wurde durch die berühmt-berüchtigte Formel, daß Gott de facto gewirkt hat, was in bezug auf Maria angemessen erscheint („potuit, decuit, fecit"[15]) beantwortet. Deren Problematik liegt in der Ableitung eines Faktums aus einer auf Spekulation beruhenden Konvenienz.

Im ersten Teil dieser Studie soll die Schrift mit der Frage konfrontiert werden, ob die von der Kirche verbindlich formulierten Aussagen über Maria ein heilsgeschichtliches Fundament haben. Am Ende steht die These, *daß die Reflexion des Christusereignisses im Licht „der Schrift" (der Hebräischen Bibel) Erkenntnisgrund nicht nur der neu-*

---

[14] Leo Scheffczyk (Fundamentalprinzip, in: Marienlexikon II [1989] 565–567) unterscheidet drei Grundformen des Fundamentalprinzips der Mariologie: Die erste leitet alle mariologischen Aussagen ab aus der Gottesmutterschaft Mariens (M. J. Scheeben; C. Feckes; A. Müller); die zweite sieht in Maria nicht nur die Erwählte, sondern auch die „Bundespartnerin" (H. M. Köster; K. Rahner; J. Bittremieux; B. Albrecht). Und die dritte bezeichnet Maria als „neue Eva" (L. Billot; J. A. De Aldama) oder als „Urbild der Kirche" (O. Semmelroth). – Wenn man die Gottesmutterschaft Mariens als das „objektive Fundamentalprinzip" und das stellvertretende Ja-Wort als das „subjektive Fundamentalprinzip" der Mariologie bezeichnet, dann läßt sich rasch erkennen, daß das eine vom anderen untrennbar ist. Denn ihr Empfangen (ihr Mutter-Werden) war zugleich das ganzpersonale (immakulate) Ja-Wort. Dazu umfassend: J. Radkiewicz, Auf der Suche nach einem mariologischen Grundprinzip. Eine historisch-systematische Untersuchung über die letzten hundert Jahre, Freiburg 1988.

[15] Diese von dem Anselmschüler Eadmer († ca. 1134) vorgestellte Argumentationsfigur findet sich noch 1950 in der Bulle „Munificentissimus Deus" zur Definition der Aufnahme Marias in den Himmel (vgl. DH 3900).

testamentlichen, sondern auch der erst im 19. und 20. Jahrhundert promulgierten Dogmen ist. Dies zu zeigen, ist das primäre Anliegen der folgenden Ausführungen. Dabei steht das Dogma von der jungfräulichen Empfängnis nicht nur deshalb im Mittelpunkt, weil es zumindest von Mt und Lk explizit bezeugt wird, sondern auch, weil der Streit um das Zueinander von Sach- und Erkenntnisgrund, von Faktum und Deutung, von faktischer Fleischwerdung Gottes und faktischer Parthenogenesis, die gesamte Mariologie involviert. Unsere relativ umfangreichen Ausführungen über die jungfräuliche Empfängnis bilden die Brücke zwischen Teil I (Maria in der Geschichte Israels) und Teil II (Der Marienglaube der Kirche). Dabei geht es primär um die Beantwortung der folgenden Fragen:

a) Darf man aus dem Faktum der realen Selbstmitteilung Gottes in Jesus Christus das Faktum der jungfräulichen Empfängnis deduzieren, wenn diese Deduktion sich nicht nur auf logische Konsequenz, sondern auch auf die „Logik der Heilsgeschichte" berufen kann?
b) War der historische Jesus so als der Christus erkennbar, daß die spätere Reflexion – im Licht „der Schrift" (der Hebräischen Bibel)! – von einem notwendigen Zusammenhang der Präexistenz des Erlösers mit seiner Parthenogenesis sprechen kann?
c) Rechtfertigt eine Zusammenschau der alttestamentlichen „Geist"-Aussagen mit der neutestamentlich bezeugten Empfängnis „durch den Heiligen Geist" die Bezeichnung der Präexistenz des Erlösers als Sachgrund der Parthenogenesis?

Erst wenn diese Fragen beantwortet sind, kann so etwas wie eine „Systematische Mariologie" entfaltet werden. Teil II dieser kleinen Studie geht auf die sehr verschieden motivierten Bestreitungen der jungfräulichen Empfängnis ein und erklärt dann den Zusammenhang zwischen faktischer Fleischwerdung des Logos und faktischer Parthenogenesis. Abschließend werden auch die übrigen „Mariendogmen" dargestellt. Dies geschieht jeweils in zwei Schritten. Am Anfang steht eine kritische Würdigung der entsprechenden Beiträge Karl Rahners; denn er vor allem hat den logischen Zusammenhang (nexus mysteriorum) der „Mariendogmen" untereinander und mit der Christologie, Soteriologie, Gnadenlehre, Ekklesiologie und Eschatologie erklärt. Daß die dogmatischen Reflexionen Karl Rahners nicht nur logisch konsequent sind, sondern auch in der biblischen Heilsgeschichte wurzeln, soll in einem zweiten Schritt gezeigt werden; dabei greifen wir zurück auf die in Teil I geschilderten „Anknüpfungspunkte".

Am Schluß stehen kurz gefaßte Hinweise auf das vielgestaltige (Ökumene; Feminismus; Marienerscheinungen; Kunst) Spannungsfeld zwischen der heilsgeschichtlich bezeugten Gestalt und den von Interessen, Frömmigkeitsformen, Kontroversen und privaten Erfahrungen geprägten Marienbildern.

A. MARIA IN DER GESCHICHTE ISRAELS

Hier soll nicht über mariologische Konsequenzen des Christusereignisses spekuliert, sondern gefragt werden, wie die neutestamentlichen Zeugen des Christusereignisses im Bedenken des Zusammenhanges zwischen der Hebräischen Bibel („der Schrift") und der Christus-Tradition zu bestimmten Aussagen über Maria gelangt sind. Dabei wird von vornherein beachtet, was einleitend ausgeführt wurde: daß der „Endtext" der vier Evangelien auf einer je verschiedenen Redaktion und damit auch auf einer je anderen Theologie (auf einem je anderen Zeugnis) basiert. In den letzten Jahren ist das exegetische Fundament einer möglichen Mariologie mehrfach eruiert und diskutiert worden[16]. Aber bis heute fehlt eine umfassende Untersuchung über die von der Theologie des einzelnen Redaktors bestimmte Eigenart der mariologisch relevanten Aussagen.

Die folgenden Ausführungen sollen nicht wiederholen oder bloß zusammenfassen, was die neuere Exegese zu den relativ wenigen Stellen sagt, die von Maria sprechen. Es geht vielmehr um die Beantwortung der Frage: Was spricht *für* die Annahme, daß die Aussagen des NT über Maria durch die Schriftinterpretation der frühen Christen entstanden sind[17]? Mit „der Schrift" ist, wie schon erwähnt, die Hebräische Bibel

---

16 Hier sei exemplarisch verwiesen auf: H. Räisänen, Die Mutter Jesu im Neuen Testament (STAT, Serie B/185), Helsinki 1969; J. McHugh, The Mother of Jesus in the New Testament, London 1975; R. E. Brown, The Birth of the Messiah. A commentary on the infancy narratives in Matthew and Luke, London 1978; J. Zmijewski, Die Mutter des Messias. Maria in der Christusverkündigung des Neuen Testaments. Eine exegetische Studie, Kevelaer 1989; F. Mussner, Maria, die Mutter Jesu, im Neuen Testament, St. Ottilien 1993.

17 Ausdrücklich schließe ich mich der u. a. von Martin Hengel (Das früheste Christentum als eine jüdische, messianische und universalistische Bewegung, in: ThBeitr 28 [1997] 197–210) vorgetragenen Abweisung einer synkretistischen Erklärung des frühen Christentums an. Hengel schreibt: „Daß das Urchristentum auf jüdischem Mutterboden gewachsen ist, bezweifelt heute wohl kein christlicher Theologe mehr. Fraglich wird dieser Konsens jedoch – zumindest bei vielen meiner protestantischen Kollegen – dann, wenn ich nur ein Wörtchen hinzusetze: daß es *ganz* aus jüdischem Boden hervorging, d. h. ohne Einschränkung. Denn mit dieser meiner Grundthese, daß das frühe Christentum *historisch gesehen* ganz ein Kind des Judentums ist, widerspreche ich einer Ansicht, die einst Hermann Gunkel formulierte und die sich über die religionsgeschichtliche Schule und dann vor allem durch Rudolf

gemeint. Die ökumenisch orientierte Exegese des deutschsprachigen und angelsächsischen Raumes geht viel zurückhaltender mit der Übertragung alttestamentlicher Aussagen auf Maria um als die französischsprachige Exegese. Doch die 1981 von protestantischen und römisch-katholischen Gelehrten erstellte Gemeinschaftsstudie mit dem Titel „Maria im Neuen Testament" stellt folgende Aussage als Konsens vor:

„Unübersehbar ist, wie einzigartig die Kindheitsgeschichten des Mt und Lk die alttestamentliche Atmosphäre widerspiegeln. Der Josef des Matthäus ruft in uns das Bild des Josef aus der Genesis wach, dem die Offenbarungen auch im Traum zuteil wurden (Gen 37,19: ‚der Träumer' [wörtlich: ‚der Herr der Träume']) und der auch nach Ägypten ging. Die Beschreibung des Mordes an allen männlichen Kindern in Bethlehem durch Herodes, bei dem das Kind Jesus verschont blieb, findet eine Parallele in der Ausrottung der männlichen Kinder der Hebräer durch den Pharao, wobei das Kind Mose verschont blieb (Mt 2,20b zitiert genau Ex 4,19). Lukas beschreibt Zacharias und Elisabet auf dieselbe Weise wie die Genesis Abraham und Sara beschreibt (vgl. Lk 1,18 und Gen 15,8; 17,17). Und der Bericht über die Darstellung Jesu im Tempel, wo er von Simeon begrüßt wird, erinnert an die Darstellung Samuels durch dessen Eltern im Zentralheiligtum, wo dieser von Eli in Empfang genommen wurde (1 Sam 1,24; 2,20). Ja, sogar das Magnifikat der Mutter Jesu klingt an den Lobgesang Hannas, der Mutter Samuels, an (1 Sam 2,1-10). Solche Ähnlichkeiten legen die Vermutung nahe, daß vieles aus der Geschichte über die Kindheit Jesu nicht auf Erinnerungen von Augenzeugen beruht, sondern nach alttestamentlichen Vorbildern gestaltet wurde [...]."[18]

Bultmann und seine Schüler in der neutestamentlichen Wissenschaft weithin durchgesetzt hat, daß nämlich das Christentum eine *synkretistische* Religion mit vielerlei z. T. extrem verschiedenen Wurzeln sei. An seiner Wiege seien neben dem Judentum auch eine vorchristliche, überwiegend pagane Gnosis, die griechischen und orientalischen Mysterien, Magie, Astrologie, heidnischer Polytheismus, ‚Theioi andres' und ihre Mirakel, hellenistische Popularphilosophie und anderes mehr Pate gestanden" (197).

[18] R. E. Brown u. a. (Hgg.), Maria im Neuen Testament. Eine Gemeinschaftsstudie von protestantischen und römisch-katholischen Gelehrten, Stuttgart 1981, 25.

1. Das Alte Testament als Schlüssel zu den neutestamentlichen Aussagen über Maria

Was die Schriften des NT verbindet, ist die Betrachtung des Christusereignisses im Licht der Führungsgeschichte Gottes mit Israel. „Aus einem weiteren Kreis der ‚vom palästinensischen Judentum gebrauchten Schriften stellte sich die frühe Kirche selber ihren Kanon alttestamentlicher Schriften zusammen'."[19] Deshalb spricht Anton Ziegenaus vom Kanon des AT als einem „Werk der Kirche"[20]. Im Rahmen dieser Untersuchung kann das grundsätzliche Problem des Verhältnisses von historisch-kritischer Exegese und theologischer Deutung nicht einmal in Ansätzen erörtert werden[21]. Aber es dürfte inzwischen Konsens unter den Fachexegeten sein, daß von einem der „Heiligen Schrift" angemessenen Verstehen nur da gesprochen werden kann, wo der Glaube an das den Kausalzusammenhang dieser Welt transzendierende Offenbarungsgeschehen nicht ausgeklammert wird. In diesem Punkt übrigens stimmen jüdische und christliche Exegese der Hebräischen Bibel überein. Christlich betrachtet aber sind die erst von der Kirche kanonisierten Zeugnisse der Führungsgeschichte Gottes mit Israel auf das Christusereignis bezogen. Dabei versteht sich von selbst, daß eine historisch-kritische Analyse alttestamentlicher Texte aus diesen selbst keinen Bezug auf Jesus Christus erheben kann[22].

---

19 A. Budde, Der Abschluß des alttestamentlichen Kanons und seine Bedeutung für die kanonische Schriftauslegung, in: BN 87 (1997) 39–55; hier: 44.

20 A. Ziegenaus, Kanon. Von der Väterzeit bis zur Gegenwart (HDG I/3a[2]), Freiburg 1990, 68.

21 Exemplarisch sei verwiesen auf: J. Gnilka, Methodik und Hermeneutik. Gedanken zur Situation der Exegese, in: Ders. (Hg.), Neues Testament und Kirche (FS R. Schnackenburg), Freiburg 1974, 458–475; T. Söding, Historische Kritik und theologische Interpretation. Erwägungen zur Aufgabe und zur theologischen Kompetenz historisch-kritischer Exegese, in: ThGl 82 (1992) 199–231; D. Hattrup, Exegese und Theologie. Eine dogmatische Anmerkung, in: ThGl 83 (1993) 90–94; R. Voderholzer, Die Einheit der Schrift und ihr geistlicher Sinn. Der Beitrag Henri de Lubacs zur Erforschung von Geschichte und Systematik christlicher Bibelhermeneutik (Slg Hor NF 31), Einsiedeln/Freiburg 1998, bes. 455–474.

22 Bestimmte Verse des AT sind zum festen Bestandteil der Mariologie geworden: vor allem Gen 3,15 („Feindschaft will ich setzen zwischen dir und dem Weibe, zwischen deinem Sproß und ihrem Sproß. Er wird dir den Kopf zermalmen, und du wirst ihn an der Ferse treffen.") und Jes 7,14 („Darum wird euch der Herr selbst ein Zeichen geben: Seht, das junge Mädchen wird empfangen und einen Sohn gebären und seinen Namen Immanuel nennen."); aber auch Spr 8,22 und Sir 24, Stellen, in denen die Weisheit mit Attributen versehen wird, die auf Maria anwendbar sind. Eine ausschließlich historisch-kritische Betrachtung dieser Texte kann nur zu dem Ergebnis gelangen, sie seien

Wenn die Verfasser der ntl. Schriften von einem „Typos"[23] sprechen (vgl. Röm 5,14; 1 Kor 10,6.11; 1 Petr 3,21), dann ist eine atl. Realität (Person, Sache, Ereignis) gemeint, der eine vorbildliche Bedeutung für die eschatologische Heilszeit zuerkannt wird. Zwei Momente erweisen sich als notwendig, damit von einem Typos im ntl. Sinn gesprochen werden kann: 1. eine geschichtliche Realität, die von Gottes Heilshandeln getragen ist; 2. eine Aussage der Schrift (des AT) über diese Realität. Die Gewichtung beider Momente fällt sehr unterschiedlich aus. Neben „typoi", die ein heilsgeschichtliches Faktum bezeichnen, welches gleichsam nebenbei auch noch gedeutet wird (z. B. Adam als Typos Christi in Röm 5,12 ff), stehen andere „typoi", die erst durch den erklärenden Text verständlich werden (z. B. die Gestalt des Melchisedech als Typos des Hohenpriesters Jesus Christus in Hebr 7,2). Grundvoraussetzung für die Existenz eines Typos ist das Bleibende, Durchgehende im Heilshandeln Gottes. Gemeint ist allerdings nicht die mythologische Wiederkehr des Gleichen, sondern immer eine Überbietung der Ereignisse, die Israel in der Vergangenheit erfahren hat. Wenn Christus in Röm 5 der neue Adam genannt wird, dann ist damit nicht nur die Kontinuität des göttlichen Handelns ausgedrückt, sondern auch das Plus der geschichtlichen Wirkmacht Jesu Christi im Vergleich zu der Adams; so heißt es in Röm 5,20b: „Wo jedoch die Sünde mächtig wurde, da ist die Gnade übergroß geworden." Mit anderen Worten: Das Verhältnis der Entsprechung zwischen atl. Typos und ntl. Anti-Typos impliziert zugleich Kontinuität und Diskontinuität.

---

durch die christliche Mariologie dogmatisch instrumentalisiert worden. Doch ein solches Verdikt greift zu kurz, wenn die „Heilige Schrift" insgesamt und jedes ihrer Teile Gottes geschichtliche Selbstoffenbarung bezeugt.

[23] Das Wort als solches findet sich erst bei Paulus. Seine Verwendung dieses Terminus umfaßt zwei Grundbedeutungen. *Zum einen* bedeutet „typos" so viel wie „Vorbild" oder „Norm". In Phil 3,17 und in 2 Thess 3,9 stellt der Apostel sich selbst als Vorbild des Glaubens vor. Gemeint ist damit nicht die eigene Leistung, sondern eine von Gott gesetzte Norm. Deshalb kann auch die in eine bestimmte Sprachgestalt überführte Glaubenslehre als „typos" bezeichnet werden (Röm 6,17). *Zum anderen* bezeichnet das Wort „typos" Gestalten oder Ereignisse des AT, deren Erfüllung die gegenwärtige Heilszeit ist. Diese zweite Bedeutung ist gemeint, wenn von der ntl. Erschließung der Heilsbedeutung des AT die Rede ist. Die Ereignisse oder Gestalten des AT, die im NT als „typoi" gelten, sind gerade nicht „Norm" oder „Vorbild", sondern Schatten des Zukünftigen. Wenn eine biblische Gestalt „typos" im Sinne von „Vorbild" genannt wird, ist die Erwählung des einzelnen gemeint, nicht aber seine Bedeutung in der heilsgeschichtlichen Realisierung der Gottesherrschaft. Dazu: P. J. Cahill, Hermeneutical Implications of Typology, in: CBQ 44 (1982) 266–281.

Das Typos-Denken gehört zum Textbefund der Hl. Schrift selbst. Es findet sich nicht erst im NT, sondern schon bei den Propheten des AT. In Jer 16,14f oder in Jes 43,16-21 z.B. wird der Exodus aus Ägypten zum Typos der Rückkehr aus dem Babylonischen Exil. Dabei ist allerdings zwischen dem Zusammenhang von Weissagung und Erfüllung und jenem von Typos und Antitypos zu unterscheiden. Von einem typologischen Zusammenhang kann immer nur im nachhinein die Rede sein. Erst in der Rückschau auf die Heilsgeschichte können zwei Ereignisse oder Gestalten in einen typologischen Zusammenhang gesetzt werden. Daß die typologische Auslegung des AT durch das NT auf einer eklektischen und keineswegs historisch-kritischen Befragung des atl. Bezugstextes beruht, ist unbestritten. Aber auch wenn eindeutig festgestellt wird, daß der Wortsinn einer Stelle des AT ein ganz anderer als der ist, den ein ntl. Autor ihr durch seine typologische Auslegung unterstellt, bleibt die Intention des ntl. Exegeten theologisch bedeutsam. Alle Beispiele typologischer Auslegung sind Ausdruck des Glaubens an die Kontinuität des göttlichen Heilshandelns.

Die biblische Heilsgeschichte ist in ihrer Gesamtheit bestimmt durch den Bundesgedanken; und dieser wird – angefangen bei den frühen Propheten bis hin zur Geheimen Offenbarung – immer wieder mit dem Bild einer Vermählung veranschaulicht. Das „Hohelied" ist von seinem Ursprung her eine Sammlung von Liebesliedern, mit denen die Liebe eines jungen Mannes zu seiner Erwählten besungen wird. Die Tradition hat in diesen Liedern ein Symbol der Liebe Jahwes zu seinem Volk Israel erkannt. Und die drei wichtigsten Dimensionen des Symbols „Tochter Zion"[24] – nämlich „Braut Jahwes", „Mutter des Volkes Gottes" bzw. „Mutter-Zion" und „Jungfrau Israel" – werden von der christlichen Tradition rezipiert.

Die wichtigsten Texte, in denen Israel als Braut Jahwes bezeichnet wird, sind: Hos 1-3; Jes 1,21; 62,4f; Jer 2,2; 3,1. Dem entsprechen im NT z.B. 2 Kor 11,2 und Eph 5,21-33. Noch in den letzten Kapiteln der Geheimen Offenbarung (19–21) wird das himmlische Jerusalem als Braut beschrieben.

---

[24] Zion bzw. Sion ist der vorisraelitische Name des ältesten Teils von Jerusalem, durch seine steilen Hänge eine starke Festung, die David von den Jebusitern erobert hat. Mit der Ausdehnung der Stadt nach Norden durch den Tempel-und Palastbau Salomos ging der Name über auf den Tempelberg und auf Jerusalem als Gottesstadt. Jerusalem als Gottesstadt wird unter der symbolischen Bezeichnung „Tochter Zion" zur Bezeichnung Israels und der Kirche.

Zwar wird die „Frau Zion“[25] öfter Tochter als Mutter genannt; aber auch die Bezeichnung „Mutter Zion“ kommt vor. Zum Beispiel in Ps 87,5 f:

„Und sagen wird man von Zion: Mutter! In ihr ist ein jeder geboren, er selber hat sie gegründet, der Höchste, Jahwe. Er schreibt die Völker in das Verzeichnis ein: ‚In ihr sind alle geboren.‘“

In Jes 60,1-22 beschreibt der Prophet den Glanz der Tochter Zion, die zur Mutter aller Völker werden soll:

„Steh auf, Jerusalem, werde licht! Denn gekommen ist dein Licht, und die Herrlichkeit Jahwes strahlt über dir. [...] Da wirst du schauen und strahlen, dein Herz wird pochen und sich weiten. Denn die Schätze des Meeres fluten zu dir hin, und es strömt zu dir der Reichtum der Nationen. [...] Deine Tore werden immer offen stehen; man schließt sie nicht bei Tag und Nacht, um zu dir den Reichtum der Nationen hineinzubringen und ihre Könige dir zuzuführen. Das Volk aber und das Reich, die dir nicht dienen wollen, werden untergehen, und diese Völker werden gänzlich ausgerottet.“

In der jüdischen Tradition begegnet uns das Thema „Mutter Zion“ unter dem eschatologischen Bild der Frau Zion, die ihre Kinder aus dem Exil ruft und auf dem Berg Zion zu dem neuen Volk Gottes formt.

Dieses Bild wird von Mt 23,37 aufgegriffen:

„Jerusalem, Jerusalem! Du tötest die Propheten und steinigst die, die zu dir gesandt sind. Wie oft habe ich deine Kinder sammeln wollen, wie eine Henne ihre Küchlein sammelt, und ihr habt nicht gewollt.“

Oder Paulus in Gal 4,21-27:

„Sagt mir doch, die ihr unter dem Gesetz stehen wollt, hört ihr denn das Gesetz nicht? Es steht doch geschrieben, daß Abraham zwei Söhne hatte, einen von der Sklavin und einen von der Freien. Doch ist der von der Sklavin nach dem Fleisch gezeugt worden, der von der Freien dagegen auf Grund der Verheißung. Das ist sinn-

---

[25] In den semitischen Sprachen wird in der gehobenen (zumeist poetischen) Sprache die Stadt als Frau personifiziert. So spricht man von einer Stadt als „der Frau“ oder „der Tochter xy“. In Ps 45,13 ist die Rede von der „Tochter Tyrus“ , in Jes 23,12 von der „Tochter Sidon“, in Zef 3,14, Sach 9,9 und vielen weiteren Stellen von der „Tochter Jerusalem“. Das NT übernimmt in bezug auf Jerusalem diese Redeweise in Mt 21,5 und Joh 12,15. Dazu: N. W. Porteous, Jerusalem – Zion: The Growth of a Symbol, in: A. Kuschke (Hg.), Verbannung und Heimkehr. Beiträge zur Geschichte und Theologie Israels im 6. u. 5. Jh. v. Chr. (FS W. Rudolph), Tübingen 1961, 235–252.

bildlich gesagt. Diese Frauen sind die beiden Testamente. Das eine stammt vom Berge Sinai und gebiert zur Sklaverei. Das ist Hagar – denn der Berg Sinai befindet sich in Arabien; sie ist gleichzusetzen dem jetzigen Jerusalem, befindet es sich doch mit seinen Kindern in der Sklaverei. Das Jerusalem dort oben hingegen ist die Freie, das ist unsere Mutter. Denn es steht geschrieben: ‚Freue dich, du Unfruchtbare, die du nicht gebierst! Frohlocke und jauchze, die du keine Wehen kennst; denn viele Kinder hat die Einsame, mehr als die, die den Mann hat'. Ihr aber, Brüder, seid wie Isaak Kinder der Verheißung. Aber wie damals der nach dem Fleische Gezeugte den nach dem Geiste Gezeugten verfolgt hat, so geschieht es auch heute. Doch, was sagt die Schrift? ‚Verstoße die Sklavin samt ihrem Sohn, denn der Sohn der Sklavin soll nicht erben mit dem Sohn der Freien.' Deshalb, Brüder, sind wir nicht Kinder der Sklavin, sondern der Freien."

Die Frau Zion wird nicht nur Braut und Mutter, sondern auch Jungfrau genannt. Dies ist umso erstaunlicher, als das AT eine positive Wertung der Jungfräulichkeit nicht kennt. Im Gegenteil: Viele Stellen sprechen dafür, daß eine Frau, die ihr Leben lang Jungfrau blieb, als verflucht galt. Wenn nicht nur Israel, sondern beispielsweise auch Babylon oder Ägypten als „Jungfrau" bezeichnet werden, dann im Kontext einer Niederlage, in der ein Volk dem Feind wie eine Jungfrau ihrem Vergewaltiger ausgeliefert ist. Ein Volk – das ist die damit verbundene Vorstellung – verliert seine Unabhängigkeit wie eine vergewaltigte Jungfrau ihre Ehre. In diesem Sinne ist z. B. Jes 47,1-4 zu verstehen:

„Steige herab und setze dich in den Staub, jungfräuliche Tochter Babel! Setz dich entthront auf die Erde, Tochter der Chaldäer! Nicht mehr wird man dich Zarte und Feine nennen. Nimm die Mühle und mahle Mehl; decke deine Schleier auf und nimm deine Schleppe hoch, entblöße deine Schenkel und durchwate die Ströme. Aufgedeckt wird deine Blöße, man soll deine Schande sehen. Ich nehme Rache, und niemand soll fürbittend eintreten. Unser Erlöser, dessen Name Jahwe Zebaot, der Heilige Israels spricht: Sitze still und verkrieche dich, Tochter der Chaldäer! Denn man nennt dich nicht mehr Herrin der Königreiche."

Entsprechend heißt es von Israel z. B. in Jer 18,13:

„Darum spricht Jahwe also: Erkundigt euch doch bei den Heidenvölkern, ob je einer so etwas gehört hat. Greuel hat die Jungfrau Israel getan."

Oder Jer 31,4 f:

„Wiederum will ich dich aufbauen, und du sollst aufgebaut werden, Jungfrau Israel. Wiederum wirst du dich mit deinen Handpauken schmücken und in frohem Reigen daherschreiten. Wiederum wirst du Weinberge pflanzen auf Samarias Bergen."

Oder Jer 31, 21:

„Stell dir Merksteine auf, setze dir Wegweiser ein! Besinn dich auf die Straße, den Weg, den du einst gezogen bist: Komm heim, Jungfrau Israel, komm heim zu dieser deiner Stätte!"

Oder Am 5,1 f:

„Höret dieses Wort, ein Klagelied, das ich über euch anstimme, Haus Israel! Gefallen ist, nicht steht sie wieder auf, die Jungfrau Israel; sie ist zu Boden geworfen, und niemand richtet sie auf."

Die Bedeutung dieser und ähnlicher Stellen ist eindeutig: Die Bezeichnung Israels als Jungfrau bedeutet Demütigung, Entehrung, Schande.

Die aufgezählten Stellen können die Vermutung erhärten, daß die Texte des AT, welche die „Frau Zion" als Braut bzw. Gemahlin, als Mutter und Jungfrau bezeichnen, Erkenntnisgrund der neutestamentlichen Mariologie sind. Denn die Bezeichnung „Frau Zion" bzw. „Tochter Zion" wird schon im NT in allen geschilderten Dimensionen auf eine konkrete Frau appliziert, auf Maria, insofern sie das messianische bzw. eschatologische Israel personifiziert. Vor diesem Hintergrund soll im folgenden der Versuch gemacht werden, die mariologisch relevanten Texte des NT ganz und gar vom AT her zu lesen.

2. Die an Maria ergehende Verheißung (Lk 1,26-38)

Man findet im AT mehrere Perikopen, in denen ein himmlischer Botschafter einer schon betagten oder unfruchtbaren Frau mitteilt, daß sie auf Grund eines besonderen Eingreifens Gottes wider alle natürlichen Gesetze Mutter werde. Einige Beispiele seien genannt: Gen 18,9-15, wo der betagten und unfruchtbaren Frau Abrahams, Sara, gesagt wird, daß sie einen Sohn gebären werde. Oder Ri 13,2-7:

„Da war ein Mann aus Zorea vom Geschlechte Dans mit Namen Manoach. Seine Frau war unfruchtbar und hatte kein Kind bekommen. Dieser Frau erschien der Engel Jahwes und sprach zu ihr: ‚Du bist unfruchtbar und hast kein Kind bekommen. Nun aber sei auf der Hut; trinke keinen Wein und nichts Berauschendes und iß nichts Unreines. Denn du sollst empfangen und einen Sohn ge-

bären. Das Schermesser soll nicht auf sein Haupt kommen, denn das Kind wird ein Nasir Gottes sein vom Mutterschoße an. Und er wird anfangen, Israel aus der Hand der Philister zu retten'."

Und im NT finden wir in unmittelbarer Nähe des Textes, den wir hier näher betrachten, eine dem Zitat aus Ri 13,2-7 auffallend ähnliche Perikope: Lk 1,11-22: die Ankündigung der Geburt des Johannes an Zacharias, dessen Frau Elisabet unfruchtbar war.

Diese und ähnliche Texte sind ein und demselben literarischen Genus zuzuordnen. Dabei ist es zunächst unerheblich, ob man dieses enger oder weiter faßt. Enger gefaßt handelt es sich um die Ankündigung einer heilsgeschichtlich bedeutsamen Geburt. Weiter gefaßt geht es um eine Berufungsgeschichte.

Ignace de la Potterie[26] spricht von einem klassischen Erzählschema, das sich in fünf Punkten charakterisieren läßt: 1. die Erscheinung eines Engels; 2. die Reaktion der Person, an die der Engel seine Botschaft richtet (z.B. Erschrecken, Angst, Zweifel); 3. die Ankündigung des Engels als solche; 4. zumeist die Äußerung eines Bedenkens, weil nach natürlichen Maßstäben nicht möglich ist, was der Engel angekündigt hat; 5. ein Zeichen für die Glaubwürdigkeit der Ankündigung.

Es ist offensichtlich, daß der Text in Lk 1,26-38, den wir mit der Überschrift „Die Ankündigung der Geburt Jesu" versehen können, diesem Schema folgt. Allerdings kann man auch viele Details nennen, in denen er von ähnlichen Erzählungen abweicht. Deshalb haben Jean-Pierre Audet und Klemens Stock einen einzigen atl. Text, nämlich Ri 6,11-24, als Typos der ntl. Verkündigungsszene ausmachen wollen[27]. Im einzelnen lassen sich folgende Verse miteinander in Beziehung setzen:

1. Ri 6,12: „*Da erschien ihm [dem Gideon] der Engel Jahwes und sprach zu ihm: ‚Jahwe mit dir, starker Held!'*"	Lk 1,18: „*Der Engel trat bei ihr ein und sagte: Sei gegrüßt, du Begnadete*[28]*, der Herr sei mit dir.*"

[26] Vgl. I. de la Potterie, Marie dans le mystère de l'alliance (CJJC 34), Paris 1988, 42.

[27] Vgl. J.-P. Audet, L'annonce à Marie, in: RB 63 (1956) 346–374; K. Stock, „Die Berufung Marias (Lk 1,26-38)", in: Bib. 61 (1980) 457–491.

[28] Das „Phänomen, daß in der Anrede der Eigenname ausfällt und statt seiner eine qualifizierende Bezeichnung verwendet wird, findet sich ausschließlich in diesen beiden Erzählungen" (K. Stock [Anm. 26] 462[7]).

2. Ri 6,13: *„Gideon antwortete ihm: ‚Vergib, mein Herr: wenn Jahwe mit uns ist, warum hat uns all dies getroffen?'"*	Lk 1,29: *„Sie erschrak über die Anrede und überlegte, was dieser Gruß zu bedeuten habe."*[29]
3. Ri 6,14: *„Geh hin in dieser deiner Kraft, und du wirst Israel retten aus der Hand Midians. Bin ich es nicht, der dich sendet?"*	Lk 1, 30-32: *„Fürchte dich nicht, Maria; denn du hast bei Gott Gnade gefunden. Du wirst ein Kind empfangen, einen Sohn wirst du gebären; dem sollst du den Namen Jesus geben. Er wird groß sein und Sohn des Höchsten genannt werden."*
4. Ri 6,15: *„Gideon antwortete ihm: ‚Vergib, mein Herr: wie soll ich Israel retten? Meine Sippe ist die schwächste in Manasse, und ich bin der Geringste im Haus meines Vaters.'"*	Lk 1,34: *„Maria sagte zu dem Engel: Wie soll das geschehen, da ich keinen Mann erkenne?"*
5. Ri 6,16: *„Ich werde mit dir sein, und du wirst Midian schlagen, als ob es nur ein einziger Mann wäre."*	Lk 1,35: *„Der Heilige Geist wird über dich kommen, und die Kraft des Höchsten wird dich überschatten."*
6. Ri 6,17: *„Gideon sprach zu ihm: ‚Wenn ich in deinen Augen Gnade gefunden habe, dann gib mir ein Zeichen, daß du, Jahwe, es bist, der mit mir redet.'"* (Das Zeichen wird in Gestalt des Verbrennens der von Gideon ausgebreiteten Speisen gewährt).	Lk 1,36: *„Auch Elisabet, deine Verwandte, hat noch in ihrem Alter einen Sohn empfangen; obwohl sie als unfruchtbar galt, ist sie jetzt schon im sechsten Monat."*
7. Ri 6,24: *„Und Gideon errichtete dort einen Altar für Jahwe und nannte ihn: Jahwe ist Friede."*	Lk 1,38: *„Da sagte Maria: Ich bin die Magd des Herrn; mir geschehe, wie du gesagt hast."*[30]

[29] Die Reaktion, die von seiten Gideons und Marias erfolgt, bezieht sich bei aller Verschiedenheit auf die vorausgehende Anrede.

[30] „Gideon verlangt von sich aus ein Zeichen, das die Identität des Sprechenden

Wenn man voraussetzt, daß eine Berufungsgeschichte zugleich die Ankündigung einer außerordentlichen Geburt sein kann, dann folgt Lk 1,26-38 beiden Erzählschemata. Im Fachjargon ausgedrückt: Es liegt eine „Mischform" vor. Wie dem auch sei, die These, daß die Mariologie des NT durch die Reflexion bestimmter Texte des AT entstanden ist, wird durch den Hinweis auf atl. Geburtsankündigungen und durch den Vers-für-Vers-Vergleich von Lk 1,26-38 mit Ri 6,11-24 gestützt. Auch in der Analyse einzelner Elemente der Erzählung der an Maria ergehenden Verheißung läßt sich besagte These untermauern – wobei nicht jeder Bezug zum AT, der sich finden läßt, vom Redaktor des ntl. Textes beabsichtigt gewesen sein muß.

a) „Sei gegrüßt!" (χαῖρε)

Beginnen wir gleich mit dem Gruß des Engels in Lk 1,28, mit dem griechischen χαῖρε: Diese Begrüßung kann zweierlei bedeuten: zunächst einfach „sei gegrüßt"; dann aber auch: Einladung zur Freude. Innerhalb der Septuaginta[31] wird der Gruß immer dann gebraucht, wenn Zion eingeladen wird, den Blick auf die messianische Zukunft zu richten. Beispiele: Joël 2,23 („*Und ihr, Kinder Zions, frohlocket und freuet euch in Jahwe, eurem Gott!*"); Zef 3,14 f („*Frohlocke, Tochter Zion, jauchze Israel, freue dich und juble von ganzem Herzen, Tochter Jerusalem! Aufgehoben hat Jahwe deine Strafgerichte, fortgeschafft deine Feinde. Jahwe ist Israels König in deiner Mitte, nicht brauchst du mehr Unheil zu fürchten.*"); Sach 9,9 („*Juble laut, Tochter Zion, jauchze, Tochter Jerusalem! Siehe, dein König kommt zu dir, gerecht und siegreich.*

---

bestätigen soll (Ri 6,17). Er erhält es und wird inne, daß der Engel des Herrn mit ihm gesprochen hat (Ri 6,18-24). Es wird nicht berichtet, daß er dem erhaltenen Auftrag ausdrücklich zugestimmt hat. Maria verlangt kein Zeichen. Der Engel verweist aber von sich aus auf das, was mit Elisabeth bereits geschehen ist (Lk 1,36) und allgemein auf die Macht des Wortes Gottes (Lk 1,37). Daraufhin gibt Maria ihre ausdrückliche Zustimmung (Lk 1,38)." (Ebd. 463)

[31] Die „Septuaginta", meist mit den Zahlzeichen LXX zitiert, ist die angeblich unter Ptolemaios II Philadelphos von 72 Übersetzern auf der Insel Pharos angefertigte Übersetzung des AT in das vom alexandrinischen Judentum gesprochene Griechisch. Sie besteht aus mehreren, ursprünglich selbständigen Übersetzungen und enthält auch von Anfang an griechisch geschriebene Bücher des AT, die in den späteren palästinensischen Kanon nicht aufgenommen wurden. Seit dem 2. Jh. wurde die LXX auch bei den hellenistisch sprechenden Juden durch die vorgeschriebene Benutzung des hebräischen Textes verdrängt. Ihr Text ist daher in der Hauptsache nur in christlicher Überlieferung erhalten (noch in offizieller Geltung bei den orthodoxen Kirchen).

Demütig ist er und reitet auf einem Esel, auf dem Füllen einer Eselin.").

Stanislas Lyonnet und René Laurentin[32] meinen, den Text Zef 3,14 f direkt in Beziehung setzen zu können zu Lk 1,28, und zwar nicht nur in Hinsicht auf den Gruß, sondern auch auf die Verheißung Lk 1,31 *„Du wirst empfangen"*. Denn sie sehen eine Parallele in Zef 3,15: *„Jahwe ist in deinen Mauern"* – in der Septuaginta heißt es einfach: *„Jahwe ist in dir"*. Von den Vätern wird Maria immer wieder das neue Haus der Gegenwart Gottes bzw. das eschatologische Zelt der Gegenwart Gottes unter den Menschen genannt.

Während die lateinischen Väter den griechischen Gruß mit *„ave Maria"* übersetzen, deuten die griechischen Väter ihn als Aufruf zur Freude. Das kommt in einzigartiger Weise zum Ausdruck in der ersten Strophe des Akathistos-Hymnus[33], des dichterisch wohl schönsten, theologisch interessantesten und in der orthodoxen Kirche zum festen Bestandteil der Liturgie gewordenen Marienhymnus. Der gesamte Text des Akathistos-Hymnus macht deutlich: In Maria ist personal konkret, was die alttestamentlichen Propheten für die Tochter Zion erhofften.

b) „Wie soll das geschehen, da ich keinen Mann erkenne?"

Seit Gregor von Nyssa im Osten und seit Augustinus im Westen wurde die Frage in Lk 1,34 als Ausdruck der von Maria getroffenen Entscheidung zur Jungfräulichkeit interpretiert, mit dem Vormarsch der historisch-kritischen Exegese aber zunehmend vorsichtiger gedeutet.

---

32 Vgl. S. Lyonnet, χαῖρε κεχαριτωμένη, in: Bib. 20 (1939) 131–141; R. Laurentin, Struktur und Theologie der lukanischen Kindheitsgeschichte, Stuttgart 1967, 75 f. – Dagegen setzt der Protestant Heikki Räisänen (Die Mutter Jesu im Neuen Testament [AASF B 247], Helsinki ²1989, 88): „Entscheidend ist jedoch, daß absolutes Χαῖρε in der Septuaginta keineswegs als fest geprägter Terminus der messianischen Freude erscheint, der sofort bei den Lesern die Assoziation an die Tochter Zion hervorrufen müßte."

33 Der Name „Akathistos" besagt, daß der Hymnus stehend („a-kathistos" = nicht-sitzend) gesungen wird. Dieser älteste Marienhymnus (7. Jh.) der Kirche ist zugleich „der" Marienhymnus der Ostkirche. Er wird an den ersten vier Freitagen der Fastenzeit in vier Teilen zu je sechs Strophen gesungen (24 Strophen: Anfänge nach dem griechischen Alphabet). Der Akathistos-Hymnus wurde gegen 800 ins Lateinische übersetzt und erfuhr allmählich eine Verbreitung in ganz Westeuropa (Einflüsse auf die westlichen Hymnen „Ave Maris Stella", auf das „Salve Regina" und auf die „Lauretanische Litanei"). Dazu: G. G. Meersseman, Der Hymnos Akathistos im Abendland, Bd. I. Akathistos-Akoluthie und Grußhymnen, Freiburg/Schweiz 1958; Bd. II. Gruß-Psalter, Gruß-Orationen, Gaude-Andachten und Litaneien, Freiburg/Schweiz 1960.

Zu bedenken ist in diesem Zusammenhang, daß das Ideal der Jungfräulichkeit im Judentum unbekannt ist. Es gab zwar die rituellen Reinheitsvorschriften; aber sie beinhalten etwas ganz anderes als die Erklärung der Jungfräulichkeit zu einem Ideal. In der Regel bemerkt die neuere Exegese zu Lk 1,34, hier sage Maria lediglich, daß sie bisher mit keinem Mann geschlechtlich verkehrt habe. Aber diese Deutung hat – abgesehen davon, daß in Lk 1,34 die Worte „noch nicht" fehlen – gravierende Argumente gegen sich. Die jüdische Vermählung erfolgte immer in zwei Etappen: Es wurde ein Kontrakt geschlossen; nach diesem Vertrag blieben die beiden einander Versprochenen zunächst in ihren Elternhäusern, um erst zu einem späteren Zeitpunkt das Zusammenleben zu beginnen. Die im Lk geschilderte Stunde der Verkündigung fällt in diese „Zwischenzeit". Maria ist schon verheiratet; aber sie lebt noch nicht mit Josef zusammen. Von daher hätte die Ankündigung des Engels an und für sich kein großes Erstaunen hervorrufen müssen. Mit der Antwort „Wie soll das geschehen?" kann kaum gemeint sein, sie wisse nicht, wie sie Mutter werden solle. Von einem „noch nicht" ist, wie gesagt, in Lk 1,34 keine Rede.

Wiederum empfiehlt es sich, die exakte Bedeutung dieser Stelle vom AT her zu erschließen. Nehmen wir die Perikope Ri 11,29-40:

> *„Der Geist Jahwes kam über Jiphtach, und er zog durch Gilead und Manasse, durchquerte Mizpe in Gilead, und von Mizpe in Gilead kam er hinter die Ammoniter. Jiphtach machte Jahwe ein Gelübde und sprach: ‚Wenn du die Ammoniter in meine Hand gibst, dann soll, wer zuerst aus der Tür meines Hauses mir entgegenkommt, wenn ich als Sieger vom Kampf gegen die Ammoniter heimkehre, Jahwe gehören, und ich will ihn als Brandopfer darbringen.' Jiphtach zog gegen die Ammoniter, um sie anzugreifen, und Jahwe gab sie in seine Hand. Er schlug sie von Aroer bis nach Minnit und bis nach Abel-Keramim. Es war eine gewaltige Niederlage, und die Ammoniter wurden von den Israeliten gebeugt. Als Jiphtach nach Mizpe in sein Haus kam, siehe, da trat seine Tochter heraus, ihm entgegen, und tanzte zum Paukenschlag. Sie war sein einziges Kind; außer ihr hatte er weder Sohn noch Tochter. Sobald er sie sah, zerriß er seine Kleider und rief: ‚Ach, meine Tochter, Unglück bringst du mir! Daß du es bist, die mich ins Unglück bringt! Ich habe mich selbst gebunden vor Jahwe und kann nicht widerrufen.' Sie antwortete ihm: ‚Mein Vater, wenn du dich gebunden hast vor Jahwe, dann handle an mir nach dem Gelübde, das du ausgesprochen hast, denn Jahwe hat dir Rache verliehen an*

deinen Feinden, den Ammonitern.' Dann sprach sie zu ihrem Vater: ‚Diese Bitte sei mir gewährt! Laß mich noch zwei Monate lang frei, daß ich hingehe und über die Berge ziehe und mit meinen Gefährtinnen meine Jungfrauschaft beweine.' Er sprach zu ihr: ‚Geh hin!', und ließ sie für zwei Monate frei. So ging sie hin, sie und ihre Gefährtinnen, und beweinte ihre Jungfrauschaft auf den Bergen. Nach zwei Monaten kehrte sie heim, und er vollzog an ihr das Gelübde, das er ausgesprochen hatte. Sie hatte keinen Mann erkannt. Daher wurde es Brauch in Israel: Alljährlich gehen die Töchter Israels hin, die Tochter Jiphtachs, des Gileaditers, zu beklagen, vier Tage im Jahr."

In diesem Text wird deutlich: Der Ausdruck *„sie hatte keinen Mann erkannt"* bedeutet dasselbe wie: Sie war Jungfrau. In Ri 11,39 ist das in bezug auf die Vergangenheit gesagt, in Lk 1,34 aber im Blick auf die Zukunft: *„Wie soll das geschehen, da ich keinen Mann erkenne [da ich Jungfrau bin und sein werde]?"*

Natürlich ist der Text in Lk 1,26-38 nicht das Besuchsprotokoll des Engels Gabriel bei Maria, sondern eine relativ spät entstandene theologische Reflexion. Diese Reflexion macht zweierlei deutlich: Einerseits steht Maria in der jüdischen Tradition, in welcher Jungfräulichkeit alles andere als ein Ideal, sondern ganz im Gegenteil ein beklagenswerter Zustand ist. Deshalb muß es für die Jüdin Maria selbstverständlich sein, den Weg in die Ehe gehen zu wollen, und zwar in der vom Gesetz vorgesehenen Weise. Auf der anderen Seite will der Redaktor des Textes Lk 1,26-38 sagen: Maria weiß – vielleicht nicht auf der reflexen Ebene eines expliziten Entschlusses, wohl aber in der Tiefe ihres Herzens –, daß sie Jungfrau bleiben soll[34].

---

[34] Diese Auffassung findet sich z. B. bei Thomas von Aquin: „Weil sich aber zur Zeit des Alten Gesetzes Frauen wie Männer der Zeugung nicht entziehen durften, bevor aus diesem Volke Christus geboren wurde – denn der Dienst Gottes sollte durch fleischliche Abstammung fortgepflanzt werden –, kann man nicht annehmen, daß die Gottesmutter, bevor sie mit Joseph verlobt war, die Jungfräulichkeit vorbehaltlos gelobt hatte. Mag sie sich auch danach gesehnt haben, so überließ sie doch darin ihren Willen dem göttlichen Ratschluß. Später aber, als sie sich einem Manne verlobt hatte, wie es die Sitten jener Zeit verlangten, legte sie zugleich mit ihm das Gelübde der Jungfräulichkeit ab." (STh III,28,4)

c) „Der Engel antwortete ihr: Der Heilige Geist wird über dich kommen, und die Kraft des Allerhöchsten wird dich überschatten."

Abermals empfiehlt sich das Alte Testament, um den zitierten Vers Lk 1,35a zu verstehen.

In Ex 40,34f (vgl. ähnliche Texte: Num 9,18.22; Ex 25,20; 1 Chr 28,18) lesen wir:

„Da bedeckte die Wolke das Offenbarungszelt, und die Herrlichkeit Jahwes erfüllte die Wohnung. Mose konnte nicht in das Offenbarungszelt eintreten, weil die Wolke sich dort niedergelassen hatte und die Herrlichkeit Jahwes die Wohnung erfüllte."

Zunächst könnte man meinen, der von den Vätern immer wieder explizierte Vergleich des Offenbarungszeltes bzw. der Bundeslade mit dem Schoß Marias sei weit hergeholt[35]. Doch dagegen lassen sich einige Beobachtungen[36] anführen: Die Frage Elisabets in Lk 1,43 (*„Wer bin ich, daß die Mutter meines Herrn zu mir kommt?"*) entspricht exakt der Frage Davids in 2 Sam 6,9: *„Wie kann die Lade Jahwes zu mir kommen?"* Die poetisch anmutende Bezeichnung Marias als „neue Bundeslade" beruht nicht auf nachträglich gefundenen Ähnlichkeiten, sondern darauf, daß Texte des AT dem Entstehen der lukanischen Mariologie zugrundeliegen. Der dreimonatige Aufenthalt Marias im Hause des Zacharias (Lk 1,56) erinnert an den gleich langen Aufenthalt der Bundeslade im Hause des Obed-Edom (2 Sam 6,1). Und auch der Weg Marias zu Elisabet erinnert in vielen Details an den Weg der Bundeslade in 2 Sam 6[37].

---

[35] In diesem Sinne äußert sich die Mehrzahl der deutschen und angelsächsischen Exegeten. Walter Radl (Der Ursprung Jesu. Traditionsgeschichtliche Untersuchungen zu Lukas 1-2 [HBS 7], Freiburg 1996, 328[3]) bemerkt in seiner jüngst erschienen Untersuchung: „Die Ankündigung, daß die Kraft des Höchsten Maria ‚überschatten' wird, erinnert an Ex 40,35 LXX, wo mit Hilfe desselben Verbums Gottes Gegenwart im Offenbarungszelt beschrieben wird; vgl. dazu R. Laurentin, Struktur und Theologie der lukanischen Kindheitsgeschichte, Stuttgart 1967, 85–91. Aber daraus auf die ‚Gleichsetzung Marias mit der Bundeslade' zu schließen (ebd. 91), geht zu weit. Mit ‚überschatten' wird andererseits auch nicht auf einen Zeugungsvorgang angespielt; vgl. G. Lattke, Lukas und die Jungfrauengeburt, in: K. S. Frank u. a. (Hg.), Zum Thema Jungfrauengeburt, Stuttgart 1970, 61–89; hier: 65f."

[36] Dazu: Brown (Anm. 16) 110f; H. Verweyen, Mariologie als Befreiung. Lk 1,26-45.56 im Kontext, in: ZKTh 105 (1983) 168–183; hier: 178.

[37] Wie selbstverständlich das Mittelalter von einer detaillierten Parallele zwischen dem Weg der Bundeslade und dem Weg der schwangeren Maria ausging, zeigen z. B. die Fresken in der Krypta der Kathedrale von Anagni. Dazu: G. Ravasi, La Cripta della Cattedrale di Anagni. Una piccola Sistina sotterranea, Roma 1988, 16f.

d) „Auch Elisabet, deine Verwandte, hat noch in ihrem Alter einen Sohn empfangen; obwohl sie als unfruchtbar galt, ist sie jetzt schon im sechsten Monat."

Das Zeichen, das Maria für die Glaubwürdigkeit der an sie ergehenden Verheißung gegeben wird, ist dies: daß die unfruchtbare Elisabet einen Sohn gebären wird. Der Vers Lk 1,36 verweist auf die unfruchtbare Sara in Gen 18,9-15, auf die unfruchtbare Rebekka in Gen 25,21-22, auf die unfruchtbare Rachel in Gen 29,31 und Gen 30,22-24 und auf die unfruchtbare Hanna in 1 Sam 1,11-20. Hier kann man von einer regelrechten Vorbereitung innerhalb der Heilsgeschichte sprechen. Aber natürlich gibt es immer auch eine Überbietung der Ereignisse, die als „Vorläufer" oder „Vorbereitungen" des zentralen heilsgeschichtlichen Ereignisses zu gelten haben. Denn Maria ist nicht unfruchtbar, um dann entgegen aller menschlichen Erwartung auf eine göttliche Verheißung hin schwanger zu werden. Nein, Maria wird als die Jungfrau, die sie ist und bleibt, Mutter. Lk 1,37: *„Denn für Gott ist nichts unmöglich."*

Französische und italienische Exegeten weisen darauf hin, daß auch der Lk 1,36 vorausgehende Halbvers nicht eigentlich das besagen will, was die erdrückende Mehrzahl neuerer Übersetzungen nahelegt, nämlich daß das Kind, das Maria gebären wird, heilig genannt werden wird. Denn das griechische Original lautet: διὸ καὶ τὸ γεννώμενον ἅγιον κληθήσεται υἱὸς θεοῦ (Lk 1,35b). Die Syntax dieses Satzes legt es geradezu nahe, das Prädikat „heilig" auf das Geborenwerden und nicht auf den „Sohn Gottes" zu beziehen; dann aber lautet die deutsche Übersetzung: *„Deshalb wird das Kind heilig geboren werden und also Sohn Gottes genannt werden."* Dies ist bei den griechischen Vätern und noch im Mittelalter die bevorzugte Auffassung[38].

e) „Da sagte Maria: Ich bin die Magd des Herrn; mir geschehe, wie du gesagt hast."

Sucht man nach einem atl. Anhaltspunkt für diese Antwort Marias in Lk 1,37, so darf man sagen: „Maria tritt hier [...] die Erbschaft des Glaubensgehorsams Abrahams an, ja, sie überbietet diesen. Abraham glaubte an die Macht Gottes, Leben in dem schon erstorbenen Schoß

[38] Dazu: J. M. Bover, „Quod nascetur (ex te) sanctum vocabitur Filius Dei", in: EE 8 (1929) 381–391; I. de la Potterie, Il parto verginale del Verbo incarnato: „Non ex sanguinibus [...] sed ex Deo natus est" (Gv 1,13), in: Mar. 45 (1984) 127–174; hier: 163–171.

Saras zu schaffen. Maria glaubt an die Macht Gottes, sich einen Sohn in ihrem eigenen, noch ungeöffneten Leibe zu zeugen. Sie empfängt jetzt den Segen für alle Völker, den einst Abraham für seine Nachkommen empfing [...]."[39]

Schon hier sei gleichsam als Fußnote angesprochen, was sich auf Grund der lukanischen Aussagen in Lk 1,26-38 für die Frage ergibt, ob die jungfräuliche Empfängnis ein geschichtliches Ereignis war. Niemand wird bestreiten, daß der traditionsgeschichtliche Ursprung der Behauptung der jungfräulichen Empfängnis im Dunkeln liegt. Und niemand wird leugnen, daß ein Historiker zur Stützung einer solchen Behauptung mindestens die glaubwürdige und einhellige Bezeugung der nächsten Verwandten Marias benötigen würde. Damit kann Lukas nicht dienen. Und dennoch schließe ich mich dem Urteil des Freiburger Fundamentaltheologen Hansjürgen Verweyen an: „Der Glaube Marias, so, wie Lukas ihn darstellt, hat ihre biologische Unberührtheit als notwendiges Implikat. Wer sie bezweifelt, setzt damit die Säge nicht nur an einen schönen Zweig christlicher Tradition, sondern an den Stamm Israels selbst. Denn: warum sollte denn der ‚erstorbene Schoß' Saras, naturwissenschaftlich betrachtet, in Wirklichkeit nicht vielleicht doch noch fruchtbar gewesen, der Glaube Abrahams also letztlich eine Frucht seiner Unaufgeklärtheit gewesen sein?"[40] Wenn sich also der Glaube Marias, den Lukas als Überbietung des Abraham-Glaubens schildert, nur auf eine symbolische statt biologische (faktische) Vereinbarkeit von Jungfräulichkeit und Mutterschaft bezöge, dann wäre ihr Glaube nichts anderes als der Glaube an eine Auferstehung, die nicht faktisch, sondern nur in den Köpfen der Gläubigen stattgefunden hat[41].

[39] Verweyen (Anm. 36) 176. – Vgl. dazu die tiefgründigen Ausführungen des belgischen Bibelwissenschaftlers Lucien Deiss: Maria, Tochter Sion, aus dem Frz. übers. v. G. Kurz u. S. Summerer, Mainz 1961, 17–38 [„Maria, Tochter Abrahams"]; außerdem: P.-W. Scheele, Maria in der Gemeinschaft und Geschichte Israels, in: Cath(M) 29 (1975) 92–113.

[40] Ebd. 176.

[41] Gerd Lüdemann (Die Auferstehung Jesu. Historie, Erfahrung, Theologie, Göttingen 1994) führt alles, was in der Hl. Schrift berichtet wird, auf rein natürliche Ursachen zurück. So wird Paulus als Fanatiker bezeichnet, dessen religiöser Eifer eine „innere Stauung" bewirkte, die sich dann vor Damaskus in einer sogenannten „Christus-Vision" förmlich entlud (vgl. 108–112). Entsprechend entladen sich die aufgestauten Schuldgefühle des Petrus in einer „bildhaften Vergegenwärtigung des verlorenen geliebten Menschen", so daß er „das im Wirken Jesu präsente Vergebungswort Gottes" auf sich beziehen und also seinen Verrat in „echter Trauerarbeit" aufarbeiten kann (vgl. 126–129). Und die in 1 Kor 15,6 erwähnte „Erscheinung vor den 500 Brüdern" wird mühelos als „Kollektivhalluzination" und „Massenekstase" erklärt (vgl. 138).

3. Das „Magnifikat" (Lk 1,46-55)

Werfen wir wenigstens einen kurzen Blick auf den großen Lobgesang, der Marias Glauben ausdrückt. Die Einleitung ist bekannt: Lk 1,42-45:

> *„Da wurde Elisabet vom Heiligen Geist erfüllt und rief mit lauter Stimme: Gesegnet bist du mehr als alle anderen Frauen, und gesegnet ist die Frucht deines Leibes. Wer bin ich, daß die Mutter meines Herrn[42] zu mir kommt? In dem Augenblick, als ich deinen Gruß hörte, hüpfte das Kind vor Freude in meinem Leib. Selig ist die, die geglaubt hat, daß sich erfüllt, was der Herr ihr sagen ließ."*

Die Antwort Marias, das Magnifikat, das, wie die meisten Exegeten annehmen, aus zwei Teilen, einem individuellen Lobpreis und einem eschatologischen Danklied, zusammengesetzt ist, geht Zeile für Zeile auf Gedanken, Formulierungen, Gesänge des AT zurück. Dazu bemerkt der protestantische Exeget Hans Klein: „Die Entstehung dieses Liedes ist nur in Kreisen vorstellbar, wo man mit den atl. Psalmen umging, Gebete formulierte, wo man das AT sehr genau kannte. Das Ungewöhnliche an diesem Liede ist nämlich, daß nicht nur eine kleine Anzahl nahe beieinander stehender Psalmen zusammengeschrieben

---

[42] Es ist schon verwunderlich, „mit welcher Selbstverständlichkeit geradezu in der heutigen Exegese am Höhepunkt dieser Szene – in der Frage Elisabeths: ‚Und woher (geschieht) mir das, daß die Mutter meines Herrn zu mir kommt?'(V. 43) – plötzlich ein (punktueller!) Übergang in die Messias-Christologie des Neuen Testaments angenommen wird. An keiner Stelle zuvor deutete etwas darauf hin, daß unter dem ‚Herrn' ein anderer als der Gott des Alten Testamentes gemeint sei [...]. Elisabeth hatte in dem Dank für das ihr erwiesene Glück mit dem Ausdruck ‚Herr' Gott selbst angesprochen (V. 25). In ihrer abschließenden Seligpreisung Marias: ‚Und selig, die geglaubt hat, daß es Erfüllung gibt für das, was ihr vom Herrn gesagt wurde'(V. 45) meint sie unmißverständlich wieder Gott, wenn sie vom Herrn spricht. Nun soll sie zwischendurch mit dem Wort ‚Herr' bloß auf den Messias vorausweisen? Ein unvoreingenommener Leser müßte V. 43 eigentlich entnehmen, daß Elisabeth hier von Maria als der Mutter (ihres) Gottes spricht. Wie aber ist diese völlig unerwartet dastehende Aussage in das Gesamtbild einzuordnen? Lukas hat damit sicher nicht das Dogma von Ephesus vorweggenommen. Auch vom vierten Evangelium bleibt das lukanische Doppelwerk noch deutlich abgehoben, etwa durch die Formulierung: ‚diesen Jesus, den ihr gekreuzigt habt, hat Gott zum Herrn und Christus gemacht' (vgl. Apg 2,36). Gibt es aber andererseits – und zwar in recht verschiedenen Traditionszusammenhängen – nicht schon vor Lukas höchst erstaunliche implizite Identifikationen Jesu mit dem alleinigen Herrn des Alten Testaments? Etwa in den (wohl vormarkinischen) Seewundergeschichten, der (im Gegensatz zu Lk 1,17) recht deutlichen Interpretation von Jes 40,3 auf Jesus Christus in Mk 1,3, der Aufnahme der Gerichtsdrohung von Mi 7,1 f bzw. Jer 8,13 in Mk 11,12-14.20; 12,1-12 oder dem Übergang von der ‚Tat des Herrrn' zu der ‚Tat Jesu' in Mk 5,19-20?" (Verweyen [Anm. 36] 177 f).

sind, wie wir es bei dem Danklied 1 Chron 16 sehen können, wo der Anfang von Ps 105, dann Ps 96 ganz und wieder der Anfang von Ps 106 zusammengearbeitet sind, sondern daß wir hier einen durchkomponierten Hymnus haben, der in seiner Gesamtkonzeption an das Lied der Hanna anknüpft, in seinen Formulierungen aber Wendungen aus sehr vielen Psalmen, ebenso aus Büchern der Weisheit, der Propheten und der Genesis aufnimmt. Der Verfasser oder die Verfasser hatten große Teile des AT sehr genau in Kopf und Herz."[43] Verschiedene Exegeten beziehen jeden Vers des Magnifikat auf bestimmte Stellen des AT[44]; der Luzerner Neutestamentler Walter Kirchschläger[45] nennt neben 1 Sam 1-2 als wichtigste Bezugstexte der einzelnen Abschnitte folgende Fundorte:

Lk 1,46b: *„Meine Seele preist die Größe des Herrn."*
Vgl. Ps 34,4; 69,31.

Lk 1,47: *„Und mein Geist jubelt über Gott, meinen Retter."*
Vgl. Jes 61,10; Hab 3,18; Hos 13,4; 2 Sam 22,2; Ps 18,3; 62,3; 144,2; Weish 16,7; Jes 43,11; 49,26.

Lk 1,48a: *„Denn auf die Niedrigkeit seiner Magd hat er geschaut."*
Vgl. 1 Sam 1,11; Dtn 26,7.

Lk 1,48b: *„Siehe, von nun an preisen mich selig alle Geschlechter."*
Vgl. Mal 3,12.

Lk 1,49a: *„Denn der Mächtige hat Großes an mir getan."*
Vgl. Dtn 10,21.

Lk 1,49b: *„Und sein Name ist heilig."* Vgl. Ps 111,9b.

Lk 1,50: *„Er erbarmt sich von Geschlecht zu Geschlecht über alle, die ihn fürchten."*
Vgl. Ps 103,13; Dtn 10,20; Ps 33,8; 86,11; 128,1-6; 147,11.

Lk 1,51a: *„Er vollbringt mit seinem Arm machtvolle Taten."*
Vgl. Ps 89,11; 118,16.

---

43 H. Klein, Das Magnifikat als jüdisches Frauengebet, in: KuD 43 (1997) 258–267; hier: 261.

44 Der von J. Schmid erstellte und von J. Ernst neu bearbeitete Lukas-Kommentar des „Regensburger NT" (Regensburg [6]1993, 67–71) fügt der Übersetzung jedes Verses von Lk 1,46-56 das jeweilige „Parallelgut" des AT in Klammern bei. Ähnlich: E. Klostermann, Das Lukasevangelium, Tübingen [3]1975, 18f; W. Kirchschläger, Der Lobgesang Mariens. Das Magnifikat, Freiburg/Schweiz 1984; P. Bemile, The Magnificat within the Context and Framework of Lukan Theology. An Exegetical Theological Study of Lk 1,46-55 (RSTh 34), Frankfurt 1986, 79–133; hier bes. 116–133 („A Concordant View of the Magnificat with Respect to Old Testament and Intertestamental Literature").

45 Vgl. W. Kirchschläger, Magnifikat. I. Exegese, in: Marienlexikon, Bd. IV, St. Ottilien 1992, 235.

Lk 1,51b: *„Er zerstreut, die im Herzen voll Hochmut sind."* Vgl. Num 10,35; Ps 68,2; 89,11.

Lk 1,52: *„Er stürzt die Mächtigen vom Thron und erhöht die Niedrigen."* Vgl. Sir 10,14; Ijob 5,11; Spr 3,34; Ez 21,31.

Lk 1,54: *„Er nimmt sich seines Knechtes Israel an und denkt an sein Erbarmen."* Vgl. Ps 98,2 f; Jes 41,8.

Lk 1,55: *„Das er unseren Vätern verheißen hat, Abraham und seinen Nachkommen auf ewig."* Vgl. 2 Sam 22,51; Mi 7,20; Gen 22,16-18.

Die Übersetzungen des Magnifikat unterscheiden sich vor allem in der Auffassung des elfmal wiederkehrenden (zumeist aus der LXX entlehnten) Aorists („wirkte", „zerstreute", „herunterholte", „erhöhte" ...). François Bovon bemerkt: „Für die Exegese hängt viel von der Auslegung der Aoriste ab: Sind sie normale Feststellungen vergangenen Geschehens, gnomische Bezeugung des regelmäßigen Tuns Gottes, inchoative Markierung des Anfangs eschatologischer Ereignisse oder vom prophetischen Perfekt des Hebräischen beeinflußte Schilderung der Zukunft? Ist also dieser Hymnus eigentlicher Lobpreis Gottes für geschenkte Hilfe oder versteckte Prophetie des erwarteten Heils?"[46] Während Heinz Schürmann, Norbert Lohfink und Thomas Kaut eher an die Großtaten Gottes in der Geschichte Israels denken[47], plädieren François Bovon, Manfred Görg und Franz Mussner für eine prophetische (auf das Kommen Gottes gerichtete) Interpretation[48]. Mussner will vor dem Hintergrund des jüdisch-christlichen Dialogs das „Noch nicht" des Heils ebenso wie das „Schon" betont wissen; ähnlich Bovon, wenn er schreibt: „Die prophetische Funktion der Aoriste ist um so wahrscheinlicher, da Lukas mehr weiß als Maria und *nach* der Mission Jesu, *nach* Kreuz und Auferstehung lebt. Er weiß, wie sich Gott in Jesus Christus um sein Volk Israel gekümmert *hat*. Aber die Spannung bleibt: Die Reichen und die Herrscher haben heutzutage weniger denn je ihre Machtstellung verloren. Die Voraussetzung des Liedes – laut V. 45 – ist der Glaube."[49]

---

[46] F. Bovon, Das Evangelium nach Lukas, Bd. I. (EKK III/1), Zürich 1989, 83.

[47] Vgl. H. Schürmann, Das Lukasevangelium, Bd. I, Freiburg [4]1990, 75; N. Lohfink, Lobgesänge der Armen. Studien zum Magnifikat, den Hodajot von Qumran und einigen späten Psalmen (SBS 143), Stuttgart 1990, 17–21; T. Kaut, Befreier und befreites Volk. Traditions- und redaktionsgeschichtliche Untersuchung zu Magnifikat und Benediktus im Kontext der vorlukanischen Kindheitsgeschichte (BBB 77), Frankfurt 1990, 305 f.

[48] Vgl. Bovon (Anm. 46) 92 f; M. Görg, In Abrahams Schoß. Christsein ohne Neues Testament, Düsseldorf 1993, 142–147; Mussner (Anm. 16) 104–113.

[49] Bovon (Anm. 46) 93.

4. Die an Josef ergehende Verheißung (Mt 1,1-25)

Während Lukas im Blick auf Maria schreibt, richtet Matthäus den Blick auf Josef. Die Situation, die zu Beginn geschildert wird, ist nur zu verstehen, wenn man weiß, daß die jüdische Vermählung mit einem rechtsverbindlichen Eheversprechen beginnt, dem erst nach gewisser Zeit die Heimholung der Braut durch den Bräutigam folgt.

a) Der Stammbaum (Mt 1,1-17)

Mt geht es durchgehend um die Messianität Jesu. Und er weiß als Jude, daß der Messias Sohn Abrahams, Sohn Davids ist. Also schildert er die ganze Genealogie von Abraham bis Josef – immer mit der stereotypen Wiederholung: „Und der zeugte; und der zeugte …"; bis zu der einzigen Ausnahme: Von Josef heißt es nicht: „und er zeugte"; sondern von ihm heißt es Mt 1,16: *„Und Jakob zeugte Josef, den Mann Marias; von ihr wurde Jesus geboren, der der Christus (der Messias) genannt wird."*

Mt weiß um die jungfräuliche Mutterschaft Marias; aber er weiß auch, daß der Messias aus der Wurzel „Jesse" stammt, Nachkomme Abrahams, Nachkomme Davids ist. Josef hat diese heilsgeschichtliche Funktion: den Sohn Marias als Nachkomme Abrahams und Davids auszuweisen. Matthäus will sagen: Obwohl Jesus nicht im biologischen Sinn von Josef abstammt, ist er der Messias.

b) Josefs angeblicher Zweifel (Mt 1,18-19)

In der Regel werden die Verse Mt 1,18 f so übersetzt:

> *„Mit der Geburt Jesu Christi war es so: Maria, seine Mutter, war mit Josef verlobt; noch bevor sie zusammengekommen waren, zeigte sich, daß sie ein Kind erwartete – durch das Wirken des Heiligen Geistes. Josef, ihr Mann, der gerecht war und sie nicht bloßstellen wollte, beschloß, sich in aller Stille von ihr zu trennen."*

Ich setze eine andere Übersetzung dagegen[50] und werde gleich begründen, warum sie dem philologischen Befund und dem Postulat der logischen Kohärenz besser entspricht. Also:

---

[50] Ich berufe mich auf die Tradition der französischsprachigen Exegese: R. Thibaut, Le sens de paroles du Christ, Bruxelles/Paris 1940, 74 f; X. Léon-Dufour, L'annonce à Joseph, in: Ders., Études d'Évangile, Paris 1965, 65–81; A. Pelletier, L'Annonce à Joseph, in: RSR 54 (1966) 67 f; R. Laurentin, Les évangiles de l'enfance du Christ. Vérité de Noel au-delà des mythes, Paris 1984, 20; I. de la Potterie, Marie dans le mystère de l'alliance, Paris 1988, 84–91.

„Mit der Geburt Jesu Christi war es so: Maria, seine Mutter, war mit Josef verlobt; noch bevor sie zusammen gekommen waren, war [beiden] offenbar, daß sie auf Grund des Wirkens des Heiligen Geistes ein Kind erwartete. Josef, ihr Mann, der gerecht vor Gott [Gott treu] war und ihr Geheimnis nicht verletzen [entweihen] wollte, beschloß, dem Handeln Gottes durch stilles Sich-vom-Zusammenleben-mit-Maria-Zurückziehen zu entsprechen."

Warum ist diese Übersetzung dem philologischen Befund näher?

- Zum ersten: Wenn das εὑρέθη in Mt 1,18 wörtlich übersetzt wird, dann heißt der Vers: *„wurde gefunden, daß sie vom Heiligen Geist ein Kind erwartete"*. Nun kann sich zwar zeigen, daß jemand schwanger ist; aber es kann sich doch nicht zeigen, daß sie vom Heiligen Geist schwanger ist. Wem wurde dies offenbar? Außer Maria wohl nur einem Menschen, demjenigen nämlich, der sie auch jetzt nicht verdächtigt: ihrem Verlobten Josef.
- Zum zweiten: Das Attribut „gerecht" in Mt 1,19 hat man oft dahin gedeutet, daß Josef dem Gesetz gehorsam war. Diese Deutung ist mit Sicherheit falsch: Denn wäre er dem Gesetz gehorsam gewesen, dann hätte er Maria nicht nur verklagt, sondern auch steinigen lassen. Diese Gerechtigkeit ist offensichtlich nicht gemeint, sondern dieselbe Gerechtigkeit, die dem Moses vor seiner Theophanie auf

---

Die im deutschsprachigen Raum vertraute Übersetzung insinuiert einen Verdacht Josefs gegen Maria; sie geht zurück auf Chrysostomus (PG 57,43). Hieronymus (PL 23,193A-206B) nimmt eine Mittelstellung ein: Er meint, Josef sei zwar von Anfang an von der Unschuld Marias überzeugt, könne sich aber ihre Schwangerschaft nicht erklären. Anders dagegen eine Tradition, die sich von Origenes über Eusebius von Cäsarea, Ephraim, Basilius u. a. herleitet und sich auch bei Bernhard von Clairvaux und Thomas von Aquin findet.

Bernhard schreibt in seiner Homilie mit dem Titel „Super missus est": „Joseph wollte Maria aus demselben Grunde entlassen, aus dem auch Petrus den Herrn von sich wies, als er sagte: ‚Geh weg von mir, o Herr, denn ich bin ein sündiger Mensch.'(Lk 5,8). Aus demselben Grund hielt ihn auch der Hauptmann aus seinem Haus fern, als er sprach: ‚O Herr, ich bin nicht würdig, daß du unter mein Dach trittst.' (Mt 8,8). Weil also auch Joseph sich für unwürdig und für einen Sünder hielt, sagte er bei sich selbst, daß ihm nicht länger von einer so Erhabenen, so Hochgeehrten ein vertrauter Umgang gewährt werden dürfe, vor deren unbegreiflicher Würde seine Niedrigkeit erschauerte. Voll Scheu sah er sie, die das sicherste Zeichen der göttlichen Gegenwart an sich trug, und da er das Mysterium nicht durchdringen konnte, wollte er sie entlassen" (Zum Lob der jungfräulichen Gottesmutter, in: Lat.-Deutsche Ausg. Bd. IV, hg. v. G. B. Winkler, Innsbruck 1993, 32–123; hier: 69).

Thomas schreibt im Anhang seiner Summa: „Ad secundum dicendum quod Ioseph voluit Virginem dimittere non quasi suspectam de fornicatione, sed ob reverentiam sanctitatis eius, timens ei cohabitare." (STh Suppl. q. 62 a.3 ad 2).

dem Sinai oder dem Propheten Jesaja vor seiner Tempelvision zugesprochen wird: die Gerechtigkeit vor Gott; der unbedingte Gehorsam ihm gegenüber.

- Zum dritten: Unter dieser Perspektive bekommt das Verb δειγματίζειν einen ganz anderen Sinn als den des *Bloßstellens*. Wörtlich übersetzt bedeutet dieses Verbum so viel wie: Josef wollte das nur ihm und Maria bekannte Geheimnis nicht *verletzen*[51]. Das heißt: Weil er Maria glaubt und Gott die Ehre geben will, meint er, auf die Heimholung Marias in sein Haus verzichten zu müssen; das ist mit der „stillen Lösung" gemeint, die gewöhnlich so gedeutet wird: „beschloß er, sich in aller Stille von ihr zu trennen".

c) Die Verheißung des Engels (Mt 1,20-21)

Die beiden nächsten Verse Mt 1,20f werden gewöhnlich wie folgt übersetzt:

> *„Während er noch darüber nachdachte, erschien ihm ein Engel des Herrn im Traum und sagte: Josef, Sohn Davids, fürchte dich nicht, Maria als deine Frau zu dir zu nehmen; denn das Kind, das sie erwartet, ist vom Heiligen Geist. Sie wird einen Sohn gebären; ihm sollst du den Namen Jesus geben; denn er wird sein Volk von seinen Sünden erlösen."*

Vor dem Hintergrund der obigen Ausführungen und ohne den griechischen Text zu verfälschen, kann aber auch wie folgt übersetzt werden:

> *„Während er noch darüber nachdachte, erschien ihm ein Engel des Herrn im Traum und sagte: Josef, Sohn Davids, fürchte dich nicht, Maria als deine Frau zu dir zu nehmen. Das Kind, das sie erwartet, ist zwar vom Heiligen Geist. Aber du sollst dem Sohn, den sie gebären wird, den Namen Jesus geben, was so viel heißt wie: Er wird sein Volk von seinen Sünden erlösen."*

Begründung: Das griechische γάρ in Mt 1,20 muß, wie viele Parallelen zeigen, nicht mit „denn" übersetzt werden; es kann innerhalb einer Gegenüberstellung wie z. B. in Mt 22,14 („Es sind zwar [γάρ] viele geru-

---

[51] Zur Bedeutungsbreite des sehr selten belegten Verbums δειγματίζειν vgl.: X. Léon-Dufour, „L'annonce à Joseph", in: Ders., Études d'Évangile, Paris 1965, 65–81; bes. 68.81; I. de la Potterie (Anm. 26) 74–76. – R. E. Brown (Anm. 16) kann als repräsentativ für die im deutschen und angelsächsischen Sprachraum dominierende Auffassung gelten: „Sometimes translated as ‚to put to shame, make an example of', *deigmatizein* has the connotation of public display and was used, even in secular Greek, in reference to convicted adulteresses." (128).

fen, aber wenige auserwählt") auch mit „zwar" oder „gewiß" übersetzt werden. Und eine solche Gegenüberstellung liegt in Mt 1,20f vor, wenn auf der einen Seite gesagt werden soll, daß das in Maria wachsende Kind „zwar" vom Heiligen Geist ist, daß „aber" Josef, der nicht sein leiblicher Vater ist, ihm den Namen geben soll.

d) Erfüllung der Prophetie Jes 7,14 (Mt 1,22-23)

> *„Dies alles ist geschehen, damit sich erfülle, was der Herr durch den Propheten gesagt hat: Seht, die Jungfrau wird ein Kind empfangen, einen Sohn wird sie gebären, und man wird ihm den Namen Immanuel geben, das heißt übersetzt: Gott mit uns"* (Mt 1,22f)

Kein Exeget bezweifelt, daß das hebräische „alma" in Jes 7,14 nichts anderes als „junge Frau" bedeutet. Aber in der Septuaginta wird das hebräische „alma" mit dem griechischen „παρθένος" übersetzt. Daß die LXX Maria als „Jungfrau" im biologischen Sinn bezeichnet, wird gerade von denen bestätigt, die auf die „andere Bedeutung" des hebräischen Textes zurückverweisen.

Eine ganz andere Frage ist, ob die Übersetzung des hebräischen „alma" mit dem griechischen „παρθένος" die Erzählung von der geistgewirkten Lebensentstehung Jesu erst evoziert hat. Inzwischen halten die meisten Exegeten eine solche Annahme für höchst unwahrscheinlich. Eher ist anzunehmen, daß das Bemühen, Jesus aus der Kontinuität der Heilsgeschichte zu deuten, zur Applikation von Jes 7,14 auf seine Geburt führte[52].

---

52 Zu der weitverzweigten Diskussion um Jes 7,14: R. Kilian, Die Verheißung Immanuels, Jes 7,14 (SBS 35), Stuttgart 1968; ders., Die Geburt des Immanuel aus der Jungfrau Maria. Jes 7,14, in: K. S. Frank (Hg.), Zum Thema Jungfrauengeburt, Stuttgart 1970, 9–39; M. Rehm, Der königliche Messias im Licht der Immanuel-Weissagungen des Buches Jesaja, Kevelaer 1968; H. Haag, Is 7,14 als alttestamentliche Grundstelle der Lehre von der Virginitas Mariae, in: H. J. Brosch u. J. Hasenfuss (Hgg.), Jungfrauengeburt gestern und heute, Essen 1969, 137–144; R. Niessen, The Virginity of the „almah" in Isaiah 7,14, in: BS 137 (1980) 133–150; H. Gese, Natus ex Virgine, in: Ders., Vom Sinai zum Zion. Alttestamentliche Beiträge zur biblischen Theologie (BEvTh 64), München 1984, 130–146.

5. Maria im vierten Evangelium

Niemand kann bezweifeln, daß der vierte Evangelist anders denkt und schreibt als die Synoptiker. Seine Theologie ist von der ersten bis zur letzten Zeile Christologie, genauerhin Inkarnationschristologie. Ihm kommt es durchgehend darauf an, Jesus als den Christus auszuweisen, zu zeigen, daß sich Gott in Jesus Christus von Anfang an als er selbst ganz und gar mitgeteilt hat. Von daher müßte man eigentlich meinen: Johannes ist mit Sicherheit auch derjenige, der das größte Interesse an dem „Wie" der Fleischwerdung des Wortes (an der Menschwerdung des Sohnes) hat. Aber er kennt keine Kindheitsgeschichte; und er zeigt scheinbar gar kein Interesse an der jungfräulichen Mutterschaft Marias. Die historisch-kritische Exegese deutscher und angelsächsischer Provenienz hat immer wieder unterstrichen, das vierte Evangelium könne geradezu als Beleg dafür gelten, daß eine theologische Reflexion des Christusereignisses von der Frage der Jungfräulichkeit Marias abstrahieren kann. In diesem Sinne äußert sich schon Alfred Loisy (1857–1940), aber vor allem auch die jüngere Exegese angefangen bei Rudolf Bultmann über Charles Henry Dodd bis hin zu Rudolf Pesch[53].

a) Die „Mutter Jesu" und der „Sohn Josefs"

Die genannten Exegeten weisen vor allem auf zwei Tatsachen hin: Johannes nennt Maria nie mit Namen, sondern spricht lediglich sechsmal von der „Mutter Jesu" (Joh 2,1.3.5.12; 6,42; 19,25) und – was besonders unterstrichen wird – zweimal vom „Sohn Josefs" (Joh 1,45; 6,42).

Nun kann man relativ leicht erklären, warum Johannes, obwohl er ansonsten einzelne Personen durchaus mit deren Namen benennt[54], Maria immer nur als „Mutter Jesu" bezeichnet. Denn dasselbe läßt sich im vierten Evangelium von allen Gestalten sagen, die eine besondere Rolle in der Heilsgeschichte bzw. im Blick auf die Fleischwerdung des Wortes spielen – z. B. vom Apostel Johannes, der im vierten Evangelium als „der Jünger, den Jesus liebte" bezeichnet wird.

Und was die Formel „der Sohn Josefs" in Joh 1,45; 6,42 betrifft: Sie

---

[53] Vgl. A. Loisy, Le quatrième évangile, Paris 1903, 151–199; R. Bultmann, Das Evangelium des Johannes, Göttingen [11]1964, 1–57; R. Pesch, Das Markusevangelium, Bd. I, Freiburg 1976, 323.

[54] Z. B. Maria, die Schwester des Lazarus (Joh 11,1-44;12,1-8), Maria Magdalena (Joh 19,25;20,1-2;20,11-18) oder Maria, die Frau des Klopas (Joh 19,25).

kann man ganz gewiß nicht gegen die Jungfräulichkeit Marias ins Feld führen. Werfen wir – um die beiden Stellen bei Johannes angemessen wahrzunehmen – zunächst einen Blick auf die synoptischen Belege derselben Bezeichnung Jesu als „Sohn Josefs":

Da ist zunächst Lk 4,16-22:

> *„So kam er auch nach Nazaret, wo er aufgewachsen war, und ging, wie gewohnt, am Sabbat in die Synagoge. Als er aufstand, um aus der Schrift vorzulesen, reichte man ihm das Buch des Propheten Jesaja. Er schlug das Buch auf und fand die Stelle, wo es heißt: Der Geist des Herrn ruht auf mir; denn der Herr hat mich gesalbt. Er hat mich gesandt, damit ich den Armen eine gute Nachricht bringe; damit ich den Gefangenen die Entlassung verkünde und den Blinden das Augenlicht; damit ich die Zerschlagenen in Freiheit setze und ein Gnadenjahr des Herrn ausrufe. Dann schloß er das Buch, gab es dem Synagogendiener und setzte sich. Die Augen aller in der Synagoge waren auf ihn gerichtet. Da begann er, ihnen darzulegen: heute hat sich das Schriftwort, das ihr eben gehört habt, erfüllt. Seine Rede fand bei allen Beifall; sie staunten darüber, wie begnadet er redete, und sagten: Ist das nicht der Sohn Josefs?"*

In Mt 13,55 heißt es in bezug auf dieselbe Situation:

> *„Ist das nicht der Sohn des Zimmermanns?"*

Und in Mk 6,3:

> *„Ist das nicht der Zimmermann, der Sohn der Maria[55] […]?"*

Eine weitere Stelle, in der Jesus als „Sohn Josefs" bezeichnet wird, ist Lk 3,23 ff:

> *„Jesus war etwa dreißig Jahre alt, als er zum ersten Mal öffentlich auftrat. Man hielt ihn für den Sohn Josefs. Die Vorfahren von Josef waren: Eli, Mattat, Levi […]."*

Hier wird deutlich gesagt: Die Leute in Nazaret hielten Jesus für den Sohn Josefs, weil sie nicht erkannten, wer er eigentlich war.

Kehren wir angesichts dieses Befundes bei Mk, Mt und Lk zu den entsprechenden Stellen des vierten Evangeliums zurück und betrachten wir auch dort den Zusammenhang, in dem Jesus als „Sohn Josefs" bezeichnet wird:

---

[55] Man kann darüber spekulieren, warum Mk „der Sohn Marias" statt „der Sohn Josefs" schreibt. Eine Erklärung geht davon aus, daß zu der Zeit, in der Mk sein Evangelium abfaßt, Josef im Unterschied zu Maria schon gestorben war.

Joh 1,40-51:

„Andreas, der Bruder des Simon Petrus, war einer der beiden, die das Wort des Johannes gehört hatten und Jesus gefolgt waren. Dieser traf zuerst seinen Bruder Simon und sagte zu ihm: Wir haben den Messias gefunden. Messias heißt übersetzt: der Gesalbte (Christus). Er führte ihn zu Jesus. Jesus blickte ihn an und sagte: Du bist Simon, der Sohn des Johannes, du sollst Kephas heißen. Kephas bedeutet: Fels (Petrus). Am Tag darauf wollte Jesus nach Galiläa aufbrechen; da traf er Philippus. Und Jesus sagte zu ihm: Folge mir nach! Philippus war aus Betsaida, dem Heimatort des Andreas und Petrus. Philippus traf Natanael und sagte zu ihm: Wir haben den gefunden, über den Mose im Gesetz und auch die Propheten geschrieben haben: Jesus aus Nazaret, den Sohn Josefs. Da sagte Natanael zu ihm: Aus Nazaret? Kann von dort etwas Gutes kommen? Philippus antwortete: Komm und sieh! Jesus sah Natanael auf sich zukommen und sagte über ihn: Da kommt ein echter Israelit, ein Mann ohne Falschheit. Natanael fragte ihn: Woher kennst du mich? Jesus antwortete ihm: Schon bevor dich Philippus rief, habe ich dich unter dem Feigenbaum gesehen. Natanael antwortete ihm: Rabbi, du bist der Sohn Gottes, du bist der König von Israel! Jesus antwortete ihm: Du glaubst, weil ich dir sagte, daß ich dich unter dem Feigenbaum sah? Du wirst noch Größeres sehen. Und er sprach zu ihm: Amen, amen, ich sage euch: Ihr werdet den Himmel geöffnet und die Engel Gottes auf- und niedersteigen sehen über dem Menschensohn."

Das Neue, das Philippus dem Natanael mitteilt, ist dies: Derjenige, von dem die Leute sagen, er sei der Sohn Josefs, ist der, den wir als den Messias erkannt haben. So gesehen muß Joh 1,45 wie folgt übersetzt werden:

„Wir haben den gefunden, über den Mose im Gesetz und über den die Propheten geschrieben haben, den Messias; es ist der, von dem die Leute sagen, er sei der Sohn Josefs."

Schauen wir ebenso auf die zweite Episode, in deren Kontext das vierte Evangelium Jesus „den Sohn Josefs" nennt, Joh 6,41-47:

„Da murrten die Juden gegen ihn, weil er gesagt hatte: Ich bin das Brot, das vom Himmel herabgekommen ist. Und sie sagten: Ist das nicht Jesus, der Sohn Josefs, dessen Vater und Mutter wir kennen? Wie kann er jetzt sagen: Ich bin vom Himmel herabgekommen? Jesus sagte zu ihnen: Murrt nicht! Niemand kann zu mir kommen, wenn nicht der Vater, der mich gesandt hat, ihn zu mir führt; und

ich werde ihn auferwecken am letzten Tag. Bei den Propheten heißt es: Und alle werden Schüler Gottes sein. Jeder, der auf den Vater hört und seine Lehre annimmt, wird zu mir kommen. Niemand hat den Vater gesehen außer dem, der von Gott ist; nur er hat den Vater gesehen."

Hier ist ganz offensichtlich, daß der Evangelist Johannes selbst nicht der Ansicht ist, daß Jesus der Sohn Josefs sei. Die Bezeichnung Jesu als „Sohn Josefs" ist die Schutzbehauptung derer, die den Selbstanspruch Jesu nicht glauben wollen. Die moderne Exegese spricht des öfteren von der „johanneischen Ironie", die unter dem, was das äußere Auge wahrzunehmen meint, das glatte Gegenteil als Wahrheit entdeckt. Der scheinbar am Kreuz Verfluchte wird durch das Kreuz zum König der ganzen Welt[56]. Ähnlich: Der, welcher den ungläubigen Augen als Sohn Josefs aus Nazaret erscheint, ist in Wahrheit der, der vom Himmel herabgestiegen ist, der Sohn Gottes. Ausdrücklich heißt es in Joh 5,18:

„Darum waren die Juden noch mehr darauf aus, ihn zu töten, weil er nicht nur den Sabbat brach, sondern auch Gott seinen Vater nannte und sich damit Gott gleichstellte."

b) Die Bezeugung der jungfräulichen Mutterschaft

Es bleibt die Frage: Ist Johannes an der jungfräulichen Mutterschaft Marias nicht interessiert? Die Antwort, die ich auf diese Frage gebe, distanziert sich von den im deutschen Sprachraum dominierenden Positionen (vgl. Rudolf Bultmann oder Rudolf Pesch).

Johannes ist der große Theologe der Inkarnation; von daher geht es ihm nicht um die Perspektive Marias oder Josefs, sondern um das besagte Herabsteigen des Sohnes; und in diesem Kontext auch um das Ankommen des Herabgestiegenen in dieser Welt. Betrachten wir unter dieser Voraussetzung die Verse 12 und 13 des Prologs, die auf Grund der Tatsache, daß die uns erhaltenen Manuskripte des vierten Evangeliums im Plural formulieren, in fast allen kritischen Editionen so lauten:

„Allen aber, die ihn aufnahmen, gab er Macht, Kinder Gottes zu werden, allen, die an seinen Namen glauben, die nicht aus dem Blut, nicht aus dem Willen des Fleisches, nicht aus dem Willen des Mannes, sondern aus Gott geboren sind."

---

[56] Dazu: I. de la Potterie, La passion de Jésus selon l'évangile de Jean. Texte et Esprit, Paris 1986, 116–121.

Doch wenn man betont, daß diese Fassung sich auf die ältesten erhaltenen Abschriften stützen kann, müßte man selbstkritisch hinzufügen: Keine dieser Abschriften ist vor 300 entstanden; und vor allem: Die sieben bzw. acht Zitationen der Verse Joh 1,12f, die wir bei den Apologeten bzw. den Vätern des 2. Jahrhunderts kennen, weichen ausnahmslos (!) von der eben vorgestellten Lesart ab[57]. Justin, Hippolyt, Irenaeus, Tertullian u. a. kennen nicht den Plural in Joh 1,13: *„[...], die nicht aus dem Blut, nicht aus dem Willen des Fleisches, nicht aus dem Willen des Mannes, sondern aus Gott geboren sind"*, sondern immer nur den Singular: *„[...] der nicht aus dem Blut, nicht aus dem Willen des Fleisches, nicht aus dem Willen des Mannes, sondern aus Gott geboren ist"*. Die ersten Zeugnisse für den Plural in Joh 1,12f finden wir Ende des zweiten Jahrhunderts, und zwar nur im Raum um Alexandrien. Besonders bemerkenswert ist in diesem Zusammenhang, daß Tertullian[58] den Valentinianern vorwirft, die Verse Joh 1,12f durch Einführung des Plurals verfälscht zu haben. Man kann darüber spekulieren, warum sich dennoch der Plural durchgesetzt hat. Peter Hofrichter vermutet, daß sich seit der von Origenes ausgesprochenen Gleichsetzung von αἵματα mit ὕλη die Sachlage verkehrt hat: Während Tertullian und Irenaeus die pluralische Interpretation von Joh 1,13 für gnostisierend halten, wird Ende des 2. Jahrhunderts die Anwendung der Aussage „nicht aus dem Blut" auf Jesus Christus als doketisch abgelehnt[59]. Auch wenn die deutschsprachige und angelsächsische

[57] Dazu vgl. die verdienstvolle Übersicht über die Vätertexte bei: P. Hofrichter, Nicht aus Blut, sondern monogen aus Gott geboren. Textkritische, dogmengeschichtliche und exegetische Untersuchung zu Joh 1,13-14 (FzB 31), Würzburg 1978, 20–29.

[58] „Quid est ergo: ‚non ex sanguine neque ex voluntate carnis neque ex voluntate viri, sed ex deo *natus est*'? Hoc quidem capitulo ego potius utar, cum adulteratores eius obduxero. Sic enim scriptum esse contendunt: ‚non ex sanguine nec ex carnis voluntate nec ex viri, sed ex Deo *nati sunt*', quasi supra dictos credentes in nomine eius designet, ut ostendant esse semen illud arcanum electorum et spiritalium, quod sibi imbuunt. Quomodo autem ita erit, cum omnes, ‚qui credunt in nomine eius', pro communi lege generis humani ex sanguine et ex carnis et ex viri voluntate nascantur, etiam Valentinus ipse? Adeo singulariter, ut de Domino scriptum est: *sed ex Deo natus est*; merito, qua verbum Dei, [et cum dei verbo spiritus, et in spiritu dei virtus et quidquid dei est Christus.] qua caro autem *non ex sanguine nec ex carnis et viri voluntate*, quia ex dei voluntate verbum caro factum est." (Tertullian, De Carne Christi 19,1-2 [CCL 2,907]).

[59] Vgl. Hofrichter (Anm. 57) 171f. – Überzogen scheint mir der von I. de la Potterie (Anm. 26, 137–142) vorgetragene Hinweis, daß die auf Christus bezogene Aussage „nicht aus dem Blut" schon deshalb über den Verdacht des Doketismus erhaben ist, weil hier Reinheitsvorschriften des Judentums (Lev 12,4-7 vgl. W. Paschen, Rein und Unrein, München 1970, 40), nicht aber

Exegese[60] der Singular-Lesart weiterhin skeptisch begegnet, sind die Pro-Argumente schwer zu entkräften. Allerdings folgern nicht alle Befürworter der Singular-Lesart[61] aus Joh 1,12 f, daß der vierte Evangelist die Jungfräulichkeit Marias affirmiere[62].

Ich selbst schlage folgende Übersetzung für Joh 1,12 f vor:

„Allen aber, die ihn aufnahmen, gab er Macht, Kinder Gottes zu werden, allen, die an seinen Namen glauben – ER, der nicht aus dem Blut, nicht aus dem Willen des Fleisches, nicht aus dem Willen des Mannes, sondern aus Gott geboren ist."

Diese christozentrische Lesart fügt sich in die Theologie des vierten Evangeliums mühelos ein. Bei Johannes ist Christus das Licht; also können wir durch ihn Kinder des Lichtes werden. Bei Johannes ist Christus die Wahrheit; also können wir durch ihn den Weg der Wahrheit gehen. Bei Johannes ist Christus der einzige Sohn des Vaters; also können wir durch ihn Kinder Gottes werden. Zugleich darf man wohl auch darauf hinweisen, daß die Deutung des Verses Joh 1,13 auf alle Getauften wenig Sinn macht. Denn warum soll die Abstammung aus dem Willen eines Mannes, aus dem Fleisch und Blut irdischer Eltern, dem geistlichen Gezeugtsein des Taufgeschehens widersprechen?

c) Maria auf der Hochzeit zu Kana

Die Perikope Joh 2,1-12 beginnt mit dem chronologischen Hinweis: „am dritten Tag". Zuvor ist zweimal vom „Tag darauf" (Joh 1,29.35)

Inkompatibilitäten der Geburt des Erlösers mit den Begleiterscheinungen einer normalen Geburt angesprochen werden. Für diese Hypothese führt er einen Text an, in dem der Kirchenvater Hippolyt den Anspruch des Simon Magus, selbst der Erlöser zu sein, mit dem Argument abweist, er sei im Unterschied zu Jesus Christus „hervorgegangen aus menschlicher Zeugung, geboren von einer Frau, geboren mit Blutungen [τῶν αἱμάτων] und unter Voraussetzung des fleischlichen Begehrens wie alle anderen".

60 z. B. E. Käsemann, R. Schnackenburg und R. E. Brown.

61 Zu den Befürwortern der Singular-Lesart zählen: A. Resch, F. Blass, A. Loisy, Th. Zahn, A. Harnack, R. Seeberg, F. C. Burney, F. Büchsel, R. C. H. Lensky, F. M. Braun, M. E. Boismard, J. Dupont, D. Mollat, J. Galot, P. Prigent, J. McHugh, L. Sabourin, I. de la Potterie, L. Legrand, T. Gallus, P. Hofrichter, R. Robert, R. Riesner.

62 In diesem Sinne interpretieren vor allem die Franzosen: F.-M. Braun, Qui ex Deo natus est (Jean 1,13), in: Aux sources de la Tradition chrétienne. Melanges offerts à Maurice Goguel (BT[N] 8), Neuchâtel 1950; M. E. Boismard, Le Prologue de Saint Jean (LeDiv 11), Paris 1953, J. Galot, Être né de Dieu. Jean 1,13 (AnBib 37), Rome 1969; I. de la Potterie, La mère de Jésus et la conception virginale du Fils de Dieu. Étude de théologie johannique, in: Mar. 40 (1978) 41–90; ders., Il parto verginale del Verbo incarnato: „Non ex sanguinibus [...], sed ex Deo natus est" (Gv 1,13), in: Mar. 45 (1983) 127–174; R. Robert, La leçon christologique en Jean 1,13, in: RThom 87 (1987) 5–22.

die Rede. Also bilden drei Tage den äußeren Rahmen dreier Ereignisse: des Zeugnisses des Täufers Johannes; der Berufung der ersten Jünger; der Hochzeit zu Kana.

Am ersten Tag befindet sich Jesus in Judäa. Die Juden schicken Priester und Leviten mit der Frage zu ihm: „*Wer bist du?*" (Joh 1,19). Er gibt eine indirekte Antwort:

> „*Ich bin die Stimme, die in der Wüste ruft: Ebnet den Weg für den Herrn!, wie der Prophet Jesaja gesagt hat*" (Joh 1,23).

Am Tag darauf, am zweiten Tag, folgt die öffentliche Proklamation durch Johannes den Täufer:

> „*Auch ich kannte ihn nicht; aber er, der mich gesandt hat, mit Wasser zu taufen, er hat mir gesagt: Auf wen du den Geist herabkommen siehst und auf wem er bleibt, der ist es, der mit dem Heiligen Geist tauft. Das habe ich gesehen, und ich bezeuge: Er ist der Sohn Gottes*" (Joh 1,33).

In eben diesem Zeugnis vereinigen sich die ersten Jünger: Andreas, Petrus, Philippus, Natanael, der aus Kana in Galiläa stammt[63].

Schließlich der dritte Tag: die Hochzeit zu Kana, an der Johannes ebenfalls nur die Offenbarwerdung Jesu als des Christus interessiert. Joh 2,11 lautet:

> „*So tat Jesus sein erstes Zeichen, in Kana in Galiläa, und offenbarte seine Herrlichkeit, und seine Jünger glaubten an ihn.*"

In dem Zeichen bzw. Symbol einer Hochzeitsfeier soll die Hochzeit des Messias mit seinem Volk Israel, mit der Frau Zion, die im AT immer wieder Braut genannt wird, offenbar werden.

Manchmal gibt die als allegorisch abgewiesene Exegese der Väter interessante Hinweise auf jene tiefere Ebene, die der durchgängig symbolisch denkende Evangelist Johannes erschließen will[64]. Bei verschiedenen Bischöfen des 4. und 5. Jahrhunderts finden wir in Predigten zu Joh 2,1-12 eine Auslegung, die jüngeren Kommentaren fremd erscheint, aber den Text durchaus respektiert. Ich nenne nur einige dieser Bischöfe: Zeno von Verona († 371), Ambrosius von Mailand († 397), Chromatius von Aquileja († 407), Maximus von Turin († 420), Petrus Chrysologus von Ravenna († 450) und Gaudentius von Brescia († 490).

---

[63] Von einer weiteren Berufung ist im vierten Evangelium keine Rede mehr, obwohl Johannes im folgenden von „den Zwölfen" spricht; das bedeutet, daß die Berufungsszene 1,35–51 als „pars pro toto" geschildert wird.

[64] Vgl. dazu das mit dem Titel „Der Beitrag der Väter zu den heutigen Fragen der Auslegung von Joh 2,1-11" überschriebene Kapitel bei: A. Smitmans, Das Weinwunder von Kana. Die Auslegung von Joh 2,1-11 bei den Vätern und heute (BGBE 6), Tübingen 1966, 262–301.

Sie alle deuten Vers 2,3 in folgendem Sinn: Nicht irgendein Wein, sondern der Wein der messianischen Hochzeit zwischen Jahwe und seinem Volk Israel war seit dem Aussterben der Propheten in Israel versiegt[65].

Schreiten wir fort zur Antwort Jesu an Maria in Vers 2,4[66]: *„Was willst du von mir, Frau?"* – Diese brüske, fast feindselige Antwort war eine gängige Redensart im Umgang mit Menschen, mit denen man nichts zu tun haben wollte. Blicken wir z. B. auf folgende Stellen im AT: Ri 11,12; 1 Kön 17,18; 2 Kön 3,13; Hos 14,9. Oder betrachten wir die Stellen des NT (Mk 5,7; Mt 8,29; Lk 4,34), wo die unreinen Geister zu Jesus sagen:

> *„Was haben wir mit dir zu tun, Jesus von Nazaret? Bist du gekommen, um uns ins Verderben zu stürzen?"*

Man wird gewiß davon ausgehen dürfen, daß Jesus seiner Mutter nicht feindselig gegenüberstand. Vielleicht darf man Joh 2,3 f über den Hinweis hinaus, daß die Anrede „Frau" ein Hinweis auf die Identifikation Marias mit der „Frau Zion" ist, folgendermaßen erklären: Maria wendet sich an Jesus mit der äußerlichen Feststellung, daß die jungen Brautleute keinen Wein mehr haben. Jesus aber antwortet: Frau, Du magst um den Wein, den man den Gästen auftischt, besorgt sein; mir aber geht es um den Wein, von dem die Propheten gesprochen haben, wenn sie an die messianische Hochzeit Jahwes mit seiner Braut Israel erinnerten[67]. Man kann die Antwort Jesu in Joh 2,4 vergleichen mit ähnlichen Antworten innerhalb des vierten Evangeliums, welche die vordergründige Ebene einer rein äußeren Feststellung durchbrechen. Zu erwähnen wäre Joh 3,1-6, wo Nikodemus an eine physische Geburt denkt, wohingegen Jesus eine geistliche Geburt meint. Oder Joh 4,31-34:

---

[65] Als Beispiel folgende Stelle bei Gaudentius von Brescia (Tract. VIII,45 [CSEL 68,73]): „Quapropter defecisse intelligitur vinum non istarum, sed praecedentium nuptiarum; defecerat enim nuptiale vinum Spiritus sancti cessantibus iam prophetis, qui ministraverant in populo Iudaeorum."

[66] Dazu: A. Vanhoye, Interrogation johannique et exégèse de Cana (Jn 2,4), in: Bib. 55 (1974) 157–167; O. Bächli, „Was habe ich mit Dir zu schaffen?" Eine formelhafte Frage im AT und NT, in: ThZ 33 (1977) 69–80; A. H. Maynard, TI EMOI KAI SOI, in: NTS(W) 31 (1985) 582–586; W. Lütgehetmann, Die Hochzeit von Kana (Joh 2,1-11). Zu Ursprung und Deutung einer Wundererzählung im Rahmen johanneischer Redaktionsgeschichte (BU 20), Regensburg 1990, 155–175.

[67] Vgl. É. Delebecque, Les deux vins de Cana, in: RThom 85 (1985) 242–252; Lütgehetmann (Anm. 66) 147–155.

„Währenddessen drängten ihn seine Jünger: Rabbi, iß! Er aber sagte zu ihnen: Ich lebe von einer Speise, die ihr nicht kennt. Da sagten die Jünger zueinander: Hat ihm jemand etwas zu essen gebracht? Jesus sprach zu ihnen: Meine Speise ist es, den Willen dessen zu tun, der mich gesandt hat, und sein Werk zu erfüllen."

Oder Joh 11,3-6:

„Daher sandten die Schwestern [des Lazarus] Jesus die Nachricht: Herr, dein Freund ist krank. Als Jesus das hörte, sagte er: Diese Krankheit wird nicht zum Tode führen, sondern dient der Verherrlichung Gottes: Durch sie soll der Sohn Gottes verherrlicht werden."

Auch der zweite Teil von Vers Joh 2,4 ist nicht nur im vordergründigen Sinn, nämlich als Zeitangabe, zu lesen. Normalerweise wird übersetzt: *„Meine Stunde ist noch nicht gekommen."* Aber man kann diesen Satz auch als Frage übersetzen: *„Ist denn meine Stunde nicht schon gekommen?"* So übersetzen Tatian, Ephraim der Syrer, Gregor von Nyssa, Theodor von Mopsuestia, aber auch viele Exegeten der Gegenwart: Smitmans, Michl, Boismard, Vanhoye, de la Potterie.

Wenn man Vers 2,4b in Frageform übersetzt, dann enthält diese Frage einen Hinweis auf „die Stunde" der Vollendung; denn normalerweise bedeutet der Terminus „die Stunde" im Johannesevangelium das Offenbarwerden des Messias (vgl. Joh 7,39; 12,28; 17,1). Denken wir z. B. an das Gespräch Jesu mit der Samariterin am Jakobsbrunnen (Joh 4,23-25). Jesus sagt:

„Aber die Stunde kommt, und sie ist schon da, zu der die wahren Beter den Vater anbeten werden im Geist und in der Wahrheit; denn so will der Vater angebetet werden. Gott ist Geist, und alle, die ihn anbeten, müssen im Geist und in der Wahrheit anbeten. Die Frau sagte zu ihm: Ich weiß, daß der Messias kommt, das ist: der Gesalbte. Wenn er kommt, wird er uns alles verkünden."

Joh 2,5: *„Seine Mutter sagte zu den Dienern: Was er euch sagt, das tut!"* – Der italienische Exeget Aristide Serra hat darauf hingewiesen[68], daß immer dann, wenn zwischen Jahwe und Israel der Bund erneuert wird, der Mittler dieser Erneuerung ganz ähnlich zu den Israeliten spricht wie Maria in Joh 2 zu den Dienern. Immer geht es um die Antwort Israels: *„Alles, was der Herr gesagt hat, wollen wir tun."* (Ex 19,8; 24,3-7; Jos 24,24; Esr 10,12; Neh 5,12). – Für diese Parallele spricht

---

[68] Vgl. A. Serra, Contributi dell'antica letteratura giudaica per l'esegesi di Gv 2,1-12 e 19,25-27 (SPFTM 31), Roma 1977, 139–228; ders., Maria a Cana e sotto la Croce. Saggio di mariologia giovannea, Roma 1978, 30–37.

nicht nur die Symbolisierung des Bundes mit den Bildern der Frau Zion als Braut, Mutter und Jungfrau, sondern auch die Tatsache, daß die Diener hier nicht δοῦλοι, sondern διάκονοι genannt werden. So aber werden von Johannes nur die Jünger genannt – z. B. in Joh 12,26:

> *„Wenn einer mir dienen will, folge er mir nach; und wo ich bin, dort wird auch mein Diener sein. Wenn einer mir dient, wird der Vater ihn ehren."*

Die Redewendungen „meine Stunde" und „von dem guten Wein" erläutern den Inhalt von Vers Joh 2,11:

> *„So tat Jesus sein erstes Zeichen in Kana in Galiläa und offenbarte seine Herrlichkeit, und seine Jünger glaubten an ihn."*

A. Serra und J. P. Charlier haben en détail nachgewiesen, daß „der Wein" Symbol der messianischen Güter und auch ein Symbol des Erscheinens des Messias selbst ist[69]. In folgenden Texten des AT ist der überfließende Wein ein Zeichen der Ankunft des Messias: Am 9,13 f; Joël 2,24; 4,18; Jes 25,6. Im Hohenlied wird die Vereinigung von Braut und Bräutigam immer in Zusammenhang mit dem Überfluß an Wein gebracht (Hld 1,2-4; 4,10; 5,1; 7,3-9; 8,2). Und in Mt 9,17 ist der neue Wein expressis verbis Zeichen des Neuen Bundes:

> *„Auch füllt man nicht neuen Wein in alte Schläuche. Sonst reißen die Schläuche, der Wein läuft aus, und die Schläuche sind unbrauchbar. Neuen Wein füllt man in neue Schläuche, dann bleibt beides erhalten."*

Die ganze Szene Joh 2,1-12 ist dahingehend zu verstehen, daß der Messias als der wahre Bräutigam der Braut Israel offenbar wird. Das unterstreicht im folgenden Kapitel Joh 3,28 f; da sagt der Täufer Johannes:

> *„Ihr selbst könnt mir bezeugen, daß ich gesagt habe: Ich bin nicht der Messias, sondern nur ein Gesandter, der ihm vorausgeht. Wer die Braut hat, ist der Bräutigam; der Freund des Bräutigams aber, der dabei steht und ihn hört, freut sich über die Stimme des Bräutigams. Diese Freude ist nun für mich Wirklichkeit geworden."*[70]

Die theologische Bedeutung von Joh 2,1-12 für die Mariologie wird sofort deutlich, wenn man sich die doppelte Funktion der hier „Frau"

---

[69] Vgl. A. Serra (Anm. 68: Contributi dell'antica letteratura) 216–257; J. P. Charlier, Le signe de Cana. Essai de Théologie johannique, Bruxelles 1959, 27–39. – Ähnlich äußert sich: K. Berger, Im Anfang war Johannes. Datierung und Theologie des vierten Evangeliums, Stuttgart 1997, 153 f.

[70] In der Liturgie hat die Kirche immer das Bewußtsein dafür bewahrt, daß die zum Kind von Betlehem ziehenden Könige, die Taufe Jesu im Jordan und die Hochzeit zu Kana unter dem Stichwort „Epiphanie" zusammengehören.

genannten Gestalt vor Augen hält: Denn sie ist zum einen die wahre Braut, zum andern die Mutter.

Schon mit der Anrede „*Was willst du von mir, Frau? Ist denn meine Stunde nicht schon gekommen?*" transzendiert Johannes die vordergründige Ebene der Hochzeit zu Kana hin auf die messianische Ebene. Durch die Anrede „Frau" wird Maria in Beziehung gesetzt zu der „Frau Zion", zum Volk Israel[71]. Wie Israel Jesu Mutter ist, so auch Maria. Deshalb heißt es in Joh 4,22: „*Das Heil kommt von den Juden.*"

Aber auch die Bezeichnung Marias als Braut ist in Joh 2,1-12 präsent. Wie Jahwe in vielen Texten des AT der Bräutigam der Braut Israel ist, so auf konkrete (geschichtliche) Weise der sich als Messias offenbarende Jesus. Und wie Jesus die geschichtliche Konkretion des Bräutigams Jahwe ist, so ist Maria die geschichtliche Konkretion der Braut Israel. Maria ist jene treue Braut, die sich in den von der Bundesgeschichte bestimmten Worten ausdrückt: „*Was immer er euch sagt, das tut!*" Erich Przywara hat 1954 in seinem noch immer lesenswerten Buch mit dem Titel „Christentum gemäß Johannes" bemerkt: „Sie [die Mutter] ist so sehr innerlichst von Anfang an bei der Hochzeit und hierin in der Hochzeit, daß das gesamte Wunder sich eigentlich nur vollzieht im Zusammenwirken dieser Zwei: Jesus und die Mutter Jesu."[72] Denn die Hauptpersonen der Perikope Joh 2,1-12 sind nicht die Brautleute, sondern Jesus und Maria als der wahre Bräutigam und die wahre Braut. Der wahre Bräutigam Jesus stiftet den guten Wein des messianischen Hochzeitsmahles, des neuen Bundes.

d) Die „Mutter Jesu" und „der Jünger, den Jesus liebte" unter dem Kreuz

In Joh 19,25-27 lesen wir:

> *„Bei dem Kreuz Jesu standen seine Mutter und die Schwester seiner Mutter, Maria, die Frau des Klopas, und Maria von Magdala. Als Jesus seine Mutter sah und bei ihr den Jünger, den er liebte, sagte er zu seiner Mutter: Frau, siehe, dein Sohn! Dann sagte er zu dem Jünger: Siehe, deine Mutter! Und von jener Stunde an nahm sie der Jünger zu sich."*

---

[71] Dazu: J. P. Michaud, Marie et la femme selon saint Jean, in: EeT 7 (1976) 379–396.

[72] E. Przywara, Christentum gemäß Johannes, Nürnberg 1954, 67.

Wie in der Szene Joh 2,1-12, so redet auch der Gekreuzigte Maria mit „Frau" an – ein deutlicher Hinweis auf die Antitypik Israel/Maria[73]. In Joh 19,26 identifiziert der Gekreuzigte Maria mit der Frau Zion, die dem neuen Volk Gottes – repräsentiert von dem Jünger, den er liebte – Mutter sein soll.

A. Feuillet[74] hält es für möglich, daß die in Joh 19,16-30 beschriebene „Stunde" des Messias nicht von ungefähr mit jener Szene verbunden ist, in der Maria nicht nur mit der „Frau Zion" identifiziert, sondern auch zur Mutter des durch Johannes repräsentierten neuen Israel erklärt wird. Feuillet schließt eine Verbindung von Joh 19,25-27 zu Joh 16,21 nicht aus. Denn in Joh 16,21 lesen wir:

„*Wenn die Frau gebären soll, ist sie bekümmert, weil ihre Stunde da ist; aber wenn sie das Kind geboren hat, denkt sie nicht mehr an ihre Not über der Freude, daß ein Mensch zur Welt gekommen ist.*"

Indem Maria zur Mutter der „Jünger Jesu" erklärt wird, ist sie die im AT bezeichete „Tochter Zion", ist sie, wie Rupert von Deutz in seinem Johanneskommentar bemerkt, zugleich „consummatio Synagogae" und „Ecclesiae sanctae nova inchoatio". Beide, Maria und „der Jünger, den Jesus liebte", repräsentieren die Kirche je auf ihre Weise[75]. Der Jünger steht für alle, die zur Kirche gehören weil sie Jesus als den Christus glauben[76], und Maria steht für die Kirche, insofern sie mehr ist als die Summe aller Glaubenden, nämlich Mutter[77].

---

[73] Dazu: Serra (Anm. 68: Contributi dell'antica letteratura) 409–412.

[74] Vgl. A. Feuillet, L'heure de la femme (Jn 16,21) et l'heure de la Mère de Jésus (Jn 19,25-27), in: Bib. 47 (1966) 169–184.361-380.557–573; hier: 370.

[75] Vgl. Rupert v. Deutz, In Evangelium S. Ioannis commentariorum libri XIV (PL 169, 789–790). Zu Joh 19,26f bemerkt er: „Proinde quia vere ibi [...] in passione unigeniti omnium nostrum salutem beata Virgo peperit, plane omnium nostrum mater est. Igitur quod de hoc discipulo dictum est ab eo, iustissime curam suae matris habebat: ‚Mulier, ecce filius tuus.' Itemque ad eumdem discipulum: ‚Ecce mater tua,' recte et de alio quolibet discipulorum, si praesens adesset, dici potuisset." (PL 169, 790 A-B).

[76] „If, then, we put all these considerations together, it becomes possible that the Lord's mother and the beloved disciple, who from that hour takes her ‚to his own', represent the Church and its members, in the ‚new creation', endowed with the Holy Spirit." (R. H. Lightfoot, St. John's Gospel. A Commentary, hg. v. C. F. Evans, Oxford 1956, 317).

[77] Dazu: A. Feuillet, Les adieux du Christ à sa mère (Jn 19,25-27) et la maternité spirituelle de Marie, in: NRTh 86 (1964) 469–489; hier: 487–489; M. Thurian, Marie, Mère du Seigneur et Figure de l'Église, Taizé 1962, 212–241. – Außer Feuillet und Thurian sehen auch K.-H. Schelkle und R. E. Brown und die meisten orthodoxen Theologen (z. B. S. Bulgakov und A. Knjazev) in Joh 19 einen Hinweis auf die geistliche Mutterschaft Marias. Doch die Mehrzahl der deutschsprachigen und angelsächsischen Exegeten (Ausnahmen: die Protestanten E. C. Hoskyns und R. H. Lightfoot) sind gegenteiliger Ansicht.

Eine Exegese, die das NT vom AT her versteht und zumindest im Johannesevangelium hinter dem Litteralsinn jeder Einzelaussage eine eigentliche (theologische) Bedeutung vermutet, nimmt sich im Kontext deutscher und angelsächsischer Autoren wie ein Fremdkörper aus. Der von Ignace de la Potterie zur Schnackenburg-Festschrift von 1974 beigesteuerte Beitrag ist solch ein Fremdkörper. Aber was fremd erscheint, muß nicht falsch sein. De la Potterie kann durch viele Parallelen belegen, daß das griechische εἰς τὰ ἴδια in dem Vers Joh 19,27b (*„Und von jener Stunde an nahm sie der Jünger [...].“)* in den meisten Übersetzungen viel zu vordergründig aufgefaßt wird. Er kommt zu dem Ergebnis: „Der Sinn des Satzes [Joh 19,27b] ist ohne Frage der, den zahlreiche Autoren am Ende des Mittelalters in ihm gesehen haben: in unser aller Namen *nahm* der Jünger die Mutter Jesu *als seine eigene Mutter an.* [...] Wie der Jünger, so hat auch die Mutter Jesu hier vom selben Gesichtspunkt her repräsentativen Charakter. Jesus spricht sie nicht mehr als Mutter an, er nennt sie ‚Frau‘. Ihre Aufgabe ist fortan auf messianischer und eschatologischer Ebene zu suchen. Sie ist *die* Frau, *die* Mutter. In dieser Eigenschaft verkörpert sie das neue Sion, das messianische Volk Gottes. Die Mutter des Herrn ist das Bild der Kirche. In ihrer mütterlichen Funktion stellt sie die Kirche dar. Die Worte ἀπ᾽ ἐκείνης ὥρας bekommen dann ihren vollen Sinn: von jener Stunde an, von der Stunde des Heiles an nahm der Jünger die Mutter Jesu und die Kirche als seine Mutter an. Es ist die Geburtsstunde der Kirche. Auf Calvaria ist die Kirche wahrhaftig in zweifacher Weise dargestellt: als *Mutter der Gläubigen* tritt sie in der Person der Mutter Jesu in Erscheinung; als *eschatologisches Volk des Glaubens* ist sie in der Person des Jüngers gegenwärtig. Da die Mutter Jesu die Mutter *der Glaubenden* ist, ist sie durch ihre Aufgabe als Mutter auch Mutter *der Kirche,* weil die Glaubenden die Kirche sind.“[78]

6. Maria in der „Geheimen Offenbarung"?

Vieles spricht dafür, daß auch in der Offenbarung des Johannes mit „der Frau“ Maria als Personifikation des neuen Israel zumindest

[78] I. de la Potterie, Das Wort Jesu „Siehe, deine Mutter“ und die Annahme der Mutter durch den Jünger (Joh 19,27b), in: J. Gnilka (Hg.), Neues Testament und Kirche (FS R. Schnackenburg), Freiburg 1974, 191–219; hier: 217f.

implizit angesprochen sein könnte[79]. Bevor wir auf diese Vermutung eingehen, erscheint es angebracht, das uns speziell interessierende zwölfte Kapitel einzuordnen in das Ganze des letzten Buches der Heiligen Schrift:

- Kapp. 1–3: Hinweis auf den, der ist und der war und der kommt; dann die sieben Sendschreiben an die sieben kleinasiatischen Gemeinden.
- Kapp. 4–11: Die prophetischen Visionen der Zukunft (Das versiegelte Buch; Die sieben Siegel; Die sieben Posaunen).
- Kapp. 12–22,5: Die Zukunft der Kirche: ihre Verfolgungen und ihr endgültiger Sieg (Geschichte der verfolgten Kirche; die Ereignisse des Endes; das neue Jerusalem).
- Kap. 22,6–11: Epilog (Dialog zwischen Christus und seiner Braut, der Kirche).

Dieser Überblick zeigt: Indem das Kap. 12 von „der Frau" spricht, spricht es zugleich von der Kirche. Im folgenden soll detailliert nachgewiesen werden, daß Offb 12 ebenso wenig wie alle bisher analysierten Texte ohne den Hintergrund des AT verständlich ist.

In Offb 12,1 lesen wir:

> „*Dann erschien ein großes Zeichen am Himmel: eine Frau, mit der Sonne bekleidet; der Mond war unter ihren Füßen und ein Kranz von zwölf Sternen auf ihrem Haupt.*"

Entsprechend heißt es in Offb 21,23:

> „*Die Stadt [die eschatologische Frau Zion] braucht weder Sonne noch Mond, die ihr leuchten. Denn die Herrlichkeit Gottes erleuchtet sie, und ihre Leuchte ist das Lamm.*"

Diese Verse erinnern[80] z. B. an Jes 60,1.19-21:

> „*Auf, werde licht, [Tochter Zion], denn es kommt dein Licht, und die Herrlichkeit des Herrn geht leuchtend auf über dir. [...] Bei Tag wird nicht mehr die Sonne dein Licht sein, und um die Nacht zu erhellen, scheint dir nicht mehr der Mond, sondern der Herr ist dein ewiges Licht, dein Gott dein strahlender Glanz. Deine Sonne geht nicht mehr unter, und dein Mond nimmt nicht mehr ab; denn der Herr ist dein ewiges Licht, zu Ende sind deine Tage der Trauer.*

---

[79] Dazu: J. Michl, Umschau und Kritik. Die Deutung der apokalyptischen Frau in der Gegenwart, in: BZ(NF) 3 (1959) 301–310; J. Ernst, Die „himmlische Frau" im 12. Kapitel der Apokalypse, in: ThGl 58 (1968) 39–59; H. Gollinger, Das „Große Zeichen". Offb 12 – das zentrale Kapitel der Offenbarung des Johannes, in: BiKi 38 (1984) 66–74.

[80] Dazu: A. Feuillet, Le Messie et sa Mère d'après le chapitre XII de l'Apocalypse, in: RB 66 (1959) 58–86.

Dein Volk besteht nur aus Gerechten; sie werden für immer das Land besitzen als aufblühende Pflanzung des Herrn, als das Werk seiner Hände, durch das er seine Herrlichkeit zeigt."

Als weiterer atl. Bezugstext bietet sich Hld 6,10 an:

„Wer ist, die da erscheint wie das Morgenrot, wie der Mond so schön, strahlend rein wie die Sonne, prächtig wie Himmelsbilder?"

Die Frau in Offb 12,1 bedarf nicht der Sonne, um zu leuchten; aber sie ist bekleidet mit der Sonne. Die Frau in Offb 12,1 bedarf nicht des Mondes, um zu leuchten; aber der Mond ist zu ihren Füßen. Hugo Rahner hat diesem Bild eine umfassende Studie gewidmet[81]: Wie der Mond sein Licht von der Sonne empfängt, so die Kirche das ihre von Christus. Wenn der Mond zu Füßen „der Frau" steht, dann ist damit etwas über ihr Verhältnis zur Kirche gesagt. Und „die mit der Sonne bekleidete Frau" hat nicht nur den Mond zu ihren Füßen; auch zwölf Sterne schmücken ihr Haupt. Innerhalb der Zahlensymbolik der Geheimen Offenbarung ist die Zahl Zwölf Hinweis auf das messianische Volk Gottes. 12 × 12 × 1000 = 144000 = die symbolische Zahl der Vollendeten.

Weiter heißt es von „der Frau":

Offb 12,2: *„Sie war schwanger und schrie vor Schmerz in ihren Geburtswehen."*

Offb 12,5: *„Und sie gebar ein Kind, einen Sohn, der über alle Völker mit eisernem Zepter herrschen wird. Und ihr Kind wurde zu Gott und zu seinem Thron entrückt. Die Frau aber floh in die Wüste, wo Gott ihr einen Zufluchtsort geschaffen hatte; dort wird man sie mit Nahrung versorgen, zwölfhundertsechzig Tage lang."*

Wiederum bietet sich vor allem ein atl. Text zum Vergleich an. In Mich 4,10 lesen wir:

„Winde dich, stöhne, Tochter Zion, wie eine gebärende Frau! Denn jetzt mußt du hinaus aus der Stadt, auf freiem Feld mußt du wohnen. Du mußt fort bis nach Babel. Dort wirst du gerettet, dort wird der Herr dich loskaufen aus der Hand der Feinde."

Mit dem eisernen Zepter, mit dem nach Offb 12,5 der Neugeborene herrschen wird, ist – wie ein Blick auf Ps 2,9 oder Offb 2,26 f beweist – eine unvergängliche Herrschaft gemeint. Die Wüste ist in der gesamten Heilsgeschichte der Ort des Bundesschlusses, der Ort der besonderen Nähe Gottes in der Bewährung. Und die Zeitangabe

[81] Vgl. H. Rahner, Maria und die Kirche, Innsbruck 1951, 105–115; ders., Symbole der Kirche. Die Ekklesiologie der Väter, Salzburg 1964, 89–173.

„zwölfhundertsechzig Tage" läßt sich ebenfalls mit einem Blick in das AT klären. In Dan 7,25 lesen wir:

> *„Ihm [dem großen Lästerer] werden die Heiligen für eine Zeit und zwei Zeiten und eine halbe Zeit [3,5 Jahre = 1260 Tage] ausgeliefert."*
>
> Oder in Dan 12,7b heißt es: *„Es dauert noch eine Zeit, zwei Zeiten und eine halbe Zeit."*

Daß diese Parallele nicht auf bloßer Spekulation beruht, beweist Offb 12,13 f:

> *„Als der Drache [er wird in Offb 12,9 in Anspielung auf Gen 3 auch Schlange genannt!] erkannte, daß er auf die Erde gestürzt war, verfolgte er die Frau, die den Sohn geboren hatte. Aber der Frau wurden die beiden Flügel des großen Adlers gegeben, damit sie in die Wüste an ihren Ort fliegen konnte. Dort ist sie vor der Schlange sicher und wird eine Zeit und zwei Zeiten und eine halbe Zeit lang ernährt."*

Diejenigen Exegeten, die Offb 12 nicht auf Maria beziehen, führen vor allem Vers 2 (*„Sie war schwanger und schrie vor Schmerzen in ihren Geburtswehen."*) als Argument an. Doch abgesehen davon, daß man aus der heiligen Art und Weise, in der Jesus nach Lk 1,35 geboren wurde, nichts über die Wehen oder Schmerzen der Gebärenden ableiten kann, ist Offb 12 ganz und gar bezogen auf die Kirche. Die Geburt der Kirche geschieht unter Schmerzen. Wenn die Frau, die in Offb 12 beschrieben wird, mit Maria identifiziert wird, dann ausschließlich, insofern sie Personifikation der Kirche ist.

7. Die historische Maria und die jungräuliche Mutter Zion

Nicht selten wird die These vertreten, es gebe im NT zwei Mariologien, eine aus historischen Fakten gespeiste und eine auf theologischer Reflexion (z. B. auf der Reflexion des Christusereignisses im Lichte des AT) beruhende. Vor allem die angeblich „früheste Mariologie", nämlich die des Mk-Evangeliums, wird dafür als Begründung angeführt. Nicht ganz zu Unrecht; denn in Mk finden wir Texte, die in gewisser Spannung zu den oben analysierten Texten aus Lk, Mt und Joh stehen.

a) Die Unterscheidung zwischen einer frühen und einer späteren Mariologie des Neuen Testaments

In Mk 3,20-35 lesen wir:

> *„Jesus ging in ein Haus, und wieder kamen so viele Menschen zusammen, daß er und die Jünger nicht einmal mehr essen konnten. Als seine Angehörigen davon hörten, machten sie sich auf den Weg, um ihn mit Gewalt zurückzuholen; denn sie sagten: Er ist von Sinnen. Die Schriftgelehrten, die von Jerusalem herabgekommen waren, sagten: Er ist von Beelzebul besessen; mit Hilfe des Anführers der Dämonen treibt er die Dämonen aus. Da rief er sie zu sich und belehrte sie in Form von Gleichnissen: Wie kann der Satan den Satan austreiben? Wenn ein Reich in sich gespalten ist, kann es keinen Bestand haben. Wenn eine Familie in sich gespalten ist, kann sie keinen Bestand haben. Und wenn sich der Satan gegen sich selbst erhebt und mit sich selbst im Streit liegt, kann er keinen Bestand haben, sondern es ist um ihn geschehen. Es kann aber auch keiner in das Haus eines starken Mannes einbrechen und ihm den Hausrat rauben, wenn er den Mann nicht vorher fesselt; erst dann kann er sein Haus plündern. Amen, das sage ich euch: Alle Vergehen und Lästerungen werden den Menschen vergeben werden, so viel sie auch lästern mögen; wer aber den Heiligen Geist lästert, der findet in Ewigkeit keine Vergebung, sondern seine Sünde wird ewig an ihm haften. Sie hatten nämlich gesagt: Er ist von einem unreinen Geist besessen. Da kamen seine Mutter und seine Brüder; sie blieben vor dem Haus stehen und ließen ihn herausrufen. Es saßen viele Leute um ihn herum, und man sagte zu ihm: Deine Mutter und deine Brüder stehen draußen und fragen nach dir. Er erwiderte: Wer ist meine Mutter, und wer sind meine Brüder? Und er blickte auf die Menschen, die im Kreis um ihn herumsaßen, und sagte: Das hier sind meine Mutter und meine Brüder. Wer den Willen Gottes erfüllt, der ist für mich Bruder und Schwester und Mutter."*

Diese Perikope bezeichnet die Verwandten Jesu als ähnlich unverständig wie die Schriftgelehrten, die ihn für besessen halten. Andernfalls wäre die Auseinandersetzung Jesu mit den Pharisäern (Mk 3,22-30) nicht eingerahmt von der Schilderung der Verwandten (Mk 3,20f und Mk 3,31-35). Hansjürgen Verweyen bemerkt: „Wollte man die hier von Markus angedeutete Linie einer Kritik an den Verwandten Jesu voll ausziehen, so könnte man geradezu sagen: die Mutter Jesu gehört nach

Markus zu denen, die der unvergebbaren Sünde wider den heiligen Geist bezichtigt werden (3,29)! Man sollte diesen Gedanken wohl auch einen Augenblick aushalten. Ist etwa die Anrede des Petrus als ‚Satan' (Mk 8,33) – zumindest auf der traditionsgeschichtlichen Stufe des Markusevangeliums – weniger ungeheuerlich?"[82] Doch so wenig der Rang Petri durch Mk 8,33 bestritten wird, so wenig wohl auch die Bejahung des Sohnes durch die Mutter in Mk 3,29. Daß die Versuchung, Jesus nicht als den Christus zu glauben und also „außen vor" (Mk 8,31) zu bleiben, gerade auch an den Jüngern und den Verwandten, sogar an Maria, nicht vorbeigeht, drückt Markus wiederholt aus. Kann man aber schon deshalb behaupten, diese „negative Mariologie" sei die auf Fakten gegründete im Unterschied zu der auf theologischer Deutung basierenden? Wenn die Schilderung des Nichtverstehens Jesu so etwas wie ein roter Faden des Markusevangeliums ist, dann kann die oben zitierte Perikope Bestandteil eines theologischen Konzepts statt „historisch gesichertes Urgestein" sein. Hinzu kommt, daß die beiden Evangelien, die wegen ihrer „Kindheitsgeschichten" als Bezugspunkte einer hymnischen Mariologie gelten, die von Mk geschilderte Episode nicht verschweigen (vgl. Mt 12,46-50 und Lk 8,19-21).

Doch noch ein weiteres Argument wird von den Verfechtern der Unterscheidung einer historisch zuverlässigen und einer angeblich auf bloßer Spekulation basierenden Mariologie ins Feld geführt: nämlich die Nennung von Geschwistern Jesu.

In Mk 3,31 f, Mt 12,46 f, Lk 8,19 f, Joh 2,12 (*„Danach zog er mit seiner Mutter, seinen Brüdern und seinen Jüngern nach Kafarnaum hinab.")*, Joh 7,3-12 (*„Da sagten seine Brüder zu ihm: Geh von hier fort, und zieh nach Judäa, damit auch deine Jünger die Werke sehen, die du vollbringst [...].")* und Apg 1,14 (*„Sie alle verharrten dort einmütig im Gebet, zusammen mit den Frauen und mit Maria, der Mutter Jesu, und mit seinen Brüdern")* ist die Bezeichnung „Brüder" sehr allgemein gehalten. Anders verhält es sich in Mk 6,3; da heißt es:

> *„Ist das nicht der Zimmermann, der Sohn der Maria und der Bruder von Jakobus, Joses, Judas und Simon? Leben nicht seine Schwestern hier unter uns? Und sie nahmen Anstoß an ihm und lehnten ihn ab."*

In diesem Vers werden vier Brüder mit Namen genannt; außerdem ist die Rede von allen seinen Schwestern, die, wie die Bewohner von Nazaret sagen, alle „hier unter uns" wohnen. Doch ganz abgese-

---

[82] Verweyen (Anm. 36) 168.

hen davon, daß im hebräischen und aramäischen Sprachgebrauch[83] das Wort „Bruder" Verwandte ersten und zweiten Grades bezeichnet[84], geht aus Mk 15,40 (*„Auch einige Frauen sahen von weitem zu, darunter Maria aus Magdala, Maria, die Mutter von Jakobus dem Kleinen und Joses, sowie Salome."*) hervor, daß Jakobus und Joses Söhne einer anderen Maria sind, nämlich der Frau des Klopas (wahrscheinlich Bruder Josefs). Diese Maria wird auch in Mk 16,1 erwähnt:

> *„Als der Sabbat vorüber war, kauften Maria aus Magdala, Maria, die Mutter des Jakobus, und Salome wohlriechende Öle, um damit zum Grab zu gehen und Jesus zu salben."*

Ähnlich in Mt 27,55 f:

> *„Auch viele Frauen waren dort und sahen von weitem zu; sie waren Jesus seit der Zeit in Galiläa nachgefolgt und hatten ihm gedient. Zu ihnen gehörten Maria aus Magdala, Maria, die Mutter des Jakobus und des Josef*[85]*, und die Mutter der Söhne des Zebedäus."*

Joachim Gnilka führt noch ein weiteres Argument gegen die Annahme leiblicher Geschwister Jesu an: „In Mk 6,3 wird Jesus von seinen Landsleuten in Nazaret ‚der Sohn Marias' genannt. Die Benennung eines Menschen nach seiner Mutter und nicht nach seinem Vater ist im Judentum ungewöhnlich. ‚Sohn Marias' heißt Jesus in der jüdischen Literatur, wenn polemisch auf seine behauptete illegitime Geburt hingewiesen werden soll, in der christlichen und christlich beeinflußten hingegen, wenn seine jungfräuliche Empfängnis vorausgesetzt ist. Jesus in Mk 6,3 so bezeichnet sein zu lassen, weil der Vater Joseph

---

83 Vgl. J. Blinzler, Die Brüder und Schwestern Jesu (SBS 21), Stuttgart 1967, 39–48; L. Oberlinner, Historische Überlieferung und christologische Aussage. Zur Frage der „Brüder Jesu" in der Synopse (FzB 19), Stuttgart 1975, 48 f.

84 Blinzler (Anm. 83, 46) bemerkt: „Manchmal ist [...] der Einwand erhoben worden: Da der Übergang von der aramäischen zur griechischen Form der Überlieferung wahrscheinlich in zweisprachigen Gemeinden (so wie sie etwa die von Antiochien war) erfolgte, hätte man das Wort ἀνεψιός (Vetter) gebraucht, wenn die ‚Herrenbrüder' nicht wirkliche Brüder, sondern nur Vettern gewesen wären. Dieses Argument ist jedoch nicht stichhaltig. Warum sollen denn jene Kreise unbedingt pedantischer gewesen sein als die Schöpfer der Septuaginta, die doch gewiß auch zweisprachig waren und trotzdem das hebräische Wort für Bruder auch da, wo es ganz offenkundig nicht wirkliche Brüder bezeichnete, wörtlich ins Griechische übertragen haben?" (Ebd.). – Skeptischer als Blinzler äußert sich L. Oberlinner (Brüder und Schwestern Jesu, in: LThK[3] II [1994], 713 f). Er weist nicht nur darauf hin, daß das griechische ἀδελφοί im NT gewöhnlich leibliche Brüder bezeichnet, sondern auch darauf, daß Eusebius terminologisch differenziert, indem er Jakobus und Judas „leibliche Brüder (ἀδελφοί) unseres Erlösers" nennt und den Symeon (den Sohn des Klopas) als Vetter (ἀνεψιός) Jesu bezeichnet.

85 Während Mk 15,40 von „Joses" spricht, wird dieselbe Person in Mt 27,56 „Josef" genannt.

bereits gestorben ist, befriedigt ebensowenig wie die Erläuterung, gemeint sei ‚Mary's boy from down the street'[86]. Eine Anspielung auf die Jungfrauengeburt darf vermutet werden."[87]

Während die Tradition der katholischen Kirche die in Mk 6,3 genannten Brüder schon auf Grund der von Maria behaupteten „virginitas post partum" als Vettern betrachtet, stützt sich die Ostkirche auf eine im 2. Jahrhundert entstandene[88], schon von Klemens von Alexandrien und Origenes bezeugte Überlieferung, welche die „Brüder" für Söhne Josefs aus einer früheren Ehe hält. Die meisten Protestanten schließlich vertreten die (schon von Irenaeus bekämpfte) These, die in Mk 6,3 genannten Personen seien nachgeborene Söhne aus der Ehe Josefs mit Maria. Exegetisch läßt sich die Frage nicht endgültig entscheiden. Natürlich wäre das Dogma der katholischen Kirche betroffen, wenn sich nachweisen ließe, daß Jesus nachgeborene Brüder (und Schwestern) gehabt hat. Doch ein solcher Nachweis würde noch keineswegs die Frage erledigen, ob die Geburt des „Erstgeborenen" (Jesu) als parthenogenetisch bezeichnet werden darf.

Der Versuch, zwei unterschiedliche Mariologien des NT zu unterscheiden, ist zweifelsohne legitim. Aber kann man aus dem Fehlen einer „Kindheitsgeschichte" bei Markus ein Gegeneinander seiner negativen (historischen) zur positiven (spekulativen) Mariologie des Matthäus und Lukas deduzieren?

b) Die Unterscheidung von Faktum und Deutung, von Sach- und Erkenntnisgrund

Die Frage nach dem Entstehen der ntl. Mariologie ist in der jüngeren Exegese fast ausschließlich reduziert worden auf die Frage nach der Herkunft des Glaubens an die jungfräuliche Geburt. Obwohl die sogenannten Kindheitsgeschichten bei Mt und Lk von den meisten Exegeten als erzählende Deutung des Christusereignisses im Licht des AT

---

[86] Ein Vorschlag von H. K. McArthur, „Son of Mary", in: NT 15 (1973) 38–58; hier: 57.

[87] J. Gnilka, Das Matthäusevangelium, Bd. I (HThK I/1), Freiburg 1986, 29. – Vgl. ders., Das Evangelium nach Markus, Bd. I (EKK II/1), Zürich/Neukirchen-Vluyn [3]1989, 231 f.

[88] In der apokryphen Schrift „Protoevangelium des Jakobus" wird, um die Jungfräulichkeit Marias glaubhaft zu machen, „das fortgeschrittene Alter Josefs, der ein Witwer ist, erwähnt (‚Ich habe [schon] Söhne und bin alt': 9,2)" (S. De Fiores, Maria in der Geschichte von Theologie und Frömmigkeit, in: W. Beinert u. H. Petri [Hgg.], Handbuch der Marienkunde, Bd. I, Regensburg [2]1996, 99–266, hier: 105).

bezeichnet werden[89], möchte man in puncto jungfräulicher Empfängnis zwischen historisch gesicherter Überlieferung und typologischer bzw. symbolisch-narrativer Deutung unterscheiden. Symptomatisch für dieses Bemühen ist die Kontroverse zwischen Heinz Schürmann und Anton Vögtle[90].

Unbestritten zwischen beiden Kontrahenten ist dies: daß es eine frühe Schicht der ntl. Christologie gibt, die jeden Hinweis auf die jungfräuliche Geburt des Messias vermissen läßt. Die wichtigsten Belegstellen seien hier zitiert:

- Gal 4,4 f: „*Als aber die Zeit erfüllt war, sandte Gott seinen Sohn, geboren von einer Frau und dem Gesetz unterstellt, damit er die freikaufe, die unter dem Gesetz stehen und damit wir die Sohnschaft erlangen.*"
- Phil 2,6-11: „*Er war Gott gleich, hielt aber nicht daran fest, wie Gott zu sein, sondern entäußerte sich und wurde wie ein Sklave und den Menschen gleich. Sein Leben war das eines Menschen; er erniedrigte sich und war gehorsam bis zum Tod, bis zum Tod am Kreuz. Darum hat ihn Gott über alle erhöht und ihm den Namen verliehen, der größer ist als alle Namen, damit alle im Himmel, auf der Erde und unter der Erde ihre Knie beugen vor dem Namen Jesu und jeder Mund bekennt: ‚Jesus Christus ist der Herr' – zur Ehre Gottes, des Vaters.*"
- Röm 1,1-4: „*Paulus, Knecht Christi Jesu, berufen zum Apostel, auserwählt, das Evangelium Gottes zu verkündigen, das er im voraus durch seine Propheten im voraus verheißen hat in den Schriften: das Evangelium von seinem Sohn, der dem Fleisch nach geboren ist als Nachkomme Davids [τοῦ γενομένου ἐκ σπέρματος Δαυίδ]*[91]*, der dem Geist der Heiligkeit nach eingesetzt ist als Sohn Gottes in Macht*

[89] Vor allem der Mt-Prolog ist nicht selten als Midraschhaggada bezeichnet worden (vgl. E. Nellessen, Das Kind und seine Mutter [SBS 39], Stuttgart 1969, 58–80). Fast alle neueren Kommentare distanzieren sich von diesem Vorschlag. Nach A. Sand (Das Evangelium nach Matthäus [RNT], Regenburg 1986, 63) spricht der Erfüllungsgedanke, nach J. Gnilka (Das Matthäusevangelium [HThK I/1], Freiburg 1986, 62) die eschatologische Dimension des Matthäusevangeliums dagegen.

[90] Vgl. H. Schürmann, Das Lukasevangelium, Bd. I, Freiburg 1969, 58–63; A. Vögtle, Offene Fragen zur lukanischen Geburts- und Kindheitsgeschichte, in: Ders., Das Evangelium und die Evangelien, Düsseldorf 1971, 43–56; H. Schürmann, Die geistgewirkte Lebensentstehung Jesu, in: W. Ernst u. K. Feiereis (Hgg.), Einheit in Vielfalt (FS H. Aufderbeck), Leipzig 1974, 156–165.

[91] „Gewiß hat σπέρμα auch hier, wie meist bei Paulus, die im Alten Testament und Judentum sogar stereotyp gewordene übertragene Bedeutung ‚Nachkomme', ‚Nachkommenschaft' [vgl. S. Schulz, Art. σπέρμα, in: ThWNT VII,

seit der Auferstehung von den Toten, das Evangelium von Jesus Christus, unserm Herrn."

Beide Kontrahenten – Schürmann und Vögtle – setzen voraus, daß die Bezeichnung der Menschwerdung des Sohnes Gottes als parthenogenetisch nur dann kein bloßes „Theologumenon" ist, wenn dieser „Deutung" eine historisch zuverlässige Tradition zugrundeliegt. Einmal abgesehen davon, daß es an semantischen Betrug grenzt, wenn Exegeten den aus der Systematischen Theologie stammenden Begriff „Theologumenon"[92] in einer gänzlich anderen Weise als die Dogmatiker verwenden[93], beruht die nicht nur von Schürmann und Vögtle konstruierte Alternative „entweder auf historischer Überlieferung beruhende Deutung" oder „Deutung ohne Faktum" auf der mangelnden Unterscheidung zwischen Sach- und Erkenntnisgrund der Parthenogenesis des Erlösers[94]. Denn es ist etwas völlig anderes,

---

538–546]. Da der Apostel die Parthenogenesis auch dort nicht erwähnt oder andeutet, wo er dazu Gelegenheit gehabt hätte, wäre es aber mehr als gewagt, für ihn auch nur eine Anspielung auf die Jungfrauengeburt zu beanspruchen." (Vögtle [Anm. 89] 49).

92 Vgl. K. Rahner, Theologumenon, in: LThK² X (1965) 80–82.

93 Nach Ernst Nellessen (Anm. 89, 98 f) verstehen die Exegeten unter Theologumenon „eine dem Weltbild des Schriftstellers oder Erzählers entsprechende, meist aus der Mythologie übernommene symbolische Vorstellung für einen religiösen Sachverhalt. Der hier verwandte Begriff ‚Theologumenon' ist also von dem in der Dogmatik geläufigen zu unterscheiden. [...] Im allgemeinen kommt durch diese Klassifizierung [von seiten der Exegese] zum Ausdruck, daß die vom Erzähler geschaffene oder übernommene Formel lediglich etwas über die ‚Bedeutsamkeit' der Person oder des Vorganges aussagt; vom Faktischen wird hierbei abgesehen, oder es werden – zumindest stillschweigend – nur rein natürlich erklärbare Fakten vorausgesetzt. Wenn vom ‚Theologumenon der Jungfrauengeburt' gesprochen wird, ist also in der Regel gemeint, daß es eine Empfängnis und Geburt Jesu ohne Zutun eines Mannes in Wirklichkeit nicht gegeben habe."

94 Die besagte Alternative zieht sich in den Jahren nach dem Zweiten Vatikanum durch fast alle einschlägigen Beiträge der deutsch- und englischsprachigen Exegese: Vgl. J. Michl, Die Jungfrauengeburt im Neuen Testament, in: H. J. Brosch u. J. Hasenfuss (Hgg.), Jungfrauengeburt gestern und heute. Vorträge, Fragen und Diskussionen der Beuroner Tagung der Deutschen Arbeitsgemeinschaft für Mariologie 16.-19.9.1968, Essen 1969, 145–184; O. Knoch, Die Botschaft des Matthäusevangeliums über Empfängnis und Geburt Jesu vor dem Hintergrund der Christusverkündigung des Neuen Testaments, in: K. S. Frank (Hg.), Zum Thema Jungfrauengeburt, Stuttgart 1970, 37–59; F. J. Steinmetz, Geboren aus der Jungfrau Maria, in: GuL 43 (1970) 455–465; R. Pesch, Der Gottessohn im matthäischen Evangelienprolog, in: Bib. 48 (1967) 395–420; ders., Zweierlei Glaube oder Holland und Rom, Stuttgart 1970, 16–20; ders., Das Markusevangelium, 1. Teil, Freiburg 1976, 323; G. Lattke, Lukas 1 und die Jungfrauengeburt, in: K. S. Frank (Hg.), Zum Thema Jungfrauengeburt, Stuttgart 1970, 61–89; K. H. Schelkle, Theologie des Neuen Testaments, Bd. II, Düsseldorf 1973, 178; R. E. Brown, The Pro-

- ob ich sage, die Bezeichnung der Menschwerdung des Sohnes Gottes als parthenogenetisch impliziere das an und für sich (prinzipiell) verifizierbare Faktum des Nichtgezeugtseins durch Josef oder einen anderen Mann,
- oder ob ich sage, die Bezeichnung der Menschwerdung des Sohnes als parthenogenetisch setze eine historisch zuverlässige Bezeugung des Nichtgezeugtseins Jesu durch Josef oder einen anderen Mann voraus.

Wenn Paulus in Röm 1,3 und Gal 4,4 etwas anderes als die natürliche Herkunft Jesu aus davidischer Nachkommenschaft intendiert hätte, dann wären seine Formulierungen anders ausgefallen. Deshalb fragt Vögtle zu Recht: Wie will man diesen (auch von Schürmann nicht bezweifelten) „Sachverhalt mit der Existenz einer historischen Überlieferung der geistgewirkten Empfängnis Jesu vereinbaren?"[95]

Wenn Schürmann die altbekannte Hypothese bekräftigt, die Behauptung einer jungfräulichen Empfängnis sei allenfalls im engsten Familienkreis geglaubt, nach außen diskret verschwiegen und selbst nach Jesu Auferstehung nur ganz allmählich bekannt gemacht worden, dann muß er sich von Vögtle sagen lassen: „Die Geltendmachung äußerster Zurückhaltung läßt man sich [...] noch für die Zeit des öffentlichen Wirkens Jesu gern gefallen. Aber auch für die Zeit des nachösterlichen Messiasglaubens? Warum eigentlich ‚äußerste Zurückhaltung' und Beschränkung auf ‚kleine Kreise'? Etwa weil der Gedanke der geistgewirkten Empfängnis des Messias für jüdisches Empfinden völlig befremdend, ein nicht zumutbares Paradoxon war? Das ‚Urdatum christlichen Glaubens', daß Gott einen Gestorbenen, ja einen dem Verbrechertod des Kreuzes Ausgelieferten als Messias anerkannte, ihn durch die Auferweckung zu himmlischer Machtstellung erhöhte, war für jüdische Messiasvorstellungen doch auch ein unerhörtes Novum, ja geradezu ein Nonsens."[96]

Allerdings zieht Vögtle aus diesem Einwand gegen Schürmann die Konsequenz, das „Theologumenon" von der jungfräulichen Empfängnis sei wahrscheinlich eine Deutung ohne faktisches Fundament. Vögtle verweist[97] in diesem Zusammenhang auf die ins Deutsche über-

---

blem of the Virginal Conception of Jesus, in: TS 33 (1972) 3–34; J. A. Fitzmyer, The Virginal Conception of Jesus in the New Testament, in: TS 34 (1973) 541–575; R. E. Brown, The Birth of the Messiah. A commentary on the infancy narratives in Matthew and Luke, London 1977, 517–533.

[95] Vögtle (Anm. 90) 50.

[96] Ebd.

[97] Vgl. Räisänen (Anm. 16) 24.

setzte Mariologie des finnischen Exegeten Heikki Räisänen: „Nach [...] Räisänen muß man sich fragen, ob sich die Erwähnung der jungfräulichen Empfängnis mit der paulinischen Theologie überhaupt vertragen hätte. ‚Paulus betont die Demütigung und die Erniedrigung, die dem Sohne Gottes zuteil wurde. Der präexistente Sohn gab seine himmlische Existenz auf, wurde Mensch und unterwarf sich wie die andern Weibgeborenen dem Gesetz. Die Wendungen γενόμενος ἐκ γυναικός und γενόμενος ὑπὸ νόμον (Gal 4,4 f) besagen dasselbe. Paulus hebt die Solidarität Jesu mit dem Menschengeschlecht, seine volle Menschheit hervor. Nach ihm besteht das Christus-Geschehen aus zwei Phasen: Erniedrigung und Erhöhung. Die Menschwerdung ist dabei gerade ‚der Tiefpunkt der Entäußerung'. Der Gedanke der jungfräulichen Empfängnis würde diese Argumentation mit einer doketischen Nuance belasten und sie damit entkräften.'"[98]

Wie Schürmann in seiner Erwiderung auf Vögtles Kritik unterstreicht[99], ist die Bezeichnung der Menschwerdung des Sohnes Gottes als parthenogenetisch völlig mißverstanden, wenn ihr Doketismus oder gar die Bezweiflung des vollen Menschseins Jesu unterstellt wird. Das Gegenteil ist richtig: Bei den frühen Vätern – noch bevor spätere Zeiten mit dem Begriff „Jungfräulichkeit Marias" eine gewisse Sexualfeindlichkeit verbinden – ist die Behauptung der Parthenogenesis das nicht nur gegen den Adoptianismus, sondern auch gegen den Doketismus gerichtete Zentralargument[100]: Der Sohn Gottes hat nicht einen von Josef gezeugten und von Maria geborenen Menschen benutzt, um sich durch ihn zu offenbaren; der Mensch Jesus war nicht nur Instrument oder gar nur Larve des Sohnes Gottes; nein, der Sohn Gottes selbst ist Mensch geworden. Seine Selbst-Mitteilung erfolgt nicht an einen schon vorhandenen Menschen; nein, diese seine Selbst-Mit-

---

98 Vögtle (Anm. 90) 48 f.

99 „Aber ist es wirklich an dem, daß die Aussagen über die Jungfrauengeburt innerlich in Spannung zur paulinischen (vgl. z. B. Gal 4,4 f) und vorpaulinischen (z. B. Phil 2,6 ff) Theologie stehen, die ‚die Demütigung und die Erniedrigung, die dem Sohne Gottes zuteil wurde' betonten, wobei die Menschwerdung ‚der Tiefpunkt der Entäußerung' ist?" (Schürmann [Anm. 90: Die geistgewirkte Lebensentstehung] 159).

100 „Im Kampf gegen die Gnosis war die Jungfrauengeburt grundsätzlich ‚dogmatisch' gewertet worden. Sie begründete als Geburt die wahre Menschheit Jesu Christi, und ihre typologische Deutung unterstrich darüber hinaus den sachlichen Zusammenhang, in den der wunderbar Fleischgewordene mit der Schöpfung und der ganzen Heilsgeschichte gestellt war." (H. v. Campenhausen, Die Jungfrauengeburt in der Theologie der alten Kirche, Heidelberg 1962, 40). – Dazu auch: K. S. Frank, in: Ders. u. a. (Hgg.), Zum Thema Jungfrauengeburt, Stuttgart 1970, 91–120.

teilung ist Konstitutivum der Menschwerdung als solcher. Anders gesagt: Die Parthenogenesis ist der biologische Ausdruck der nicht nur indirekten (instrumentellen), sondern direkten Fleischwerdung.

Wenn aber die relativ spät entstandene Christologie der sogenannten Kindheitsgeschichten des Mt und Lk nicht in Spannung zu der in Gal 4,4; Phil 2,6-11 oder Röm 1,3 dokumentierten Kenosis-Christologie steht, sondern ganz im Gegenteil die Intention des Philipperhymnus (den Gedanken der nicht nur scheinbaren, sondern wirklichen Selbstmitteilung des Absoluten im Endlichen) weiter ausfaltet, dann könnte es doch sein, daß das Ereignis der Inkarnation der Sachgrund der Parthenogenesis des Erlösers und die fortschreitende Reflexion dieses Ereignisses im Licht der Offenbarung (der Schrift = AT) deren Erkenntnisgrund ist. Warum soll die Kirche nicht durch die atl. Aussagen von der Frau Zion, welche zugleich Jungfrau und Braut Jahwes genannt wird, warum nicht durch eine Zusammenschau der davidischen Herkunft des Messias mit der in Jes 7,14 LXX angedeuteten jungfräulichen Empfängnis[101], zu der Erkenntnis gelangt sein, daß das Faktum „Parthenogenesis“ untrennbar zum Faktum „wahre Menschwerdung des Sohnes Gottes“ gehört? Warum ist das Theologumenon „jungfräuliche Empfängnis des Messias“ nur dann Deutung eines Faktums, wenn sich sein Entstehen aus dem Faktum selbst (aus dessen historisch greifbarer Überlieferung) erklären läßt? Warum kann der Erkenntnisgrund nicht verschieden sein vom Sachgrund der faktischen Parthenogenesis Jesu Christi?

---

[101] Daß Jes 7,14 LXX allein nicht ausreicht, um das Entstehen einer mit der Behauptung der Parthenogenesis verbundenen Christologie entstehen zu lassen, soll hier nicht bestritten werden.

B. DER MARIENGLAUBE DER KIRCHE

Das Dogma von der jungfräulichen Empfängnis des Erlösers steht nicht nur deshalb im Mittelpunkt dieser Studie, weil es zumindest von Mt und Lk explizit bezeugt wird, sondern auch, weil die soeben diskutierten Fragen nach dem Zueinander von Sach- und Erkenntnisgrund, von Faktum und Deutung, von faktischer Inkarnation und faktischer Parthenogenesis die gesamte Mariologie betreffen.

Unsere relativ umfangreichen Ausführungen über die jungfräuliche Empfängnis bilden die Brücke zwischen Teil I (Maria in der Geschichte Israels) und Teil II (Der Marienglaube der Kirche). Denn an diesem Thema entscheidet sich die Art und Weise des Zusammenhangs von Christologie und Mariologie, von Faktum und Deutung, von Geschichte und Dogma. Nachdem im letzten Abschnitt von Teil I grundsätzliche Fragen der theologischen Erkenntnislehre mit Blick auf die Parthenogenesis traktiert wurden, kann der erste Abschnitt des systematischen Teils auf die sehr verschieden motivierten Bestreitungen der jungfräulichen Empfängnis eingehen.

1. Die jungfräuliche Empfängnis des Erlösers durch Maria

Obwohl sich Zweifel an der faktischen Parthenogenesis gewiß nicht auf das Zweite Vatikanum berufen können[102], erklärt der 1966 publizierte „Holländische Katechismus": „Unter allen Kindern, die Gott in Israel verheißen hat, ist Jesus der Höhepunkt. Als er zur Welt kam, war er von einem ganzen Volke erfleht und verheißen durch eine ganze Geschichte. Er war ein Kind der Verheißung wie kein zweites! Das tiefste Verlangen der ganzen Menschheit! Er wurde geboren ganz aus Gnade, ganz aus Verheißung: ‚Empfangen vom Heiligen Geist.' Das Geschenk Gottes an die Menschheit! Dies drücken die Evangelisten Matthäus und Lukas aus, wenn sie sagen, daß Jesus nicht durch den Willen eines Mannes geworden ist. Sie verkünden, daß diese Geburt unendlich herausragt über die jedes Menschenkindes und in keinem Verhältnis steht zu dem, was Menschen aus sich können. Das ist der tiefe Sinn des

[102] Dazu: M. O'Carroll, The Virginal Conception, in: Mar. 37 (1975) 429–464, bes. 429–440.

Glaubensartikels ‚geboren aus einer Jungfrau'. Es gibt nichts im Schoß der Menschheit, nichts in der menschlichen Fruchtbarkeit, das ihn erwecken kann, ihn, von dem die ganze menschliche Fruchtbarkeit und der ganze Werdegang unseres Geschlechtes abhängt: In ihm ist alles geschaffen. Diesen Verheißenen hat die Menschheit letzten Endes niemand anderem zu verdanken als dem Geist Gottes. Sein Ursprung ist weder aus dem Blut noch aus dem Willen eines Mannes, sondern aus Gott; aus unendlicher Höhe, aus unendlicher Ferne."[103]

Auf eine römische Anfrage hin gaben die niederländischen Bischöfe zu Protokoll, daß das buchstäbliche Verständnis der Parthenogenesis nie ausdrücklich definiert worden sei[104]. Darauf ordnete Papst Paul VI. ein Theologengespräch an. Dieses wurde von den Holländern ausschließlich mit Theologen beschickt, welche eine nur metaphorische Auffassung der Jungfräulichkeit vertraten. Es kam zu keiner Einigung. Nicht zuletzt deshalb fügte Papst Paul VI. zwei Artikel in das von ihm selbst verfaßte „Credo des Gottesvolkes" (1968) ein, welche eindeutig zum Ausdruck bringen, daß der „biologische Aspekt" der jungfräulichen Empfängnis zum Inhalt des Glaubensbekenntnisses gehört.

Der nach dem Erscheinen des „Holländischen Katechismus" immer wieder vorgetragene Hinweis[105] auf das Fehlen einer ausdrücklichen Definition der Untrennbarkeit des somatischen vom theologischen Aspekt der Menschwerdung des Erlösers greift ungewollt auf den verengten Dogmenbegriff der Neuscholastik zurück. Denn wer den Inhalt des christlichen Glaubens auf formelle Kathedralentscheidungen reduziert, versteht die Offenbarung nicht als das Ereignis der personalen Selbstmitteilung Gottes, sondern als göttliche Instruktion, als Mitteilung bestimmter Lehrsätze[106]. Anders gesagt: Es ist eher ein Zeichen

[103] Glaubensverkündigung für Erwachsene. Deutsche Ausgabe des Holländischen Katechismus, Freiburg 1969, 85.

[104] Der volle Wortlaut des Schreibens der Niederländischen Bischofskonferenz findet sich in: R. Laurentin, Bulletin sur la Vierge Marie, in: RSPhTh 54 (1970) 269–328; hier: 327 f.

[105] Vgl. P. Schoonenberg, Der neue Katechismus und die Dogmen, in: Dokumentation des Holländischen Katechismus, Freiburg 1967, XXXVIIf; H. Döring, Jungfrauengeburt in neuer Sicht?, in: H. J. Brosch u. J. Hasenfuss (Hgg.), Jungfrauengeburt gestern und heute. Vorträge, Fragen und Diskussionen der Beuroner Tagung der Deutschen Arbeitsgemeinschaft für Mariologie 16.-19.9.1968, Essen 1969, 89–108.

[106] Der lehramtlich erst seit Mitte des 19. Jhs. verwandte Begriff „Dogma" wurde vom Vatikanum I (DH 3011) auf eine formelle Kathedralentscheidung bezogen, um die modernistische Relativierung (Dogma als symbolischer Ausdruck einer usprünglichen Erfahrung der dem Intellekt unzugänglichen göttlichen Wahrheit) abzuwehren.

von Rückständigkeit als Ausweis eines kritischen Bewußtseins, wenn man die formelle Definition der Parthenogenesis vermißt, statt die Frage zu beantworten, ob und wie das kirchliche Bekenntnis zur jungfräulichen Empfängnis mit dem Christusereignis verbunden ist[107].

Mit seinem „Credo" stellt sich Papst Paul VI. in die lange Tradition der Dokumente, die das Bekenntnis zur faktischen Parthenogenesis mit dem Bekenntnis zur realen Selbstmitteilung Gottes in Jesus Christus verbinden. Was Josef Ernst von der Intention des Lukasevangeliums sagt[108], gilt unbestreitbar von allen Dokumenten der bis in die ersten Anfänge der Christologie zurückreichenden Bezeichnung Marias als Jungfrau: Eine Trennung des somatischen bzw. biologischen vom theologischen Aspekt liegt mit Sicherheit nicht in der Absicht des jeweiligen Verfassers oder Redaktors. Im Gegenteil: Die Dokumente, welche das in fast allen alten Symbola enthaltene „natus ex Maria virgine" (DH 10–61) präzisieren, richten sich gegen eine spiritualisierende Verflüchtigung der Parthenogenesis zu einem bloßen Interpretament.

a) Das kirchliche Bekenntnis zur faktischen Parthenogenesis

Nehmen wir als Beispiel die Konstitutionen der ägyptischen Kirche. Da heißt es in der koptischen Fassung des postbaptismalen Glaubensbekenntnisses (DH 62):

> *„Du glaubst an unseren Herrn Jesus Christus, den einzigen Sohn Gottes des Vaters, daß er auf wunderbare Weise unseretwegen in unfaßbarer Einheit Mensch geworden ist durch seinen Heiligen Geist aus Maria, der heiligen Jungfrau, ohne männlichen Samen [sine semine virili], und daß er für uns gekreuzigt wurde […]."*

Und in der ägyptischen Fassung des postbaptismalen Glaubensbekenntnisses (DH 63) lesen wir dieselbe Wendung in Frageform:

> *„Glaubst Du an den Namen Jesu Christi, unseres Herrn, des einzigen Sohnes Gottes des Vaters, daß er Mensch geworden ist durch ein unfaßbares Wunder vom Heiligen Geist und aus der Jungfrau Maria ohne männlichen Samen, und daß er gekreuzigt wurde […]?"*

---

[107] W. Kasper (Dogma unter dem Wort Gottes, Mainz 1965, bes. 58–65) bezeichnet als Dogma jede „Heilswahrheit", die das Heilsereignis Jesus Christus – gestützt auf das normative Zeugnis der Schrift – anamnetisch und prophetisch in menschliche Worte faßt.

[108] Vgl. J. Ernst, Das Evangelium nach Lukas (RNT), Regensburg 1977, 75–80.

Oder nehmen wir den Text des ersten Konzils von Toledo im Jahre 675. Da heißt es (DH 189):

„Dieser Sohn Gottes also, der als Gott vor jeglichem Anfang vom Vater geboren wurde, hat den Schoß der seligen Jungfrau Maria geheiligt und aus ihr, ohne Samen eines Mannes gezeugt, einen wahren Menschen angenommen; dabei kamen zwei Naturen, nämlich der Gottheit und des Fleisches, ganz zu einer Person zusammen."

Das sechzehnte Konzil von Toledo aus dem Jahre 693 (DH 572) spricht von der Menschwerdung des Sohnes *„de sancta et inviolata Maria semper virgine"*.

Das Dekret für die sogenannten Jakobiten, erlassen 1442 vom Konzil von Florenz, bezeichnet die Menschwerdung des Sohnes *„ex immaculato utero Mariae Virginis"* (DH 1337).

Papst Pius IV. stellt 1555 mit der Konstitution „Cum quorumdam hominum" gegen die Lehre der Sozinianer und Antitrinitarier fest, daß Jesus nicht aus dem Samen Josefs gezeugt sei (DH 1880).

Entsprechend formuliert der Catechismus Romanus pars 1, caput 4, quaestio 8: *„[...], nascitur ex matre sine ulla maternae virginitatis diminutione"*.

Schließlich lesen wir in den §§ 496 f des von Papst Johannes Paul II. promulgierten „Katechismus der Katholischen Kirche":

„Schon in den ersten Formulierungen des Glaubens hat die Kirche bekannt, daß Jesus einzig durch die Kraft des Heiligen Geistes im Schoß der Jungfrau Maria empfangen wurde. Auch der leibliche Aspekt dieses Geschehens wurde mit ausgesagt: Sie hat Jesus ‚ohne Samen aus Heiligem Geist empfangen' (Syn. im Lateran 649; DH 503). Die Väter sehen in der jungfräulichen Empfängnis das Zeichen dafür, daß wirklich der Sohn Gottes in eine uns gleiche menschliche Natur kam. So sagt der hl. Ignatius von Antiochien [zu Beginn des 2. Jahrhunderts]: ‚Ihr seid vollkommen überzeugt von unserem Herrn, der wirklich aus dem Geschlecht Davids stammt nach dem Fleische, Sohn Gottes nach Gottes Willen und Macht, wirklich geboren aus einer Jungfrau [...], wirklich unter Pontius Pilatus [...] angenagelt für uns im Fleische [...], und wirklich litt er, wie er sich auch wirklich auferweckte (Smyrn. 1-2). Die Berichte in den Evangelien fassen die jungfräuliche Empfängnis als ein Werk Gottes auf, das über jedes menschliche Verständnis und Vermögen hinausgeht. Der Engel sagt zu Josef von Maria, seiner Braut: ‚Das Kind, das sie erwartet, ist vom Heiligen Geist'

(Mt 1,20). Die Kirche erblickt darin die Erfüllung der Verheißung, die Gott durch den Propheten Jesaja gegeben hat: ‚Seht, die Jungfrau wird ein Kind empfangen, einen Sohn wird sie gebären' (Jes 7,14). Man war manchmal verunsichert, weil das Markusevangelium und die Briefe des Neuen Testamentes nichts von der jungfräulichen Empfängnis Marias sagen. Man hat auch gefragt, ob es sich hier nicht um Legenden oder um theologische Konstrukte handelt, die nicht Anspruch auf Geschichtlichkeit erheben. Darauf ist zu antworten: Der Glaube an die jungfräuliche Empfängnis ist bei Nichtchristen, Juden wie Heiden, auf lebhaften Widerspruch, Gespött und Unverständnis gestoßen [vgl. etwa Justin, dial. 99,7; Origenes, Cels. 1.32.69]; er war also nicht durch die heidnische Mythologie oder irgendeine Angleichung an zeitgenössische Ideen motiviert. Der Sinn dieses Geschehens ist nur für den Glauben erfaßbar, der es ‚aufgrund des Zusammenhanges der Geheimnisse selbst untereinander' (DH 3016) im Ganzen der Mysterien Christi, von seiner Menschwerdung bis Ostern, sieht. Schon der hl. Ignatius von Antiochien bezeugt diesen Zusammenhang: […]."

b) Die frühen Interpretationen

Das Zitat aus dem sogenannten „Weltkatechismus" betont zu Recht, daß die jungfräuliche Empfängnis schon im 2. Jahrhundert ein Stück anerkannter kirchlicher Tradition ist. Allerdings ist zu unterscheiden zwischen zwei sehr unterschiedlichen Interpretationen der Jungfräulichkeit. Zunächst ist die Parthenogenesis Ausweis der wirklichen Fleischwerdung des Logos; und erst in einer späteren Phase Ausdruck monophysitischer Christologie und leibfeindlicher Spiritualität.

aa) Marias Jungfräulichkeit: Antidoketischer Ausweis der realen Fleischwerdung des Logos (Ignatius, Justin, Irenaeus)

Der protestantische Patrologe Hans Freiherr von Campenhausen bestätigt, daß das Bekenntnis zur jungfräulichen Empfängnis zunächst das Gegenteil einer leib- oder sexualfeindlichen Anthropologie intendiert. In den Briefen des Ignatius von Antiochien ist die Parthenogenesis „das Heilszeichen des Christus-Glaubens. […] Das Urwunder der Erlösung hängt an der Inkarnation, an der paradoxen Tatsache, daß Christus sowohl Gottes Sohn wie – in einem neuen, nun gerade die irdische Seite seines Wesens betonenden Sinne – Menschensohn gewesen ist oder daß er, was dasselbe besagt, einerseits aus Davids Samen stammt, andererseits aber aus dem Heiligen Geist. Die Jungfrauengeburt ist in ihrer Unglaublichkeit das gegebene Zeichen des paradoxen Heilsgeschehens"[109].

Zu einer Zeit, als dem Matthäus- und Lukasevangelium noch keine „kanonische Bedeutung" zukam, hat Justin in seinem Dialog mit dem Juden Tryphon das Faktum der jungfräulichen Empfängnis gegen die Kritik von seiten der Heiden und der Juden verteidigt. Er will den Judenchristen, die Jesus wohl als Messias bekennen, ihn aber gleichzeitig als von Josef gezeugt und von Maria geboren betrachten, das Christsein nicht absprechen. Aber er weiß sich auf seiten der Mehrheit aller Gläubigen, wenn er die Parthenogenesis des Erlösers als mit dessen wahrer Gottheit untrennbar verbunden bezeichnet[110]. Er differenziert genau zwischen dem Gebären unfruchtbarer Frauen des AT und dem Gebären der Jungfrau Maria; und er weiß auch, daß die von seinem Gesprächspartner Tryphon repräsentierten Juden Jes 7,14 LXX im Sinne des hebräischen Urtextes mit „junge Frau" statt wie die Christen mit „Jungfrau" übersetzen[111].

In der ersten seiner beiden uns erhaltenen Apologien unterscheidet er genau zwischen den Mythen der Heiden, die von wunderbaren Geburten erzählen, und der Parthenogenesis Jesu Christi. Es geht ihm zwar in einem ersten Argumentationsschritt darum, der Spottlust der Heiden mit Hinweis auf deren eigenen Aberglauben den Mund zu stopfen; aber er achtet zugleich auf den Unterschied zwischen deren Erzählungen und denen des Lukas und Matthäus. „Kein Gott", so bemerkt er, „kam zu Maria aus Liebeslust, wie einst ‚Zeus zu den Weibern'. Sie hat vielmehr ohne jede Beiwohnung empfangen. Hätte jemand ihr beigewohnt, dann wäre sie keine Jungfrau mehr. Es kam

---

[109] H. v. Campenhausen, Die Jungfrauengeburt in der Theologie der alten Kirche, Heidelberg 1962, 22. – Dazu auch: P. Meinhold, Christologie und Jungfrauengeburt bei Ignatius von Antiochien, in: Ders., Studien zu Ignatius von Antiochien (VIEG 97), Wiesbaden 1979, 48–56.

[110] Mit dieser Behauptung soll in keiner Weise bestritten werden, daß die am mittelplatonischen Logos-Begriff orientierte Christologie des Justin – gemessen an den Aussagen späterer Konzilien – zum Subordinatianismus neigt. Nach seiner Darstellung ist der Logos zwar als ewiger Gedanke von Ewigkeit her im Vater; aber von einer Selbständigkeit des Logos kann erst vom Augenblick der Schöpfung an die Rede sein; der Logos tritt zu bestimmter Zeit aus dem Vater hervor zum Zwecke der Weltschöpfung und nimmt schließlich zum Zwecke der Erlösung der von der Sünde verletzten Schöpfung aus Maria Fleisch an.

[111] Vgl. Justin, Dial. 84,1 f; 100,4 f.

vielmehr die Kraft Gottes über die Jungfrau, beschattete sie und bewirkte, daß sie, obgleich sie Jungfrau war, schwanger wurde"[112].

Wie die Parthenogenesis im 2. Jahrhundert verstanden wurde, wird von zwei gegnerischen Lagern sehr eindeutig zum Ausdruck gebracht. Die Ebioniten[113] lehnen das Bekenntnis zur jungfräulichen Empfängnis ab, weil sie nach ihrer Ansicht ein Geschöpf-Werden des Schöpfers bedeuten würde. Sie wollen Jesus zwar eine besondere Gottessohnschaft, d. h. den Status einer besonderen Repräsentation Jahwes, zuerkennen; aber dies nur unter der Voraussetzung, daß sein physischer Ursprung ausschließlich in der Zeugung durch Josef und der Empfängnis durch Maria liegt. Mit anderen Worten: Die Ebioniten bekämpfen das Bekenntnis zur jungfräulichen Empfängnis nicht als Ausdruck einer leib- und sexualfeindlichen Anthropologie, sondern ganz im Gegenteil: Für sie ist das Bekenntnis zur Parthenogenesis Jesu Christi Ausdruck einer die Transzendenz in Frage stellenden „Selbst-Entäußerung" (Kenosis) Gottes.

Dasselbe Verständnis der Parthenogenesis des Erlösers, das die Auseinandersetzung des frühen Christentums mit den Ebioniten vermittelt – nämlich die jungfräuliche Empfängnis als Ausweis der realen *Selbst*-Mitteilung Gottes – ergibt sich im Blick auf die antignostische Christologie des Irenaeus. Für ihn besteht ein unmittelbarer Zusammenhang zwischen der Leugnung der Parthenogenesis und jener doketischen Christologie, die den Erlöser als ein überirdisches, engelähnliches Wesen betrachtet, welches „keine Eltern und keine irdische Natur besitzt, sondern – wie z. B. Markion lehrte – im fünfzehnten Principatsjahr des Tiberius in der Gestalt eines erwachsenen Menschen unmittelbar vom Himmel herabgekommen sei"[114].

Die antignostische Christologie des Irenaeus versteht die Parthenogenesis ebenso wie die antiebionitische Christologie des Justin als Ausweis der wahren Fleischwerdung Gottes selbst. Aber zur Zeit des Irenaeus muß bereits unterschieden werden zwischen den Gnostikern, welche die jungfräuliche Empfängnis als Ausweis der wirklichen Fleischwerdung Gottes verwerfen (konservative Markioniten und Manichäer), und jenen gnostizistischen Systemen (z. B. Valentinianer),

[112] Bezogen auf Justin (1 Apol. 21 f. 32 f): K. S. Frank, „Geboren aus der Jungfrau Maria" – Das Zeugnis der Alten Kirche, in: Ders. (Hg.), Jungfrauengeburt, Stuttgart 1970, 91–120; hier: 94.

[113] Ebioniten (griech. 'Εβιωναῖοι) ist die seit Irenaeus übliche Bezeichnung für einen nicht klar umgrenzbaren Teil des Judenchristentums.

[114] Campenhausen (Anm. 109) 17.

welche die „Jungfrauengeburt" für sich vereinnahmen. Die Valentinianer interpretieren die Jungfräulichkeit Marias asketistisch bzw. doketisch, „indem sie behaupteten, daß Christus [...] von Maria nichts Irdisches angenommen habe, sondern durch sie nur hindurchgefahren sei wie Wasser durch das Leitungsrohr oder einen Kanal"[115].

Irenaeus, dem diese Interpretation bekannt ist, will sich nicht mit den Gegenargumenten des Justin begnügen, sondern unterscheidet darüber hinaus zwischen dem „Heiligen Geist" und dem Pneuma, auf das sich die Gnostiker berufen. Die „Pneumatologie" der Gnosis[116] beschreibt „den Geist" als Teilgabe am Ursprung, genauerhin an der ursprünglichen Einheit; sie ist damit eo ipso weltflüchtig und kann die Geschichte nur verstehen als Rückkehr in den Ursprung. Das Ereignis der Inkarnation dient nicht der Heiligung des Geschöpfes, sondern der Befreiung des Pneumas aus seiner Bindung an die Materie.

[115] Ebd.

[116] Gnostisches Denken findet sich in allen großen Religionen. Aber unter Gnosis im engeren Sinne versteht man eine besonders im östlichen Mittelmeerraum verbreitete synkretistische Religionsbewegung der Spätantike, die ein elitäres Wissen um göttliche Geheimnisse zum Mittelpunkt ihrer Lehre machte und den geistigen Kern des Menschen (πνεῦμα) als einen Teil göttlicher Substanz begriff, welcher einer schicksalhaften Verstrickung in die Materie zum Opfer fiel und allein durch die Erkenntnis seiner wahren transmundanen Natur Erlösung finden kann. Da die Gnosis überwiegend aus losen Konventikeln ohne institutionellen oder doktrinären Zusammenhang bestand, läßt sich eine allgemein verbindliche Definition schwer geben. Folgende Merkmale sind jedoch unabdingbar:
1) Ein antikosmischer, eschatologischer Dualismus, der radikal trennt zwischen der diesseitigen, von bösen Mächten (Archonten) beherrschten Finsterniswelt und dem jenseitigen Lichtreich, worin die gute, unerkennbare Gottheit residiert, umringt von ihren Emanationen (Hypostasen).
2) Eine Spekulation über das pneumatische „Selbst" des Menschen als einen in die Materie versprengten Funken göttlichen Lichts, welcher durch sein himmlisches Gegenstück aus dem doppelten Kerker des Leibes und der Welt errettet werden muß. Diese Verlagerung der kosmischen Krise in eine tragische Spaltung der Gottheit begründet die spezifische Dynamik der gnostischen Erlösungslehre; sucht doch der jenseitige Teil des „Selbst" mit der Erlösung des Menschen zugleich sein eigenes Heil (salvator salvandus).
3) Ein mehr oder weniger ausgearbeiteter Mythos, der das Drama des kosmischen Geschehens in die Fabel vom leidenden Selbst kleidet. Die entscheidende Funktion erfüllt hier der kosmische Erlöser, der sich einen Weg durch die dämonische Planetensphäre bahnt, um das narkotisierte Selbst im Menschen weckend anzurufen.
4) Der Vollzug einer befreienden Erkenntnis, die mit plötzlicher Evidenz die vom gnostischen Mythos gegebenen Antworten erfaßt. Da allein Pneumatiker hierzu imstande sind, ist der Erkennende durch die Erkenntnis automatisch erlöst.
Zur Problematik der Begriffe „Gnosis" und „Gnostizismus" vgl. die ausgezeichnete Abhandlung von: C. Scholten, Probleme der Gnosisforschung: alte Fragen – neue Zugänge, in: IKaZ 26 (1997) 481–501.

Irenaeus von Lyon[117] stellt den gnostizistischen Anschauungen vom Äonenpleroma[118] den trinitarischen Gott gegenüber. Gott ist für ihn nicht das Eine, das allem Vielen als das ganz Andere gegenübersteht; für ihn ist Gott vollkommene Beziehung: immanent als Liebe zwischen Vater und Sohn; und nach außen als Schöpfer und Erlöser. In gewisser Weise nimmt Irenaeus das Rahnersche Axiom „Die immanente ist die ökonomische Trinität, und umgekehrt" vorweg.

Irenaeus will nicht von Christus sprechen, ohne zu sagen, daß der trinitarische Gott sich als er selbst im Endlichen von Welt und Geschichte mitgeteilt hat (Fleisch geworden ist). Für ihn ist die Parthenogenesis Ausweis einer antiadoptianistischen Christologie. Denn mit dem Adoptianismus verbündet sich die doketische bzw. gnostische These, Gott selbst sei Geist und das Geschöpf das Gegenteil, Gott könne sich also einem Geschöpf nur wie einem Instrument, einem Mittel, einer Maske nähern. Irenaeus betont, daß die „Benützung" eines von Josef gezeugten und von Maria geborenen Menschen nicht die Selbstmitteilung des trinitarischen Gottes wäre. Für ihn ist die Parthenogenesis heilsgeschichtlicher Ausdruck dafür, daß Jesus Christus keine andere Person als die des innertrinitarischen Sohnes ist, daß also das Verhältnis des trinitarischen Gottes zu Jesus Christus keine *inter-personale* Beziehung, sondern *Selbst*mitteilung ist.

Dieser Christologie entspricht auch die Pneumatologie des Irenaeus. Der Heilige Geist ist nicht das Gegenteil der σάρξ[119], sondern Gott, in-

[117] Dazu: W.-D. Hauschild, Gottes Geist und der Mensch. Studien zur frühchristlichen Pneumatologie (BEvTh 63), München 1972, bes. 206–220; H.-J. Jaschke, Der Heilige Geist im Bekenntnis der Kirche. Eine Studie zur Pneumatologie des Irenaeus von Lyon im Ausgang vom altchristlichen Glaubensbekenntnis (MBTh 40), Münster 1976.

[118] Da die gnostizistischen Systeme Gott bzw. das Göttliche unter dem Einfluß der griechischen Philosophie nur als Einheit im Unterschied zur Vielheit verstehen können, entwickeln sie komplizierte Systeme, um den größeren oder geringeren Zusammenhang von etwas mit dem Ewig-Einen zu erklären. Dabei taucht immer wieder das Motiv einer „heiligen Hochzeit" (ἱερὸς γάμος) auf. Zum Beispiel verbanden sich nach Ansicht des Gnostikers Valentinus der „Urgrund" und das „Schweigen", um den „Geist" zu zeugen. Andererseits soll der Urgrund zusammen mit der Weisheit Christus gezeugt haben, der dann zusammen mit dem Heiligen Geist Jesus hervorbrachte. Auf diese Weise ergibt sich eine komplizierte Stufenordnung im Bereich der geistigen Wesen, die sich in den Stufen der materiellen Wirklichkeit fortsetzt. Der Inbegriff der geistigen Wesen heißt πλήρωμα (Fülle), während die geistferne Realität κένωμα (Leere) genannt wird.

[119] An der Vollendung der σάρξ entscheidet sich letztlich, ob sich die Heilsgeschichte nur als ein ewiges kosmisches Drama vom Urfall des Geistes in die Materie und von seiner Rückkehr in die Urheimat abspielt und mithin das Eschaton nur das zu sich selbst gekommene Proton ist, oder ob Schöpfung,

sofern er im Anderen seiner selbst sein kann, ohne die Andersheit des Anderen aufzuheben. Im Heiligen Geist kann die Beziehung, die der Sohn zum Vater ist, Konstitutivum des Geschöpfes sein, das Maria gebiert.

bb) Marias Jungfräulichkeit: Ausweis besonderer Heiligkeit (Origenes und das Virginitätsideal des Mönchtums)

Die von der konkreten Heilsgeschichte ausgehende Theologie des Westens war für gnostisches Gedankengut viel weniger anfällig als die von der griechischen Philosophie geprägte Theologie der östlichen Väter. Origenes verteidigt die jungfräuliche Empfängnis nicht aus denselben Gründen wie die biblischen Kindheitsgeschichten, wie Justin oder Irenaeus. Für ihn ist die Parthenogenesis Ausweis einer Heiligkeit (Askese), die im Sinne von Reinheit und Unberührtheit die Bewunderung der „normalen Menschen" auf sich zieht. Wörtlich bemerkt Campenhausen: „Es ist wichtig, die Stellung, die Origenes in diesem Zusammenhang einnimmt, richtig zu bestimmen. Bei ihm zuerst werden die asketischen Motive im Rahmen des kirchlich-katholischen Denkens mit der Person Mariens in Verbindung gebracht [...] und bis zu einem gewissen Grade selbständig entwickelt."[120]

Leicht läßt sich zeigen, daß die von doketischen Zügen nicht ganz freie Verteidigung der jungfräulichen Empfängnis durch Origenes ein Spiegelbild seiner zumindest streckenweise unbiblischen Christologie ist. Unter dem Einfluß des Neuplatonismus bezeichnet Origenes Gott als die absolute Einheit, die jenseits aller Vielheit liegt. Gott als Vater transzendiert auf Grund seiner absoluten Einheit den Sohn. Der Logos ist ewig gezeugt, nicht geschaffen, aber auf partizipative Weise Gott, und deshalb dem Vater untergeordnet (Subordinatianismus). Dasselbe gilt analog vom Heiligen Geist. Er geht nach Origenes aus dem Sohn wie der Sohn aus dem Vater hervor: ewig, ungeschaffen, aber dem Sohn untergeordnet (subordiniert).

Von allen gnostizistischen Systemen unterscheidet sich Origenes dadurch, daß er den trinitarischen Gott als den Schöpfer der Welt be-

---

Geschichte und Vollendung in einem unableitbaren und durch Neuheit gekennzeichneten Tun des Schöpfers an seiner Schöpfung gründen. Daß sich mit dem Begriff σάρξ die gesamte Theologie des Irenaeus erfassen läßt, zeigt besonders eindringlich: G. Greshake, Resurrectio Mortuorum. Zum theologischen Verständnis der leiblichen Auferstehung, Darmstadt 1986, 190–196.

[120] Campenhausen (Anm. 109) 44.

zeichnet. Die Schöpfung ist für ihn zwar das Endliche gegenüber dem Unendlichen, das Viele gegenüber dem Einen, das Vergängliche gegenüber dem Ewigen. Aber die Schöpfung ist von Gott gewollt. Problematisch ist lediglich die besagte Prämisse, Vielheit sei ein defizienter Modus von Einheit und die höhere Einheit immer Abkehr von der Materie als dem Inbegriff von Vielheit. Aus letzterem ergibt sich mit logischer Konsequenz eine Anthropologie, welche das Geistige im Menschen als sein Eigentlichstes (γνῶσις als Komparativ von πίστις!) betrachtet. Christologisch bedeutsam wird diese Anthropologie in der Lehre, daß die Natur des Logos an die Stelle des Eigentlichen der menschlichen Natur, seiner Geistigkeit nämlich, tritt, so daß „das Eigentliche" des Jesus Christus eben nicht seine menschliche, sondern nur seine göttliche Natur ist.

Von solchen Gedanken her ist es nicht mehr weit zu einer dem NT selbst völlig fremden Auffassung der Jungfräulichkeit: nämlich einer leib- und sexualfeindlichen[121]. Sehr deutlich zeigt Campenhausen, daß mit Origenes eine Mariologie anhebt, die Maria in Parallele zu Christus setzt und so immer mehr „vergöttlicht". Auch die Lehre von der Jungfräulichkeit Marias während und nach der Geburt wurzelt hier. Nach Origenes kann Maria, „nachdem der Heilige Geist über sie gekommen war und die Kraft aus der Höhe sie überschattet hatte, unmöglich die Lagergenossin eines Mannes gewesen sein"[122]. Wörtlich bemerkt er: „Ich meine also, daß Jesus der Erstling der heiligen Reinheit für die Männer, Maria aber für die Frauen geworden sei."[123]

Die bei Origenes erst in Ansätzen greifbare Tendenz wird im Osten fortgeschrieben von Athanasius und den Kappadokiern. Einen ersten Höhepunkt verkörpert nach Campenhausen Epiphanius von Salamis († 403): „Er konstruiert im traditionellen Stile der Ketzerbekämpfung eine eigene Sekte der ‚Antidikomarianiten', die natürlich nur aus den finstersten Motiven dazu gebracht sein können, gegen die heilige Jungfrau zu stänkern, indem sie ihre dauernde Jungfräulichkeit in Zweifel ziehen. Und da er auf der anderen Seite auch schon einen nicht minder verwerflichen Kreis von Frauen kennt, die sogenannten Kollyridianerinnen[124], welche Maria Kuchen opfern und einen einigermaßen heid-

---

[121] Dazu: H. U. v. Balthasar, Die Antwort der Frau, in: Ders., Theodramatik, Bd. II/2. Die Personen in Christus, Einsiedeln 1978, 260–330; hier: 298–301.
[122] Campenhausen (Anm. 109) 48.
[123] Origenes in seinem Matthäus-Kommentar (zit. nach Campenhausen [Anm. 149] 48).
[124] Dazu: F. J. Dölger, Die eigenartige Marienverehrung der Philomarianiten oder Kollyridianer, in: AuC 1 (1929) 107–142.

nischen Kultus entgegenbringen, kann er seinen Standpunkt bereits als die gesunde Mitte zwischen den Extremen präsentieren."[125]

Mit dem Virginitätsideal des Mönchtums greift die asketistische Sicht Marias auch auf den Westen über. Gegen Helvidius, Jovinian und Bonosus verteidigen z. B. Ambrosius und Hieronymus die immerwährende Jungfräulichkeit der Gottesmutter[126]. Augustinus schließt sich ihnen an; aber im Unterschied zu ihnen verbindet er das Plädoyer für die ἀει-πάρθενος mit dem Hauptstück seiner Erlösungslehre, nämlich mit dem Theologumenon „Erbsünde": Obwohl er seinem Kontrahenten Pelagius zugesteht, Maria sei ohne *persönliche* Sünde gewesen, will er die Mutter Gottes unter keinen Umständen von der durch Geschlechtsverkehr „vererbten" Sünde Adams ausnehmen. Klar unterscheidet er zwischen der durch die Zeugung Joachims aus Anna erfolgten Empfängnis Marias und der ohne Zeugung aus Maria erfolgten Empfängnis Jesu. Nur die Empfängnis Jesu ist ohne Sünde, weil nur sie ohne Geschlechtslust – nämlich jungfräulich! – erfolgt[127].

Wie sehr sich diese Argumentation von der ursprünglichen (Parthenogenesis als Ausweis der wahren Fleischwerdung Gottes selbst) entfernt hat, ist mit Händen zu greifen. In den biblischen „Kindheitsgeschichten" geht es überhaupt nicht darum, daß ein geschlechtliches Gezeugtwerden der Würde des Erlösers nicht entspräche; ganz im Gegenteil, dort geht es um das wirkliche Ins-Fleisch-Gehen Gottes selbst – darum, daß die Beziehung Gottes zu dem von Maria geborenen Menschen keine Beziehung zwischen zwei Personen, sondern *Selbst*mitteilung ist; darum, daß die Beziehung, die Jesus Christus zum Vater lebt, unter den Bedingungen von Raum und Zeit mit der Beziehung identisch ist, die innertrinitarisch der Sohn zum Vater ist.

Angesichts der ungeheuren Wirkungsgeschichte des Kirchenlehrers Augustinus war dessen Verquickung des Bekenntnisses zur Parthenogenesis mit der Erbsündenlehre verhängnisvoll: einerseits die Bezeichnung der Geschlechtslust als Sünde; andererseits die Charakterisierung der Jungfräulichkeit Marias als Vehikel einer „asexuellen Empfängnis".

---

125 Campenhausen (Anm. 109) 50.

126 Dazu: I. Opelt, Hieronymus' Streitschriften, Heidelberg 1973, 28–36; J. Huhn, Das Geheimnis der Jungfrau-Mutter Maria nach dem Kirchenvater Ambrosius, Würzburg 1954, 115–126; J. A. De Aldama, La carta ambrosiana „De Bonoso", in: Mar. 25 (1963) 1–27.

127 Vgl. F. Hofmann, Mariens Stellung in der Erlösungsordnung nach dem hl. Augustinus, in: M. Reding (Hg.), Abhandlungen über Theologie und Kirche (FS K. Adam), Düsseldorf 1952, 213–224; ders., Art. „Augustinus", in: Marienlexikon, Bd. I, St. Ottilien 1988, 294–298; hier: 296 f; J. M. Leonet, Maria Virgo Perpetua según San Augustin, in: RAE 8 (1967) 256–274.

Nicht nur die Jungfräulichkeit *vor* der Empfängnis und nach der Geburt Jesu, sondern auch die *während* des Gebärens wird zum Standardthema mittelalterlicher Mariologie des Westens. Nicht zu Unrecht bemerkt Campenhausen, daß sich im Abendland das Wort „Jungfrauengeburt" für einen Sachverhalt eingebürgert hat, der doch eigentlich nur die „jungfräuliche Empfängnis" meint. In den zum Teil absurden Spekulationen über die „virginitas *in* partu" entdeckt er ganz ähnliche Vorstellungen wie innerhalb der Valentinianischen Gnosis.

Wir können im Rahmen unserer kleinen Studie auf die weitverzweigte Dogmengeschichte der abendländischen Mariologie nur sehr selektiv eingehen[128]. Zu dem ganzen Komplex der „virginitas *in* partu et *post* partum" sollte sich die Theologie, wenn überhaupt, vor allem kritisch äußern. Die Tradition der Kirche hat – über lange Zeit in überschwenglichen Bildern und unangemessenen Spekulationen – sagen wollen: Das von der Sünde nicht verletzte und deshalb „immakulate" Ja-Wort der Mutter Christi hat nicht nur die Empfängnis des Erlösers, sondern auch ihr Gebären, dann ihr ganzes weiteres Leben und schließlich ihr Sterben im Sinne einer personalen Integration alles Natürlichen geprägt[129].

---

[128] Näheres bei: J. A. de Aldama, Virgo Mater. Estudios de teologia patristica, Granada 1963; G. Söll, Mariologie (HDG III/4), Freiburg 1978; S. De Fiores, Maria in der Geschichte von Theologie und Frömmigkeit, in: W. Beinert u. H. Petri (Hgg.), Handbuch der Marienkunde, Bd. I, Regensburg ²1996, 99–266.

[129] Karl Rahner, der dem Zeugnis der Dogmengeschichte eine eigene Untersuchung gewidmet hat (Virginitas in partu. Ein Beitrag zum Problem der Dogmenentwicklung und Überlieferung, in: Schriften IV [⁵1967] 173–205) bemerkt abschließend gegen die von peinlichen Spekulationen bestimmte Studie von Albert Mitterer (Dogma und Biologie der Heiligen Familie nach dem Weltbild des Hl. Thomas von Aquin und dem der Gegenwart, Wien 1952): „Wir sagen nur: die Lehre der Kirche sagt mit dem eigentlichen Kern der Tradition: die (aktive) Geburt Marias ist (von dem Kind und seiner Mutter her), so wie ihr Empfangen, von der Gesamtwirklichkeit her (als ganzmenschlicher Akt dieser ‚Jungfrau') auch in sich (und nicht nur von der Empfängnis her wie nach Mitterer) dieser Mutter entsprechend und darum einmalig, wunderbar, ‚jungfräulich', ohne daß wir aus diesem Satz (der in sich aber verständlich ist) die Möglichkeit haben, *sicher* und für *alle* verpflichtend, Aussagen über *konkrete* Einzelheiten dieses Vorgangs abzuleiten." (205). – Ganz ähnlich wie Rahner urteilt Hans Urs von Balthasar: Die Antwort der Frau, in: Theodramatik, Bd. II/2. Die Personen in Christus, Einsiedeln 1978, 260–330; hier: 304–306.

c) Versuche der religionsgeschichtlichen Relativierung

Seit dem 19. Jahrhundert nicht mehr verstummt ist der Versuch, die Erschaffung Jesu durch den Heiligen Geist aus Maria und das Evangelium von ihrer jungfräulichen Empfängnis im Sinne der religionsgeschichtlichen Begriffe „Geistzeugung" und „Jungfrauengeburt" als Spielarten allgemein verbreiteter Mythen zu relativieren. Nicht erst David Friedrich Strauß mit seinem zweibändigen „Leben Jesu" (Tübingen 1836), sondern schon Georg Lorenz Bauer mit seiner „Hebräischen Mythologie des AT und NT" (Leipzig 1802) erklärt die Geburtsgeschichten bei Mt und Lk als narrative Einkleidungen der Idee der besonderen Geburt eines großen Gottesmannes[130]. Was nach der „Entfernung" zeitbedingter Vorstellungen und Einkleidungen übrigbleibt, ist nach Strauß eine Idee, nach Rudolf Bultmann das Kerygma. Das Kerygma aber ist ebensowenig wie die „zeitlose Idee" ein geschichtliches Faktum.

Adolf von Harnack (1851–1930) löste eine gewaltige Diskussion mit der Frage aus, ob man aus dem christlichen Credo streichen könne, was nicht Faktum, sondern nur Mythos bzw. Interpretament ist[131]. Doch was eigentlich meint er, wenn er „Geistzeugung" und „Jungfrauengeburt" als Mythen bezeichnet? Da der Begriff „Mythos" nicht nur in der Exegese, sondern auch in der Systematischen Theologie immer häufiger verwandt wird, scheint es mir an dieser Stelle ratsam, in Gestalt eines kurzen Exkurses einige Differenzierungen vorzunehmen.

aa) Exkurs (I) zum Begriff „Mythos"

Bekanntlich ging es Rudolf Bultmann mit seinem „Programm der Entmythologisierung" um die Freilegung der „reinen Offenbarung" durch deren Ablösung von allen zeitbedingten Verkleidungen; um die „Ent-deckung" der „Ur-Rede" bzw. des „Kerygmas" als der existenzerschließenden An-Rede Gottes selbst. Erst wenn Christologie nicht zeitbedingte Rede über Vergangenes (Historie), sondern Herausforderung meiner Eigentlichkeit (Geschichte) wird, hat sie sich nach Bult-

[130] Zu der von Strauß ausgelösten Diskussion vgl.: H. M. Köster, Die Jungfrauengeburt als theologisches Problem seit David Friedrich Strauß, in: H. J. Brosch u. J. Hasenfuss (Hgg.), Jungfrauengeburt gestern und heute, Essen 1969, 35–89.

[131] Dazu: A. Ziegenaus, Die Jungfrauengeburt im apostolischen Glaubensbekenntnis. Ihre Interpretation bei Adolf von Harnack, in: H. Petri (Hg.), Mariologische Studien, Bd. VII, Regensburg 1989, 39–55.

mann von jeder mythischen Verkleidung gelöst. In Bultmanns Programm der Entmythologisierung steckt die Tendenz, die Berührungsfläche des christlichen Glaubens mit der raumzeitlich ausgedehnten Erfahrungswelt auf Null zu reduzieren.

Die vielfältigen Bemühungen der jüngeren Theologie, den Mythos positiv zu bewerten oder die Unmöglichkeit einer Trennung der Theologie vom Mythos zu erweisen, sind aber nicht nur als Reaktion auf den „weltlosen Glauben" Bultmanns zu verstehen. Zu den Motiven einer positiven Sicht bis hin zu remythisierenden Tendenzen zählen Ergebnisse der religionswissenschaftlichen Forschung ebenso wie das Ende der modernen Wissenschaftsgläubigkeit und die schon von Vico, Hamann, Herder und Schelling, dann von der Symbolforschung und von Vertretern des sogenannten „linguistic turn" vertiefte Einsicht, daß die Sprache ursprünglicher sei als das reflexive Denksubjekt.

Insgesamt lassen sich auf Grund unterschiedlicher Theorien über den Ursprung von Mythen vier Tendenzen der theologischen Integration unterscheiden, die sich mit den Namen von Eugen Drewermann, Wolfhart Pannenberg, Ingolf U. Dalferth und Klaus Berger verbinden.

Drewermann erklärt[132] das Entstehen der Mythen im Anschluß an Carl Gustav Jung durch die psychischen Kräfte des Vorstellens und Sehnens. Er sieht in der Unterscheidung zwischen Person und Natur ein bleibendes Verdienst der christlichen Theologie, meint aber, daß der für diese Unterscheidung gezahlte Preis die Gleichsetzung „des Wahren" mit den Leistungen von Vernunft und Willen war. Diese Leistungen (z. B. Dogmen, Normen, Riten und Institutionen) müssen seiner Auffassung nach relativiert werden als Ausdrucksformen der geistigen Sehnsucht des einzelnen Menschen nach der Überbrückung des Abgrundes zwischen Endlichkeit und Unendlichkeit. Entsprechend sind die Mythen aller Religionen und Völker neu zu entdecken und zu würdigen als Ausdrucksformen der psychischen Sehnsucht nach dem Absoluten. Drewermann wendet sich mit ähnlichen Argumenten wie schon David Friedrich Strauß (1808–1874) gegen die These, es gebe einen Unterschied zwischen Offenbarung und Mythos, und dieser Unterschied sei in historischen Fakten oder in bestimmten Aussagen über diese Fakten (= Dogmen) zu suchen. Wie Strauß für eine „Christologie ohne Jesus", d. h. für eine Ablösung der Idee der Einheit des eigenen Bewußtseins mit Gott von dem geschichtlichen Vermittler dieser Idee, von dem Individuum Jesus, plädiert, so erklärt Drewer-

---

132 Vgl. E. Drewermann, Strukturen des Bösen, Bd. III, Paderborn ^{6}1988, 514–540.

mann Jesus Christus als einen der ganz großen (z. B. Buddha vergleichbaren) Auslöser jenes Vertrauens, durch das jeder einzelne Mensch alle Inhalte der geistigen und psychischen Sehnsucht (Dogmen wie Mythen) integrierend zu relativieren lernt.

Wolfhart Pannenberg[133] plädiert für eine Theologie, die sich nicht (vgl. Bultmann) auf den subjektiven Dezisionismus der Glaubenden zurückzieht, sondern im Sinne Paul Ricoeurs den Logos im Mythos aufspürt. Er sieht in allen Mythen Ausdrucksformen eines archetypischen Urgeschehens, das durch Erzählungen bzw. Geschichten oder Riten vergegenwärtigt wird. Die Bibel kann insgesamt als Erzählung einer Geschichte aufgefaßt werden und trägt deshalb insgesamt mythische Züge. Doch das, was an der biblischen Geschichte mythisch ist, ist durchbrochen nicht nur durch die Unterscheidung des einen Schöpfers von allen Geschöpfen oder durch den personalen Charakter der Gottesbeziehung, sondern auch durch die Erwartung von Ereignissen, die alles Bisherige überschreiten. Doch weil die geschichtlichen Ereignisse, in denen alles Bisherige überschritten wird, ihrerseits die Bedeutung eines archetypischen Ursprungsgeschehens erlangen, spricht Pannenberg von einer bleibenden Verflochtenheit des Mythos in das Christliche.

Gestützt auf die entsprechenden Arbeiten von Claude Lévi-Strauss geht Dalferth[134] von der Voraussetzung aus, daß Mythen Ausdruck der Bild-, Symbol- und Sprachgebundenheit des Denkens sind. Der Logos kann die Wirklichkeit beschreiben bzw. deuten, nicht aber Sinn stiften. Der Sinn, dessen Ausdruck der Logos ist, liegt diesem selbst in Gestalt handlungsorientierender Mythen, Riten und Dogmen voraus. Indem der Logos die Sprache der Mythen untersucht, forscht er nach den Strukturen (nach der Grammatik) des Sinns, von dem er selbst abhängt. Auch Karl Rahner und noch dezidierter Paul Tillich sind der Auffassung, daß der Sinn von Wirklichkeit durch Symbole tiefer erschlossen wird als durch abstrakte Begriffe. Doch im Unterschied zu Dalferth reduzieren sie die kritische Potenz der „Theo-Logie" nicht auf die Analyse der Sprache mythischer Erzählungen oder dogmatischer Symbola.

Nachdem Kurt Hübner den Religionen empfohlen hat, in Rück-

---

133 Vgl. W. Pannenberg, Christentum und Mythos, in: Ders., Grundfragen Systematischer Theologie. Gesammelte Aufsätze, Bd. II, Göttingen 1980, 13–65; ders., Die weltbegründende Funktion des Mythos und der christliche Offenbarungsglaube, in: H. H. Schmid (Hg.), Mythos und Rationalität, Göttingen 1988, 108–122.

134 Vgl. I. U. Dalferth, Jenseits von Mythos und Logos. Die christologische Transformation der Theologie (QD 142), Freiburg 1993.

besinnung auf die Logik der Mythen das Erklärungsdefizit der Naturwissenschaften auszugleichen bzw. zu ergänzen, hat Klaus Berger[135] den Vorschlag gemacht, z. B. die im NT erzählten Wunder nicht mehr mit der Logik empirischer Wissenschaften, sondern mit der Logik des Mythos zu erklären. Der Preis, den er dafür zahlt, ist die Trennung der Bedeutung eines Ereignisses von dessen Faktizität. Er unterscheidet zwar zwischen „harten" (z. B. Jesu Tod) und „weichen Fakten" (z. B. Jesu Wandeln auf dem Wasser), betont aber zugleich, daß die wissenschaftliche und die mythische Ontologie zwei verschiedene „Rahmen" bilden, innerhalb deren sich alle Rationalität jeweils abspielt. Wenn aber beide Ontologien zwei unableitbare (vorrationale) und deshalb gleichwertige Voraussetzungen für jedwede Bedeutung von etwas sind, dann bedeutet ein Faktum des wissenschaftlichen Weltbildes („hartes Faktum") nicht *mehr*, sondern nur *anderes* als ein Faktum des mythischen Weltbildes („weiches Faktum").

Alle vier skizzierten Positionen machen auf je andere Weise klar, daß eine Deutung, die an kein Wahrheitskriterium gebunden ist, reine Spekulation bleibt. Drewermann sucht die Wahrheit des Mythos im innersten Selbst des Menschen; Pannenberg in dessen Verbindung mit der geschehenen Geschichte; Dalferth in dessen Struktur; und Berger in einer von der unseren verschiedenen Logik. Doch fragen wir: Liegt das jeweils genannte Wahrheitskriterium außerhalb des deutenden Subjekts; oder entscheidet dieses selbst, was die Wahrheit eines Mythos ist?

In den folgenden Ausführungen wird vorausgesetzt, daß der Mensch auf Grund seiner Geistbegabung transzendental bezogen ist auf das Sein, ohne die Wirklichkeit des einzelnen Seienden oder den Zusammenhang alles Seienden (Sinn) jemals begrifflich ausloten zu können.

bb) Die unbegründeten Prämissen verschiedener Vergleiche

Der Religionswissenschaft geht es stets um die Aufdeckung von Entwicklungen oder Analogien unter Ausklammerung der Frage, was Wahrheit oder Kriterium der größeren oder geringeren Erkenntnis des Wahren ist[136]. Dennoch gibt es immer wieder Religionswissenschaftler, die ein Phänomen, das sich in verschiedenen, aber einander ähnlichen Formen durch die Religionsgeschichte hindurch verfolgen läßt, als Mythos im Unterschied zu dem durch Singularität gekennzeichneten Faktum bezeichnen. Wer aber aus den Ähnlichkeiten z. B. der lukani-

[135] Vgl. K. Berger, Darf man an Wunder glauben?, Stuttgart 1996.

[136] Dazu: H. G. Kippenberg, Die Entdeckung der Religionsgeschichte. Religionswissenschaft und Moderne, München 1997, bes. 13–43.218–258.

schen Erzählung von der jungfräulichen Empfängnis Marias mit Geburtserzählungen des palästinensischen, hellenistischen oder ägyptischen Raumes die Nicht-Faktizität des biblisch bezeugten Ereignisses schließt, verletzt die Grundregel aller Wissenschaft, nämlich den Auftrag zur selbstkritischen Überprüfung der eigenen Logik.

Zwei besonders krasse Beispiele der Verwechslung religionswissenschaftlicher Forschung mit der eigenen Ideologie bieten Emma Brunner-Traut[137] und Eugen Drewermann[138].

Ohne in der Argumentation über die entsprechenden Studie von Martin Dibelius[139] hinauszugelangen, verwandelt Brunner-Traut die eher vorsichtigen Schlußfolgerungen ihres Gewährsmannes in die angeblich unumstößliche These, „daß nur der ägyptische Geburtsmythos die Wurzel unserer biblischen Geschichte sein kann"[140]. Einmal abgesehen davon, wie bedenkenlos die Autorin eine Kann- in eine Ist-Aussage verwandelt[141], erwähnt sie mit keinem Wort, daß die Evangelien nicht einmal andeutungsweise von der Ersetzung des menschlichen durch einen göttlichen Erzeuger sprechen, daß die unmittelbare Erschaffung eines Menschen durch Gott etwas völlig anderes als die Ersetzung des männlichen durch göttlichen Samen ist.

Im Anschluß an Kant versteht Emma Brunner-Traut unter „Logik"

---

137 Vgl. E. Brunnert-Traut, Die Geburtsgeschichte der Evangelien im Lichte ägyptologischer Forschungen, im: ZRGG 12 (1960) 97–111.

138 Vgl. E. Drewermann, Die Frage nach Maria im religionswissenschaftlichen Horizont. Die scheinbare „Grundlosigkeit" der Mariologie, in: ZM 66 (1982) 96–117.

139 Vgl. M. Dibelius, Jungfrauensohn und Krippenkind (SHAW.PH 23), Heidelberg 1933, 3–79, bes. 41 f.

140 Brunner-Traut (Anm. 137) 105.

141 Was Hugo Gressmann schon 1918 vermutet hat, ist für E. Brunner-Traut (Altägyptische Märchen. Mythen und andere volkstümliche Erzählungen, München 1991, 221–265, bes. 242–264) ein gesichertes Ergebnis der Forschung: die Abhängigkeit der biblischen Szene vom zwölfjährigen Jesus im Tempel von den ägyptischen „Chaemwese-Erzählungen". Dazu bemerkt Joachim Kügler (Pharao und Christus? Religionsgeschichtliche Untersuchung zur Frage einer Verbindung zwischen altägyptischer Königstheologie und neutestamentlicher Christologie im Lukasevangelium [BBB 113], Bodenheim 1997, 304 f) nach umfassenden ägyptologischen Untersuchungen: „Auch wenn im Umkreis des Lk die Chaemwese-Erzählungen bekannt gewesen sein sollten, was nicht unwahrscheinlich ist, so ist doch festzuhalten, daß bei der Erzählung vom zwölfjährigen Jesuskind im Tempel entsprechendes Wissen nicht vorausgesetzt wird. Die Erzählung läßt sich vor dem Hintergrund biblischer Vorgaben und der Vorstellung vom königlichen Wohnen bei der Vatergottheit ausreichend verstehen. Auch ist zu beachten, daß es sich bei Informationen über Besonderheiten, die große Männer schon um die Schwelle zum Erwachsenenalter zeigen, offensichtlich um einen verbreiteten Topos antiker Biographien handelt."

die apriorischen Bedingungen, unter denen der Mensch Wirklichkeit wahrnimmt. Erkenntnis des Unbedingten bzw. Göttlichen ist unter dieser Vorausetzung nur dem transrationalen Ahnen und Fühlen möglich. Theologie im Sinne einer Verantwortung der Glaubensinhalte vor der transzendentalphilosophisch argumentierenden Vernunft (s. o.) ist in ihren Augen ein sinnloses Unterfangen.

Genau das meint auch Eugen Drewermann; und er exemplifiziert seine Position mit Vorliebe im Blick auf die Inhalte, die der katholische Glaube mit Maria verbindet[142]. Er hält die mariologischen Dogmen „für schlechthin unbegründet und unbegründbar [...]: Sie stehen so nicht in der Bibel, sind in der kirchlichen Lehrtradition erst ziemlich spät aufgetaucht, widersprechen dem Verstandesurteil in geradezu bizarrer Weise und sind für ein rein historisches Denken ein Ärgernis; darüber hinaus widersprechen sie zutiefst der Aversion besonders der protestantischen Theologie gegen alles ‚Heidnische' und nicht biblisch Begründbare der katholischen Kirche."[143] Drewermann sieht in der Erkenntnis, daß sich speziell das Dogma von der jungfräulichen Empfängnis weder vor der historischen noch vor der philosophischen Vernunft rechtfertigen läßt, eine Chance: nämlich die, endlich zu entdecken, daß die sogenannten Dogmen der christlichen Tradition wie die Mythen anderer Religionen im Prinzip gleichwertige Explikationen der psychischen Sehnsucht nach dem Absoluten sind. Wer das Dogma von der jungfräulichen Empfängnis verstehen will, der sollte nach Drewermann nicht nach dem historischen Fundament, sondern nach dem fragen, was dieses Dogma mit den Geburtsgeschichten anderer Traditionen bzw. Religionen verbindet. Wörtlich bemerkt er: „Als erstes muß die katholische Kirche, wenn die Mariologie [...] begründbar sein soll, die Religionsgeschichte als Wahrheitszeugnis anerkennen. Nicht allein was – nach Vinzenz von Lérins – alle Gläubigen zu aller

[142] „Der Katholizismus hat [...] religionspsychologisch vollkommen korrekt gehandelt, und er verfuhr eigentlich nur konsequent, wenn er die Lehren von der Gottesmutter mit dem Dogma von der Aufnahme Mariens in den Himmel, mit diesem Schlußpunkt des langen Weges zur Selbstfindung, zu Ende geführt hat. Natürlich konnte er dabei nicht das Zeugnis der Bibel oder der Tradition anführen, und er hätte dies am besten nie behaupten sollen; aber dafür könnte und müßte er das Zeugnis der Religionsgeschichte sowie das ‚Zeugnis der Seele' für sich geltend machen. Indessen liegt das selbstgeschaffene Dilemma des Katholizismus gerade darin, daß er sich beharrlich weigert, diese seine wertvollsten Zeugen als legitim anzuerkennen und zu seinen Gunsten sprechen zu lassen. Statt seine eigentlichen Gründe zu benennen, sucht er sich auf ‚Beweise' der Exegese und Historie zu stützen." (Drewermann [Anm. 138] 109).

[143] Drewermann (Anm. 138) 97.

Zeit und an allen Orten in der Kirche geglaubt haben, ist als katholische Wahrheit zu betrachten, [...]; vielmehr muß die katholische Kirche als Wahrheitsprinzip den Satz aufstellen: was die Menschen aller Zeiten und Zonen geglaubt haben und was unabhängig voneinander in der Religionsgeschichte immer wieder für wahr gehalten wird und wurde, besitzt in sich den Anspruch göttlicher Wahrheit; oder anders, als Grundsatz einer katholischen Anthropologie, ausgedrückt: es ist nicht denkbar, daß Gott den Menschen so geschaffen hätte, daß bestimmte religiöse Inhalte sich dem menschlichen Bewußtsein immer wieder mit dem Charakter der Evidenz aufdrängen, ohne wahr zu sein; der Gott der Schöpfung ist kein deus malignus oder ein böser Demiurg; Vorstellungen, die im Menschen angelegt sind, müssen eben deshalb als religiöse Wahrheiten betrachtet werden, die in der Religion des Christentums nicht fehlen dürfen. Wie sehr gerade die Mariendogmen zwar nicht in der Tradition der Kirche, wohl aber in der Tradition der Menschheit verankert und begründet sind, gilt es als erstes, wenngleich in notgedrungener Kürze, wenigstens anzudeuten. Die Mariologie als Lehre von der göttlichen Mutter bzw. von der Mutter Gottes als Ursprung allen Lebens zählt in der Tat religionsgeschichtlich in allen Einzelheiten zu den ältesten religiösen Anschauungen der Menschheit. Der Werdegang dieser Lehren ist lang. Schon die berühmten ‚Venus'-Figuren der letzten Eiszeit dürften ‚in irgendeiner Weise die weibliche Sakralität und damit die magisch-religiöse Macht der Göttinnen darstellen'. Bereits sehr früh wurden die Mondphasen in vier mal sieben Tage unterteilt, und mit der Mondphase brachte man die Periode der Frau in Verbindung, die selbst als Urbild der ständigen Erneuerung von Leben und Tod [...] galt. Dieser Glaube muß bereits in den Jägerkulturen des Paläolithikums vorherrschend gewesen sein; [...]. Bei zahlreichen Völkern auf der ganzen Erde finden sich Erinnerungen an diese matriarchalisch geprägte Urzeit der Jäger und Sammler."[144]

Die Gleichsetzung aller Offenbarung mit den Archetypen[145] der menschlichen Psyche führt zu einer Christologie, die Jesus zu einem austauschbaren Katalysator der Selbsterlösung (der Befreiung zur eige-

---

[144] Ebd. 98 f.

[145] Als Archetypen bezeichnet Drewermann im Anschluß an C. G. Jung nicht bestimmte Vorstellungen, sondern in jedem Menschen angelegte Dispositionen, welche alle von außen kommenden Bilder und Erfahrungen ordnen (integrieren) können. Diese apriorischen Dispositionen sind auf unendlich viele Bilder und Erfahrungen übertragbar. Sie greifen wie die von Kant beschriebenen Anschauungsformen und Kategorien über alles Endliche hinaus, sind also inwendig ein Verlangen nach dem Absoluten bzw. Unbedingten.

nen Eigentlichkeit) relativiert[146]. Nichts kann dem Menschen von Gott gesagt werden, was er nicht in der Tiefe seiner Seele zumindest implizit schon wüßte. Die Wahrheit der jungfräulichen Empfängnis ist nicht in ihrer aus der Seele des Menschen unableitbaren Faktizität (Singularität) zu suchen, sondern ganz im Gegenteil in der Sehnsucht, die sich hinter diesem Mythos verbirgt. Im Bilde der jungfräulichen Mutter, so betont Drewermann, „lebt all das, was innerhalb der geschlechterspezifischen Rollenvorschriften einer Kultur nicht gelebt und zum Bewußtsein zugelassen werden kann"[147].

Die religionsgeschichtliche Herleitung von „Jungfrauengeburt" und „Geistzeugung" basiert bis heute auf den entsprechenden Arbeiten von Eduard Norden und Martin Dibelius[148]. Während Norden das hellenistische Judentum als Ausgangspunkt bezeichnet, spricht Dibelius von ägyptischen Vorstellungen, die dem Christentum durch das hellenistische Judentum vermittelt wurden. Beide halten es für gewiß, daß das palästinensische im Unterschied zum hellenistischen Judentum so etwas wie eine Geburt ohne natürliche Zeugung durch einen Mann nicht kennt. Inzwischen ist diese Position nicht nur deshalb umstritten, weil die noch von Ferdinand Hahn verteidigte Unterscheidung zwischen „ursprünglich-palästinensischen" und „sekundär-hellenistischen" Kategorien überholt ist[149].

Es gibt Quellen des palästinensischen Judentums, die im Kontext unseres Themas bisher zu wenig Beachtung fanden. Schon 1973 hat Kurt Schubert auf einen Text des slavischen Henochbuches verwiesen, dem, wie die jüngere Forschung annimmt, „keine christliche, sondern eine jüdische Überlieferung aus einer priesterlich-apokalyptischen Gruppe"[150] zugrundeliegt. In diesem Text ist von dem Priester Nir die Rede, der, obwohl mit Zophanima verheiratet, sich des geschlechtlichen Verkehrs enthält. Als Zophanima dennoch schwanger wird

---

146 „In Wahrheit entsprechen die Dogmen der christlichen Erlösungslehre tatsächlich in allen wichtigen Teilen dem klassischen Grundschema, nach dem die Mythen und Märchen der Welt immer wieder schildern, wie Menschen zu sich selber finden." (Drewermann [Anm. 138] 108).

147 Ebd.

148 Dibelius (Anm. 139); E. Norden, Die Geburt des Kindes. Geschichte einer religiösen Idee, Darmstadt ³1958.

149 Vgl. dazu vor allem das große Werk von: M. Hengel, Judentum und Hellenismus, Tübingen ²1973. – Die Konsequenzen aus Hengels Analysen für unser Thema zieht: R. Riesner, Präexistenz und Jungfrauengeburt, in: ThBeitr 12 (1981) 177–187.

150 K. Schubert, Die Jungfrauengeburt im Lichte frühjüdischer Quellen, in: ThG(B) 16 (1973) 193–199; hier: 197.

(ohne selbst zu wissen, wie), stellt Nir sie zur Rede. Noch während er mit ihr redet, bricht Zophanima tot zusammen. Man bahrt den Leichnam auf und schaufelt ein Grab. Währenddessen gebiert die Tote einen Knaben, der, obwohl gerade erst geboren, schon verständig ist und sich – im Gestus schon ganz Priester – neben die Tote setzt[151].

Während in dieser Erzählung von einer Geburt ohne vorherige Zeugung die Rede ist, gehen alle aus dem griechischen und ägyptischen Raum herangezogenen Parallelen[152] von der Vorstellung einer göttlichen Zeugung bzw. „heiligen Hochzeit" (ἱερός γάμος) aus. Die am häufigsten angeführte „Parallele" bezieht sich auf den ägyptischen Mythos von der „Geistzeugung" des Pharao. Denn der neue Pharao wird als Sohn Gottes bezeichnet, weil er nicht eigentlich durch den regierenden Pharao, sondern durch den „Geist-Gott" Re-Amun gezeugt ist. Re-Amun nimmt nach ägyptischer Vorstellung die Gestalt des regierenden Pharao an und nähert sich der noch jungfräulichen Königin, um mit ihr den Nachfolger zu zeugen. Offensichtlich nicht als Alternative zum Zeugungsakt, sondern ergänzend bzw. explikativ beauftragt Re-Amun den Schöpfergott Chnum, den erwarteten Sohn zu schaffen. Von einer Menschwerdung des einen und absoluten Gottes, die auf Grund der Singularität jedes wirklichen Menschen unwiederholbar ist, kann in der ägyptischen Tradition nicht einmal andeutungsweise die Rede sein.

In seiner 1997 publizierten Untersuchung „zur Frage einer Verbindung zwischen altägyptischer Königstheologie und neutestamentlicher Christologie im Lukasevangelium" kommt Joachim Kügler zu dem Ergebnis: „Im Hinblick auf die ägyptischen Reliefzyklen von der göttlichen Zeugung und Geburt des Königs fällt es sehr schwer, überhaupt einen Vergleichspunkt zu finden. Die narrative Linie des Lk ist mit der der Zyklen nicht vereinbar. Auch einzelne Szenen lassen sich kaum heranziehen."[153] Es geht in dem ägyptischen Mythos weder um die Jungfräulichkeit der Königin, noch um die Selbstmitteilung irgendeines Gottes, sondern um die göttliche Legitimierung der Pharaonenherrschaft. Selbst wenn man einen unmittelbaren Zusammenhang annimmt, ist ein struktureller Unterschied zwischen christlichem und

---

[151] Vgl. ebd. 195.

[152] Übersichtlich dargestellt und besprochen von: J. Gnilka, Exkurs „Die Jungfrauengeburt Jesu", in: Das Matthäusevangelium, Bd. I (HThK I/1), Freiburg 1986, 22–33. -Vgl. auch: J. Hasenfuss, Die Jungfrauengeburt in der Religionsgeschichte, in: H. J. Brosch u. J. Hasenfuss (Hgg.), Jungfrauengeburt gestern und heute, Essen 1969, 11–23.

[153] Kügler (Anm. 141) 283.

ägyptischem Glauben stets zu beachten: der nämlich, „daß Ägypten eher dazu tendiert, die menschliche Welt in die göttliche einzubetten, während im Christlichen (entsprechend biblischem Erbe) die göttliche Welt in die menschliche hineinragt. So geht es der lukanischen Geburtsüberlieferung auch nicht darum, einen Menschen zu vergöttlichen. Jesus soll nicht in den Himmel gehoben werden, sondern Gott geerdet werden. ‚Nicht Heraushebung Jesu aus dem Menschlichen ist Sinn dieser Überlieferung, sondern das Gegenteil, Hineinsenkung des Heiligen in diese Welt'."[154]

Kügler vermutet, daß die biblische Königstheologie lange vor ihrer Rezeption durch die sogenannte Messiaschristologie ägyptische Elemente rezipiert hat; daß also, wenn überhaupt, lediglich von einem indirekten ägyptischen Einfluß gesprochen werden kann[155]. Das vorexilische Königtum in Israel ist in wachsendem Maße von einer eigentümlichen Synthese aus Elementen des Jahweglaubens und Elementen der vorderorientalischen Königsideologie geprägt. Das wird exemplarisch deutlich in Psalm 9. Das Jerusalemer Inthronisationszeremoniell hat viele Elemente mit dem ägyptischen gemeinsam (Anerkennung der Gottessohnschaft; Übereignung der ganzen Erde als Herrschaftsgebiet; Verheißung der Überlegenheit über alle Feinde). Aber die Modifikationen sind nicht zu übersehen: Für den Jerusalemer König gilt, daß er nicht von Natur aus Sohn Gottes ist, auch nicht durch seine Thronbesteigung in die Sphäre des Göttlichen eintritt, sondern durch eine Willensentscheidung Gottes bei seinem Amtsantritt zum Sohn erklärt wird. Am ehesten könnte man diese Formel als Adoptionsformel bezeichnen im Sinne von „Mein Sohn sollst Du sein". Gemeint ist eine besondere Indienstnahme durch Jahwe. Auch der in vorneutestamentlicher und neutestamentlicher Zeit erwartete Heilskönig (Messias) ist nach jüdischer Auffassung ein bloßer Mensch, der erst auf Grund göttlicher Erwählung in eine besondere Gottesbeziehung erhoben wird. Dagegen sagt das NT von Jesus Christus, daß er gerade nicht erst auf Grund einer Adoption „der Messias" bzw. „der Sohn Gottes" ist. Der Tübinger Neutestamentler Otfried Hofius stellt resümierend fest: „Mit der Rede von Jesus als dem metaphysischen ‚Sohn Gottes' ist gesagt, daß Gott nicht bloß *in* dem Menschen Jesus von

[154] Ebd. 329.
[155] „Im Sinne eines [...] Vehikels nimmt die Sohn-Gottes-Christologie des Lk über die Vermittlung biblischer und frühjüdischer Rezeption ägyptische Königstheologie bzw. deren hellenistische Derivate auf, um genuin Christliches auszusagen." (Kügler [Anm. 141] 330).

Nazareth, sondern *als* dieser Mensch in die Welt gekommen ist. Die fundamentale Differenz zum messianischen ‚Sohn Gottes'-Begriff ist evident: Der metaphysische ‚Sohn Gottes' ist nicht *aus* der Welt, sondern *in* die Welt gekommen. Das besagt zugleich: Nicht der Mensch Jesus von Nazareth ist der ‚Sohn Gottes', sondern der präexistente ‚Sohn Gottes' ist dieser Mensch geworden."[156]

Genauso unwahrscheinlich wie die Ableitbarkeit der jungfräulichen Empfängnis oder Gottessohnschaft Jesu aus der ägyptischen Pharao-Apotheose ist deren Erklärung aus einem häufig zitierten Text des hellenistischen Judentums. Indem Philo im Blick auf die Patriarchenfrauen Sara, Rebekka, Lea und Zippora zwischen dem Samen der natürlichen Zeugung und dem übernatürlichen Samen der göttlichen Zeugung unterscheidet, will er nicht behaupten, daß die Söhne, die jene Patriarchenfrauen geboren haben, von Gott gezeugt wurden, sondern daß diese Frauen *im übertragenen Sinn* auch (!) von Gott geschwängert wurden, weil sie in der Haltung der Jungfräulichkeit (bei Philo schon Ausdruck asketischer Reinheit!) zu Gebärerinnen der Tugend wurden[157].

Der Abstand zwischen Philo und dem ägyptischen Mythos ist mit Händen zu greifen. Denn im „ägyptischen Mythos ist die Königsmutter sowohl als Braut des göttlichen Vaters wie als Frau des menschlichen Vaters immer die Mutter des einen kommenden Königs, der gerade durch seine doppelte Sohnschaft als Bindeglied zwischen Menschenwelt und Götterwelt charakterisiert wird. Bei Philo löst sich diese Parallelstruktur von Mythos und Geschichte insofern auf, als die Patriarchenfrauen auf der geschichtlichen Ebene als Frauen ihrer Ehegatten und Mütter ihrer Kinder fungieren, während sie im Bereich der Allegorese die menschliche Seele bedeuten, welche jungfräulich mit Gott verkehrt."[158]

In auffälligem Kontrast zu diesen Befunden behauptet Hans Küng in seinem Bestseller mit dem Titel „Christsein": „Sicher ist [...], daß der

---

[156] O. Hofius, Ist Jesus der Messias?, in: E. Dassmann u. G. Stemberger (Hgg.), Der Messias (JBTh 8), Neukirchen-Vluyn 1993, 103–129; hier: 118.

[157] „Die Aufhebung der Unfruchtbarkeit durch Gott wird also von Philo, allerdings nur auf der Ebene der Allegorie, ausgeweitet auf die Zeugung aus göttlichem Samen. Auch der Gedanke der Jungfräulichkeit spielt herein, denn Gott verkehrt nur ‚mit der unbefleckten, unberührten, reinen Natur, dieser wahrhaften Jungfrau' [...]. Gott kann sogar die verloren gegangene Jungfräulichkeit wiederherstellen: ‚Wenn er aber mit der Seele zu verkehren begonnen hat, erklärt er die, die zuvor schon Frau war, wieder zur Jungfrau.' [Philo, congr. 7]." (Gnilka [Anm. 152] 25).

[158] Kügler (Anm. 141) 327.

Mythos von der Jungfrauengeburt in der ganzen Antike verbreitet war und sich sogar [...] in Persien, Indien und Südamerika findet: er ist also keineswegs etwas spezifisch Christliches. [...] In den Geburtserzählungen jedoch werden von Jesus Geistschöpfung und Jungfrauengeburt in der Form geschichtlich-leiblicher Ereignisse berichtet. Aus der Formulierung des Lukas selbst geht hervor, daß mit dieser Erklärung ein Grund, eine ‚aitia', für die Anwendung des bereits schon vor Lukas weitverbreiteten Titels ‚Gottessohn' auf Jesus angegeben werden soll. Man nennt eine solche Erzählung eine ätiologische Legende oder Sage. Das Theologumenon vom Gottessohn wird somit als Geschichte anschaulich ausgemalt: aus dem Theologumenon ist ein Mythologumenon geworden."[159]

Einmal abgesehen davon, daß Küng nicht zwischen „Jungfrauengeburt" und „jungfräulicher Empfängnis", zwischen „Geistzeugung" und „Erschaffung durch den Geist" unterscheidet, folgert er aus Ähnlichkeiten der biblischen „Kindheitsgeschichten" mit außerbiblischen Geburtserzählungen die Nicht-Faktizität der jungfräulichen Empfängnis. Er verkennt den von den frühen Vätern (vgl. Ignatius, Justin, Irenaeus) klar bezeugten Zusammenhang zwischen der jungfräulichen Empfängnis und der den Adoptianismus ausschließenden Selbst-Mitteilung Gottes. Und er unterscheidet zu wenig zwischen der durchaus diskutablen Vermutung, *durch Lk 1-2 werde das nachösterliche Christusbekenntnis im Leben des irdischen Jesus proleptisch verankert,* und der ganz anders gelagerten These, *Jesus sei erst mit der Auferweckung zum Sohn Gottes erhöht worden*[160].

---

[159] H. Küng, Christ sein, München [4]1980, 554–556. – Küng beruft sich für seine Bezeichnung der jungfräulichen Empfängnis auf K. H. Schelkle (Theologie des Neuen Testamentes, Bd. II, Düsseldorf 1973, 178). Aber Schelkle spricht nur von einer Hypothese und unterscheidet sehr genau zwischen dieser Hypothese und der Interpretation der kirchlichen Tradition. Dazu: H. Riedlinger, Zum gegenwärtigen Verständnis der Geburt Jesu aus der Jungfrau Maria, in: ThGl 69 (1979) 22–61; hier: 35–37.

[160] Daß man auf Röm 1,3 nicht die These einer Einsetzung Jesu zum Gottessohn durch die Auferweckung gründen kann, hat schon Martin Hengel (Der Sohn Gottes. Die Entstehung der Christologie und die jüdisch-hellenistische Religionsgeschichte, Tübingen 1975, 90–130) hinreichend deutlich erwiesen. Klaus Berger (Im Anfang war Johannes. Datierung und Theologie des vierten Evangeliums, Stuttgart 1997, 49) betont darüber hinaus: „Es gibt keinen einzigen neutestamentlichen Text, aus dem hervorgeht, daß die entscheidende christologische Erkenntnis den Jüngern erst nach Ostern zuteil geworden wäre. Die Grundprämisse liberaler Exegese in der Frage der Christologie hält daher dem Textbefund des Neuen Testaments nicht stand. Sie ist anders, und zwar philosophisch entstanden und zu deuten. Es ist höchste Zeit, sie kritisch zu diskutieren."

d) *Inkarnations-Christologie und Parthenogenesis*

Wenn Sach- und Erkenntnisgrund der Parthenogenesis des Messias nicht identisch sind, wenn also nicht die „Sache" selbst (die jungfräuliche Empfängnis), sondern die reflektierende Erkenntnis des untrennbaren Zusammenhangs dieser „Sache" mit der „wahren Menschwerdung Gottes" deren Erkenntnisgrund ist, könnte man einwenden: Ist denn die „wahre Menschwerdung Gottes" ein historisches Faktum, das im Unterschied zum Faktum „jungfräuliche Empfängnis" als solches erkennbar war? Oder ist die Ableitung der Parthenogenesis des Erlösers aus der wahren Menschwerdung Gottes die Ableitung eines „bloßen Theologumenons" aus einem „bloßen Theologumenon"?

Einmal vorausgesetzt, daß zur Konstitution des historischen Jesus die Beziehung des innertrinitarischen Sohnes zum Vater gehört, daß also der historische Jesus mit dem präexistenten Sohn identifiziert werden darf, stellt sich im Rahmen unserer mariologischen Studie die Frage: War der historische Jesus so als der Christus erkennbar, daß die spätere Reflexion – im Licht der Schrift (der Hebräischen Bibel)! – von einem notwendigen Zusammenhang der Parthenogenesis mit der Präexistenz des Erlösers sprechen kann?

Unser Versuch, diese Frage zu beantworten, muß zurückgreifen auf die Diskussion um den Grund der Erkennbarkeit des Jesus als des Christus; und ebenso auf die exegetischen Debatten über die Herkunft der biblischen Präexistenzaussagen.

aa) Das Faktum der Inkarnation und seine Erkennbarkeit

Wenn jemand Jesus nur deshalb als Christus bekennt, weil Gott den gekreuzigten Jesus nachträglich (jenseits seiner historisch faßbaren, „faktischen" Existenz!) durch Erscheinungen, Geistsendung, Inspiration als den Erlöser erwiesen hat, dann gründet er sein Bekenntnis zur wahren Gottheit Jesu Christi nicht auf ein historisches Faktum (nicht auf den historischen Jesus), sondern auf dessen nachösterliche Deutung. Und wer für unmöglich erklärt, daß die Jünger Jesu dessen einzigartige Einheit mit Gott aus seinen Worten und Taten erfahren konnten, der muß folgerichtig bezweifeln, daß die Parthenogenesis mehr als eine retrospektive Verklärung des Auferstandenen ist.

Während bis weit in unser Jahrhundert hinein die noch von Rahner beklagte Vorstellung dominierte, Jesus sei ein mit göttlichen Qualitäten ausgestatteter Mensch und damit von Natur aus der Sieger über Kreuz und Tod gewesen, hat man inzwischen „das Kind mit dem

Bade ausgeschüttet". Denn im Gefolge der historisch-kritischen Exegese wird die wahre Menschheit Jesu so einseitig betont, daß erst seine Auferweckung – verstanden als exklusiv innovatorisches Handeln Gottes an dem toten Jesus – diesen als den Christus erweist.

Die zwischen Hans Kessler und Hansjürgen Verweyen ausgetragene Kontroverse um die Auferstehung bzw. Auferweckung des Gekreuzigten betrifft nur ganz vordergründig die Frage nach dem Erkenntnisgrund des Osterereignisses. Eigentlich geht es um viel mehr: nämlich um die Frage, ob ein nicht durch den Menschen Jesus vermitteltes Handeln Gottes [ein exklusiv innovatorisches Handeln Gottes an dem toten Jesus] das Ereignis sein kann, das die universale Bedeutung Jesu als des Erlösers aller Menschen aller Zeiten begründet[161].

Kessler kennzeichnet seine Position mit der These: Im Tod war für Jesus die Möglichkeit der „Beziehung zu Gott erloschen und zu Ende. [...] Und so konnte Gott auch *durch* Jesus als Toten nicht mehr handeln und in der Welt seine Herrschaft der Güte ausüben (es sei denn, er gewährte ihm im Tode neues Leben)."[162]

Dieses Zitat bringt auf den Punkt, was den Freiburger Fundamental-

---

[161] Was Verweyen in seiner Diskussion mit Thomas Pröpper über die neuere Christologie bemerkt, hätte der rote Faden seiner gesamten Kontroverse mit Kessler sein müssen: In der traditionellen Christologie „glaubte man den irdischen Jesus mit besonderen göttlichen, sprich: herrscherlichen Qualitäten ausgerüstet. Schon immer war er wahrer Gott, aber nie so recht wahrer Mensch. Die *Auferstehung Jesu Christi selbst* galt als der glorreiche Abschluß eines Erdenwirkens, wo seine übernatürliche Wundermacht immer schon greifbar war. Bei aller Fragwürdigkeit: Hier gab es in der Tat eine Einheit im Verstehensentwurf der ‚Geschichte' Jesu. Die heute vorherrschende Theologie ist im Zuge der sogenannten historisch-kritischen Rückfrage mit Jesus als einer Gestalt vertraut, die zweifellos wahrer Mensch war. Den entscheidenden Beweis für die Identität dieses Menschen mit Gott sieht man hingegen allein in dem Faktum der *Auferweckung* als Tun *Gottes an* Jesus gegeben. Jacob Kremer [Art. Auferstehung Christi. I. Im Neuen Testament, in: LThK[3] I (1993) 1177–1182; hier: 1177] versteht diese Auferweckung als die endgültige Errettung Jesu *aus* dem Tod, gewertet ‚theologisch als Trennung von Jahwe, dem Quell des Lebens, in der vom Grab nicht exakt unterschiedenen Scheol' [...]. Der wahre Sohn Gottes irgendwann einmal getrennt von Gott? Nach Hans Kessler [Art. Auferstehung Christi. III. Systematisch-theologisch, in: LThK[3] (1993) 1185–1190; hier: 1188] ist Jesus (erst) durch die Auferweckung ‚in *endgültige Einheit mit Gott* versetzt'." (H. Verweyen, Glaubensverantwortung heute. Zu den „Anfragen" von Thomas Pröpper, in: ThQ 174 [1994] 288–303; hier: 298 f).

[162] H. Kessler, Sucht den Lebenden nicht bei den Toten. Die Auferstehung Jesu Christi in biblischer, fundamentaltheologischer und systematischer Sicht. Neuausgabe mit ausführlicher Erörterung der aktuellen Fragen, Würzburg 1995, 299 f.

theologen Hansjürgen Verweyen zu einer Entgegnung herausgefordert hat, die im Vorwurf des Adoptianismus gipfelt[163].

Verweyen und Kessler betonen einmütig, daß Gottes Bund mit seinem Volk ein kommunikatives Handeln ist; daß der biblische Gott zur Freiheit befreit; daß die Menschen, die das eigene Ego transzendieren, nicht bloße „Instrumente" Gottes, sondern Subjekte sind, die „durch Gottes Urheberschaft und Kraft zu einer Wirkung erhoben werden, welche ihre eigenen Fähigkeiten übersteigt und doch ihre eigene Wirkung ist"[164]. Auf Jesus angewandt heißt dies: „Gott selbst kann im Dasein Jesu für die Anderen (bis zum Äußersten der Lebenshingabe) ganz für die Andern wirksam (annehmend, versöhnend, befreiend) da-sein und handeln (neues Leben der Agape schaffen)."[165]

Doch obwohl Kessler herausstellt, daß Gottes Handeln und das Handeln Jesu nicht im Sinne konkurrierender Kausalitäten betrachtet werden dürfen, beschreibt er das Auferweckungshandeln als exklusiv göttliche und also transgeschichtliche Tat an dem toten Jesus. Auf der einen Seite steht der Mensch Jesus, dessen Beziehung zum Abba und zum Nächsten im Sterben erlischt; und auf der anderen Seite steht der Gott, der ihn im Tod festhält.

Was heißt das konkret: daß die Gemeinschaft mit Gott im Tod nicht abreißt? Wenn sie nicht abreißt, gilt dann nicht, daß sich das Handeln Gottes und das Handeln des Menschen Jesus wie im Leben, so auch im Sterben direkt proportional zueinander verhalten – in der Weise, wie

---

[163] „Ist der von Kessler vertretene Osterglaube letztlich nicht ein Amalgam zweier grundverschiedener Gottesbilder: a) eines solchen, auf das Jesus hinführt, b) eines anderen, menschlich nur zu vertrauten, demzufolge Sieg nur durch einen Erweis der Macht ‚von oben', nicht in der Ohnmacht des sich entäußernden Gottes selbst offenbar werden kann? – Kessler kommt auf das ‚adoptianische Mißverständnis' zu sprechen – ‚als sei Jesus erst durch die Auferweckung zum Messias, Gottessohn und Herrn *gemacht* worden' (345). In diesem Sinne adoptianisch klingen aber manche seiner Aussagen [...]. Ist die Christologie der Evangelien und der frühen Konzilien überhaupt noch von einem Ansatz her zu erreichen, demzufolge sich Gott erst nach Jesu Tod mit diesem ‚Repräsentanten und Realsymbol der erbarmenden Nähe Gottes selber' (vgl. 305) *identifiziert*? Wenn Kessler schließlich sagt, in ‚der Auferweckung des Gekreuzigten offenbart sich Gott als derjenige, der mitten im Leiden und Kreuz präsent ist, [...] selbst ins Leiden eintaucht, [...] *selber leidet*; [...] dort zu finden ist, wo wir ihn am wenigsten erwarten: im Leiden und Kreuz' (308), so weiß ich nicht, wie man aufgrund seines eigenen fundamentaltheologischen Ansatzes zu diesen Feststellungen gelangen kann. *Post festum* sich mit dem Gekreuzigten identifizieren und im Kreuz zu finden sein – das scheint mir zweierlei Theologie." (H. Verweyen, Rezension zu H. Kessler [s. Anm. 162], in: ZKTh 108 [1986] 71–74; hier: 73).

[164] Kessler (Anm. 162) 294.

[165] Ebd. 295.

Kessler selbst es erklärt hat: Je mehr sich Gott einem Menschen mitteilt, „desto freier und eigenständiger wird er“[166]? Nur wenn man den Menschen Jesus auf den Leib reduziert, der ins Grab gelegt wird, bedeutet sein physischer Tod das Ende seines Handelns. Aber biblisch gesehen ist der Mensch Leib, insofern er kommunizieren (hören, sehen, sprechen) kann. Und biblisch gesehen ist der physische Tod nur Bild des eigentlichen Todes, nämlich der Trennung von Jahwe (vom Sinn des Lebens). Auch im AT ist der physische Tod keineswegs die Annihilierung des Menschen; auch in der „Scheol“ ist der Mensch nicht nichts. Aber eigentliches Leben ist Gemeinschaft mit Jahwe. Was hindert uns angesichts dieses Befundes, das Sterben Jesu als ihm vom Vater ermöglichten Sieg über die Folge der Sünde, den eigentlichen Tod, zu bezeichnen? Warum soll das Ostergeschehen ein exklusiv innovatorisches Handeln des Vaters an Jesus ohne Jesus sein?

Die Kontroverse zwischen Verweyen und Kessler macht deutlich: Entweder ist der irdische Jesus die Selbstmitteilung des präexistenten Sohnes (der Messias) und die Auferstehung der ihm vom Vater ermöglichte Sieg über die Folge der Sünde, über den Tod, der die Trennung von Gott bedeutet. Oder aber das durch keine menschliche Aktivität vermittelte, deshalb transgeschichtliche Auferweckungshandeln Gottes macht den toten Jesus zumindest erst definitiv (endgültig) zum Christus.

Im Kontext unseres Themas kann diese Alternative nicht weiter erörtert werden[167]. Wichtig aber erscheint mir folgender Hinweis des Heidelberger Neutestamentlers Klaus Berger: „Hat sich“, so fragt er, „irgendwo die Erinnerung erhalten, daß man eben erst nach Ostern und aufgrund von Ostern zu der entscheidenden Einsicht gelangt ist? Antwort: Nein. Es gibt keinen einzigen ntl. Text, aus dem hervorgeht, daß die entscheidende christologische Erkenntnis den Jüngern erst nach Ostern zuteil geworden wäre. Die Grundprämisse liberaler Exegese in der Frage der Christologie hält daher dem Textbefund des NT nicht stand. Sie ist anders, und zwar philosophisch entstanden und zu deuten. Es ist höchste Zeit, sie kritisch zu diskutieren. Für W. Wrede war das Gebot Jesu, erst nach der Auferstehung des Menschensohnes von einer christologischen Autorität zu erzählen [Mk 9,9: ‚Während sie den Berg hinabstiegen, verbot er ihnen, irgend jemand zu erzählen, was

---

[166] Ebd. 295[53].

[167] Ausführlicher dazu: K.-H. Menke, Das systematisch-theologische Verständnis der Auferstehung Jesu. Bemerkungen zu der von Gerd Lüdemann ausgelösten Diskussion, in: ThGl 85 (1995) 458–484.

sie gesehen hatten, bis der Menschensohn von den Toten auferstanden sei.'], das klassische Argument für seine These, der Glaube an diese christologische Würde Jesu sei eben erst zu Ostern entstanden. Diese Aussage enthält der Text in Mk 9[168] nun freilich keineswegs. Er besagt vielmehr das Gegenteil: Die christologische Erkenntnis sei vorösterlich. Ostern markiert hier nur den Zeitpunkt, von dem ab verkündigt wurde, den terminus a quo der Verkündigung, nicht aber des Glaubens."[169]

Auch die Stellen, in denen das Johannesevangelium davon spricht, daß die Jünger erst in der Begegnung mit dem Auferstandenen zu „verstehen" beginnen (Joh 2,22; 8,28; 20,9), läßt Berger nicht als Argumente für die These einer erst nachösterlichen Erkenntnis Jesu als des Christus gelten; im Gegenteil: „Kein [johanneischer] Text sagt etwas über die christologische Erkenntnis erst ab Ostern. Was die Jünger dagegen erkennen, ist die Schriftgemäßheit der Auferwekung."[170] Wenn bestimmte Gestalten des NT erst durch die Begegnung mit dem Auferstandenen zum Bekenntnis zu Jesus als dem Christus gelangen, dann sind es nicht die Jünger, sondern Außenstehende wie der Christenverfolger Saulus. Berger bemerkt dazu: „Es scheint, daß die liberale Theologie wieder einmal von Paulus ausgegangen ist und ihn als den Maßstab für alles gewertet hat. Nur im Blick auf die Judenpredigten der Apg und auf die Bekehrung des Paulus kann gelten, daß die christologische Erkenntnis erst durch Ostern möglich wurde. Aber hier handelt es sich nicht um Jünger, sondern um Gegner, die unter besonderen und nicht zu verallgemeinernden Bedingungen im Rahmen ihrer Biographie erst nach Ostern zu der Erkenntnis Jesu gelangt sind."[171]

---

168 „Im Gefolge der These W. Wredes wurden dann zahlreiche Versuche unternommen, die Verklärung [Mk 9,2-10] zu einer nachösterlichen Erfahrung zu machen. Diese Unterfangen können als gescheitert gelten. Das ganze Szenario findet sich in keiner Ostervision. Die Offenheit des Frühjudentums für visionäre und mystische Erfahrungen wurde nicht erst durch die Osterbotschaft begründet; diese gehört vielmehr in jene hinein." (K. Berger, Im Anfang war Johannes. Datierung und Theologie des vierten Evangeliums, Stuttgart 1997, 50).

169 Ebd. 49 f.

170 Ebd. 51. – Analoges läßt sich von der lukanischen Emmausszene (Lk 24, 26 f.45 f) sagen: Hier werden die Jünger nicht darüber belehrt, daß Jesus der Christus ist. Vielmehr folgt Lukas „einem verbreiteten Topos, wonach der Urheber einer Schrift visionär und postmortal erscheint und über seine schriftliche Hinterlassenschaft aufklärt. Bei Philo von Alexandrien ist dieses Mose" (ebd.).

171 Ebd. 51 f.

bb) Die Entstehung der bibischen Präexistenz-Aussagen

Ganz abgesehen davon, daß keine einzige Stelle des NT ein Entstehen des Glaubens der Jünger an Jesus als den Christus erst nach Ostern beweist, tendieren inzwischen viele Exegeten zu der Vermutung, daß die Präexistenzaussagen des NT[172] nicht Konsequenz, sondern Voraussetzung der Erhöhungs- und Auferweckungsaussage sind[173]. Ohne Einschränkung unterstreichen möchte ich Klaus Bergers These: Die sogenannten Präexistenzaussagen des vierten Evangeliums sind „nicht einfach ‚hohe und dogmengeschichtlich späte Reflexion' […], sondern der Versuch, von den Voraussetzungen jüdischer Mystik her das christologische Geheimnis zu erfassen"[174].

Unbestritten ist, daß jüdische Texte nur die Präexistenz von Hypostasen (wie Weisheit und Logos), nicht aber die Präexistenz bestimm-

---

172 Von den Präexistenzaussagen klar zu unterscheiden sind Aussagen über die Einsetzung zum Sohn Gottes in Gestalt messianischer Deutung atl. Topoi (z. B. Röm 1,3 f). Und innerhalb der Präexistenzaussagen zu unterscheiden ist zwischen Sendungsformeln im Kontext von Präexistenzaussagen (Röm 8,3 f; Gal 4,4 f; Joh 3,16 f), den Hymnen (Phil 2,6-11; Kol 1,15–20; Joh 1,1–16; Hebr 1,2 f) und den vielen Stellen, die Jesus mit der präexistenten Weisheit in Beziehung setzen.

173 Sehr zaghaft: M. Hengel, Der Sohn Gottes, Tübingen 1975, 85–132; sehr viel entschiedener: R. G. Hamerton-Kelly, Pre-existence, Wisdom, and the Son of Man, Cambridge 1973, 101; F. Mussner, Ursprünge und Entfaltung der neutestamentlichen Sohneschristologie. Versuch einer Rekonstruktion, in: L. Scheffczyk (Hg.), Grundfragen der Christologie heute (QD 72), Freiburg 1975, 77–113; H. Merklein, Zur Entstehung der urchristlichen Aussage vom präexistenten Sohn Gottes, in: Ders., Studien zu Jesus und Paulus (WUNT 43), Tübingen 1987, 247–276.

174 Berger (Anm. 168) 142. – „Anders als das Forschungs-Klischee ausweist, ist das JohEv eben nicht zeitlich spät anzusetzender Höhepunkt und Schlußpunkt einer sich immer weiter steigernden Abkoppelung des Christentums vom Judentum, in deren Verlauf das Christentum zu immer höheren Aussagen über Jesus gelangt sei, die den Graben zwischen Judentum und Christentum unüberwindlich gemacht hätten. […] Weil alle neutestamentlichen Autoren Judenchristen sind, kann man den Ansatz gar nicht begreifen, wonach es stets das erste Ziel dieser Menschen gewesen sein soll, den Boden, auf dem sie standen, das Judentum, zu zerstören. Wer so meint, jüdisch-christliches Gespräch führen zu können, leistet beiden Partnern einen Bärendienst. Angesichts dieses Befundes ist der Verdacht wohl nicht ganz von der Hand zu weisen, daß oft Menschen, die um des jüdisch-christlichen Dialoges willen auf christlich-neutestamentliche Positionen meinen verzichten zu müssen, oft nur auf diesem Wege eine Bestätigungsurkunde für ihr liberal-modernistisches Bekenntnis erlangen möchten. Unter dem moralischen Druck der jüdisch-christlichen Annäherung schlägt man so zwei Fliegen mit einer Klappe: Man wird lästige Positionen im eigenen Lager los und meint gleichzeitig, dem jüdischen Partner […] Steine aus dem Weg geräumt zu haben." (Ebd. 299).

ter Individuen kennen. Aber Berger kann eine ganze Reihe von Texten aus dem Bereich des griechisch sprechenden Judentums[175] auflisten, in denen „die theologische Identität einer Gestalt [...] als Beziehung zwischen einer himmlischen Größe (Engel, prophetischer Geist, Logos) zu einem konkreten Menschen“[176] erscheint. Der Unterschied zwischen dem Erscheinen der Kraft des Elias in dem Täufer Johannes (vgl. Lk 1,17) und dem Erscheinen der Kraft des Weltschöpfers (Gen 1,1 vgl. Joh 1,1) in Jesus Christus liegt auf der Hand: „Der Täufer ist nur ein Mensch (Joh 1,6), Jesus dagegen ist Ort Gottes, durch ihn ist alles geworden. So sind die Größendimensionen von Anbeginn klar.“[177]

Nicht nur im Johannesevangelium, sondern auch in den synoptischen Evangelien gehen „alle frühchristlichen Aussagen darüber, daß Jesus entweder selbst präexistent war oder daß in ihm der präexistente Logos erschienen ist, [...] auf einen grundlegenden Sachverhalt zurück: In Jesu Wort ist mehr als menschliche Rede (Mk 1,22), eben schöpferisches Wort Gottes selbst“[178]. Genau dasselbe meint Johannes, wenn er 1,14 vom Zelten Gottes unter den Menschen spricht oder 2,21 vom Tempel, der Jesu Leib ist. Das sind Aussagen, die dem zeitgenössischen Judentum vertraut sind. Wenn Jesus in Joh 1,18 „θεός“ (nicht wie der Vater „ὁ θεός“!) genannt wird, sprengt das keineswegs die Vorstellungskraft des zeitgenössischen Juden-

---

175 Das hellenistische Judentum ist „keine Größe, die man geographisch vom palästinischen Judentum absetzen könnte, wie man sich denn auch von dem immer noch nachwirkenden Dogma freimachen muß, das hellenistische Judenchristentum stelle traditionsgeschichtlich eine auf das palästinische Judenchristentum folgende Phase der Geschichte des Urchristentums dar. Die Gruppe der ‚Hellenisten‘ Jerusalems (Apg 6,1), als deren Exponenten Stephanus und die Sieben anzusehen sind, beweist zur Genüge, daß das hellenistische Judenchristentum eine Größe der ersten Tage des Urchristentums gewesen ist.“ (Merklein [Anm. 173] 262 f).

176 Berger (Anm. 168) 144.

177 Ebd. 155. – Das vierte Evangelium benutzt den Täufer geradezu als Folie der Messianität Jesu: Der Täufer selbst kann keine Sünden vergeben; er bezeichnet aber den, der als das „Lamm Gottes“ die Sünden der Welt hinwegnimmt. Der Täufer wirkt keine Wunder; Jesus aber wirkt die Zeichen, die im zeitgenössischen Judentum als Machterweise Gottes selbst gelten. Der Täufer bezeichnet sich selbst als den Freund des Bräutigams, der die Braut hat (Joh 3,29). Jesus ist der Bräutigam, der die Braut – nämlich Israel – hat, weil er nach Joh 3,26 der Täufer ist, dem alle zulaufen. Und schließlich verzichtet das vierte Evangelium auf jeden Bericht über den Tod des Täufers, damit er nicht neben Jesus als Martyrer erscheint.

178 Ebd. 190.

tums. Berger verweist u.a. auf Philo, der von Mose sagt, er sei „von Gottes Art", weil er als Gesandter von oben Gott selbst präsent macht[179].

Der Bonner Neutestamentler Helmut Merklein stimmt mit Klaus Berger in der Beobachtung überein, daß die Präexistenzaussagen keine Spätprodukte des Auferstehungsglaubens sind, sondern gerade dort erscheinen, wo von Erniedrigung, Kreuz und Tod die Rede ist (vgl. Gal 4,4f; Röm 8,3f; Joh 3,16f; 1 Joh 4,9). Doch während Berger den Ursprung der Präexistenzchristologie aus der Tora-Treue bzw. unbedingten Proexistenz des ganz für Gott durchlässigen Gesandten erklärt, neigt Merklein zu einer komplizierteren Erklärung: Er meint, daß mit der soteriologischen Deutung des Kreuzestodes zwar die Heilsmittlerfunktion von Tora und Tempel, nicht aber die (vom zeitgenössischen Judentum mit Tora und Tempel identifizierte) Weisheit in Frage gestellt war; daß sich also mit der Erfassung des Heilstodes als der wahren Weisheit die Präexistenzchristologie verband[180].

Berger stützt seine Position vor allem auf das nach seiner Ansicht noch vor dem Jahre 70 entstandene Johannesevangelium. Dort ist Jesus von Anfang an die vollständige Präsenz des Schöpfungslogos und deshalb „der einzige Sohn"[181]. Alles – *auch das Kreuzesgeschehen* – wird von dieser Präsenz Gottes in Jesus her verstanden. Berger kann überzeugend begründen[182], daß sich im vierten Evangelium nirgendwo auch nur der Ansatz zu einer soteriologischen Inter-

---

[179] Vgl. ebd. 191. – Eric Voegelin äußert die Vermutung, daß die Wirkungsgeschichte Jesu gar nicht denkbar wäre ohne die umwerfende Erfahrung der Präsenz Gottes in ihm. Denn: „Der einzige Inhalt des Evangeliums ist nicht eine Lehre, sondern das Ereignis, daß Gott in Jesus präsent war. Das ist ein Ereignis – gelehrt wird überhaupt nichts. Daß also hier ein Mensch ist, in dem Gott so präsent ist, der für die göttliche Präsenz so durchlässig ist, daß er in seinem Leben konkret diese Präsenz überzeugend darlegt – das ist wahrscheinlich auch das Geheimnis des Erfolges von Jesus und der Wirkung auf seine Freunde, die Apostel usw. gewesen, die von der göttlichen Präsenz im täglichen Leben, in der Aktion, im Handeln, so beeindruckt waren, daß sie die Präsenz Gottes in diesem Menschen dann auch in der Christussymbolik ausdrücken konnten." (E. Voegelin, Evangelium und Kultur. Das Evangelium als Antwort, München 1997, 70f).

[180] Vgl. Merklein (Anm. 173) 267f.

[181] „Hier liegt der [...] Schlüssel zum Verständnis der johanneischen Jesus-Biographie. Die Rede vom Herabsteigen schließt auch eine Annahme Jesu zum Gottessohn in der Taufe [eine adoptianistische Christologie] aus (Joh 1,28–34)." (Berger [Anm. 168] 257). – Vgl. ebd. 190.266f.

[182] Damit wendet sich Berger gegen M. Hengel und P. Stuhlmacher.

pretation des Todes Jesu findet[183]. Die Deutung des Kreuzes im Sinne der stellvertretenden Sühne darf auch da nicht gesucht werden, wo Johannes vom „Lamm Gottes" (Joh 1,29) oder von der „Hingabe für" (Joh 6,51; 15,13) spricht[184]. Denn von einem *geschlachteten* Lamm ist nirgendwo die Rede. Und wenn der Täufer Jesus als das Lamm Gottes bezeichnet, „das die Sünde der Welt hinwegträgt", dann ist damit keineswegs gesagt, daß Jesus „wegen unserer Sünden" gestorben ist, sondern nur dies, daß er als Erhöhter befähigt ist, die Sünde der Welt hinwegzutragen. Diese Erhöhung setzt zwar den Tod voraus. Doch nicht der Tod selbst ist im vierten Evangelium das Hinwegtragen der Sünde, sondern das Eintreten des Erhöhten bei Gott für uns. Auch im Kontext der Brotrede (Joh 6) ist nirgendwo die Rede von einer Selbstgabe als Sühne für die Sünden. „Der Satz Joh 6,51 bezieht sich weder auf das Abendmahl noch auf den Tod Jesu noch auf eine stellvertretende Leistung Jesu angesichts der Sünden der Menschen. Naheliegend ist doch wohl diese Bedeutung: Jesus spricht über Sinn und Ziel seines Erdendaseins, seiner Sendung. Sie läßt sich vergleichen mit Brotausteilen. Dessen Ziel ist Leben für alle, die dieses Brot empfangen. Gerade so gibt Jesus Leben."[185] Und entsprechend wird der Kreuzestod selbst verstanden: nicht als Sühne für die Sünder, sondern als Martyrium dessen, der „Ort" der Präsenz Gottes in einer gottlosen Welt ist[186]. Berger hält es geradezu für absurd, ausgerechnet dem vierten Evangelium eine triumphalistische Christologie zu unterstellen. Im Gegenteil: Wenn der leidende Jesus durch seine Treue zum Vater vom Vater befähigt wird, auch da noch Ort der Präsenz Gottes zu sein, wo irdisch betrachtet nichts mehr zu hoffen ist, dann ist Ostern nicht die triumphalistische Beseitigung der

---

183 Weil die Sühnechristologie Ausweis einer fortgeschrittenen Reflexion ist, ist das Fehlen dieser Christologie im JohEv das m. E. stärkste Argument Bergers für eine Frühdatierung.

184 Dazu: Berger (Anm. 168) 225–243.

185 Ebd. 232.

186 Daß es sich bei den johanneischen ὑπέρ-Formeln „um Martyrersprache handelt, machen die Makkabäerbücher deutlich, die davon sprechen, daß Juden ‚für das Gesetz' (2 Makk 6,28; 7,9; 8,21) gestorben sind (gr.: ὑπέρ τοῦ νόμου). ‚Für das Gesetz sterben' heißt: Um des Festhaltens am Gesetz willen sterben müssen. Dem Martyrer ist das Gesetz (oder bei Petrus: das Bekenntnis zu seinem Herrn) so viel wert, daß er eher sterben will als dieses aufgeben. Das Sterben ‚für' ist daher ein Ausdruck, der die Treue bezeichnet, mit der der Martyrer zu etwas hält." (Ebd. 233).

Ergebnisse des Karfreitag, sondern die Besiegung des Todes[187] durch den, der den Vater in sein Sterben „hineingelassen" hat[188].

e) Der präexistente Sohn (Messias) und die Parthenogenesis

Nur wenn die mit den Begriffen „Inkarnation" und „Präexistenz" gemeinte „Sache" keine bloße Deutung des historischen Jesus durch die nachösterliche Gemeinde ist; nur wenn der Sachgrund der Inkarnation – die personale Identität des historischen Jesus mit dem präexistenten Sohn – auch der Erkenntnisgrund des Christusereignisses ist, ist auch die jungfräuliche Empfängnis Marias keine bloße Metapher nachösterlicher Apotheose, sondern geschichtliches Faktum.

Nicht nur die soeben skizzierte Kontroverse zwischen Hans Kessler und Hansjürgen Verweyen über die Auferstehung und nicht nur die exegetischen Debatten über den Ursprung der Präexistenzaussagen, sondern auch die sogenannte Messias-Christologie des NT unterstreicht den engen Zusammenhang zwischen faktischer Inkarnation und faktischer Parthenogenesis.

Im AT ist „der Gesalbte" bzw. „der Messias" zunächst keineswegs eine göttliche oder gar präexistente Gestalt. Im Gegenteil: Der König wird (vgl. Ps 2,7) mit der Inthronisation von Jahwe als „Sohn Gottes" angenommen (adoptiert). Seine Messianität bzw. Gottessohnschaft ist eine funktionale bzw. verliehene. Erst relativ spät erwächst in Israel die Hoffnung auf einen ganz anderen König, einen eschatologischen

---

187 Zum besseren Verständnis dessen, was hier mit „Tod" gemeint ist, bemerkt Berger: „Für Johannes und Paulus ist der Tod schon überwunden, und zwar beim Eintritt der Menschen in das Christentum. [...]. Jede begütigende platonisierende Deutung sollte hier ferngehalten werden. Das heißt: Für Johannes und Paulus ist der Tod, den der Christ schon hinter sich hat, nicht der eigentliche und geistige Tod, während der leibliche und materielle noch folgte. Vielmehr kennen beide Autoren keine Trennung von Materie und Geist. Leib ist für das Neue Testament in jedem Fall eine sehr komplexe und differenzierte Größe, die Biologisch-Physisches, Psychisches, Soziales und Religiöses umfaßt. [...]. Nach Johannes ist ‚Tod' die Wüste des kaum lebenswerten Lebens vor der Begegnung mit Jesus. Ähnlich ist es übrigens im Gleichnis vom verlorenen Sohn, wo es vom Sohn über die Zeit seines Elends heißt: *Er war tot* (Lk 15,24.32)." (Ebd. 269).

188 Berger bezeichnet die Auferstehung Jesu als „eine Art Zwischenstation zwischen dem ‚Sieg' Jesu in der Erhöhung am Kreuz und der Vollendung seines Weges mit dem Ankommen beim Vater" (ebd. 248). Das ganze Geschehen wird als „Verherrlichung" bezeichnet. Denn mit „dem Hingelangen zum Vater wird Jesus die Herrlichkeit des Präexistenten wiedererlangt haben (Joh 17,5)" (ebd. 257).

Heilskönig. Aber auch der ist in jüdischen Quellen kein präexistentes Himmelswesen, sondern der Mensch, der von Jahwe erwählt (adoptiert) wird, sein Heil präsent zu machen. Angesichts dieses exegetisch unstrittigen Befundes bedeutet die Gottessohnschaft bzw. Messianität Jesu Christi etwas völlig Neues. Die Berichte Mt 1,18 ff und Lk 1,26 ff besagen: „Den ‚Messias' Jesus hat das ‚Haus und Geschlecht Davids' – hat damit auch Israel – nicht hervorgebracht, sondern *ihn* konnte es nur empfangen: als das Wunder der rettenden Zuwendung Gottes zu seinem Volk. Dem entspricht die völlige Umkehrung des Verhältnisses von physischer Geburt und Adoption durch Gott: Nach der alttestamentlich-frühjüdischen Tradition ist der Messias seinem Ursprung und Wesen nach ‚Sohn Davids', der erst bei der Thronbesteigung zum ‚Sohn Gottes' adoptiert wird. Nach Mt 1,18 ff und Lk 1,26 ff ist das Kind, das Maria gebären wird, seinem Ursprung und Wesen nach der ‚Sohn Gottes', der dann – von Josef als legitimer Sohn anerkannt – gewissermaßen durch Adoption zum ‚Sohn Davids' wird. Die soteriologische Relevanz der jungfräulichen Empfängnis kommt vor allem bei Matthäus zur Sprache: Weil Jesu menschliche Entstehung sich ausschließlich dem Schöpfergeist Gottes verdankt (Mt 1,20b), kann von ihm gelten, was von dem Messias der alttestamentlichen Erwartung *nicht* gelten kann: Er ist der ‚Immanuel' (Mt 1,23), der [...] tut, was einzig und allein Gott selbst zu tun vermag (Ps 130,8)."[189]

f) Geist-Christologie und Parthenogenesis

Unsere Ausführungen über den Zusammenhang von faktischer Inkarnation und faktischer Parthenogenesis schließen zumindest nicht aus, daß der historische Jesus als der Christus erkennbar war. Deshalb konnte die nachösterliche Reflexion im Licht der alttestamentlichen Heilsgeschichte (speziell der Tochter-, Braut- und Mutter-Zion-Aussagen) von einem notwendigen Zusammenhang der Parthenogenesis mit der Präexistenz des Erlösers sprechen.

Allerdings muß einem weiteren Einwand nachgegangen werden. Zwar ist unstrittig, daß die Identifikation Jesu mit dem präexistenten Sohn den Gedanken der Parthenogenesis stützt. Und zunehmend einig ist sich die neuere Exegese in der Auffassung, daß die Deszendenz- und Inkarnationschristologie kein bloßer Ausfluß griechischer Philosophie und kirchlicher Interessen (Apotheose des historischen Jesus) ist. Doch

[189] Hofius (Anm. 156) 127.

wie steht es mit der nicht weniger biblischen Aszendenz- bzw. Geist-Christologie?

Bevor wir die Frage nach dem Zusammenhang der Parthenogenesis des Erlösers mit der synoptischen Geist-Christologie erörtern, soll in einem kurzen Exkurs ein Überblick über die biblische Pneumatologie vermittelt werden.

aa) Exkurs (II) zur biblischen Pneumatologie

Der Begriff *ruah* – die hebräischen Wörterbücher nennen die Bedeutungsbereiche „Hauch, Atem, Lebenskraft"; „Wehen, Wind, Sturm"; „Geist, Geist Gottes" – ist zunächst religiös und sittlich wertfrei und kann sehr verschiedenartige numinose Kräfte bezeichnen. Deshalb muß man mit Ferdinand Hahn[190] auch davor warnen, den Geist, der über den Urfluten, über dem Chaosmeer schwebt, als Schöpfermacht zu bezeichnen. Erst sehr viel später erscheint der Geist als Ausdruck der Schöpfermacht Jahwes (z.B. in Ps 104; Hi 34,14f; Ez 11,19f; Ez 36,26f)[191].

In der erzählenden Literatur des Pentateuch und innerhalb der deuteronomistischen Geschichtsschreibung wird von *ruah* a) in Zusammenhang mit ekstatischen Menschengruppen (1 Sam 10,6.10; 19,20.23; Num 11,25f) und b) in Zusammenhang mit der charismatischen Begabung einzelner (Ri 3,10;6,34; 11,29; Num 27,18; Dtn 34,9) gesprochen. Mit dem „Geist" soll hier offensichtlich erklärt werden, daß bestimmte Menschen etwas können, was nicht in ihren eigenen Potentialitäten liegt. In diesem Zusammenhang ist auffällig, daß kein vorexilischer Prophet sich auf den Geist beruft. Das Wort des Propheten galt offensichtlich als Wort Jahwes selbst, so daß die Anwesenheit des göttlichen Wortes im Menschenwort nicht erst durch den „Geist" erklärt werden mußte.

Dazu paßt, daß der Begriff *ruah* als „Geist Jahwes" bzw. „Geist Gottes" überhaupt nicht auftaucht in sämtlichen Rechtstexten des AT, in der weisheitlichen und kultischen Literatur[192]. Die Texte der Tora,

---

[190] Vgl. F. Hahn, Das biblische Verständnis des Heiligen Geistes. Soteriologische Funktion und „Personalität" des Heiligen Geistes, in: C. Heitmann u. H. Mühlen (Hgg.), Erfahrung und Theologie des Heiligen Geistes, München 1974, 131–150.

[191] Dazu Näheres bei: J. Schreiner, Wirken des Geistes in alttestamentlicher Sicht, in: ThGl 81 (1991) 3–51.

[192] Vgl. H. H. Schmid, Ekstatische und charismatische Geistwirkungen im Alten Testament, in: C. Heitmann u. H. Mühlen (Hgg.), Erfahrung und Theologie des Heiligen Geistes, München 1974, 83–100.

die Texte der Weisheit und besonders die Riten des Tempelkultes galten als „Orte" der Anwesenheit Jahwes. Vom „Geist Jahwes" ist hingegen immer dann die Rede, wenn die Nähe und das Dasein Jahwes nicht selbstverständlich sind, wenn das „Dennoch" des Daseins Gottes einer Erklärung bedarf. Durch seinen Geist kann Jahwe auch da sein, wo das Andere seiner selbst waltet: Abgründe, Zerstörung, Unheil.

Gerhard von Rad unterscheidet vier Stadien des Jahweglaubens: Zunächst ist da der Glaube an die Treue Jahwes zu seinem Volk in dessen Auseinandersetzungen mit zahlreichen Feinden. Dann entdeckt Israel seinen Gott auch inmitten der eigenen Unheilserfahrungen (Babylonisches Exil) als den „sub contrario" Anwesenden. Ein drittes Stadium ist mit dem Glauben an den Schöpfergott erreicht, der nicht nur sein Volk Israel verteidigt, sondern der Herr aller Völker und der Lenker aller Geschichte ist. Und schließlich dominiert der im Leiden gereifte Glaube an den Gott, der sein Volk nicht im Unterschied zu allen anderen, sondern für alle anderen Völker erwählt hat. Gerhard von Rad spricht von der Bereitschaft Israels, das eigene Gottesbild immer wieder durchkreuzen zu lassen. Aber daraus kann man nicht den Schluß ziehen, Israel habe seinen Gott immer mehr als den ganz Anderen, als den von den Kategorien und Erwartungen menschlicher Vernunft und Hoffnung gänzlich Verschiedenen, beschrieben. Nein, Israel spricht gerade dann von der Nähe, von der unbedingten Treue, vom Dasein Gottes, wenn es äußerlich gesehen in tiefste Not gerät. Dabei ist besonders bemerkenswert: In demselben Maße, in dem Israel in den Situationen tiefster Demütigung von Gottes Dasein spricht, spricht es von Gottes Geist. Auf diese Weise nimmt der Begriff *ruah* immer deutlicher die Bedeutung der Überbrückung jedes noch so großen Abstandes zu Gott an.

Hier liegt der Grund für die sogenannte Geist-Christologie der Synoptiker. Sie beziehen z. B. die Geist-Verheißungen des Propheten Jesaja auf Jesus: Jes 11,1 ff (vgl. 1 Petr 4,14); Jes 42,1 (vgl. Mt 12,17 ff); Jes 61,1 (vgl. Lk 4,17 ff). Sie beantworten die Frage, wie Jesus als Mensch ganz und gar eins sein konnte mit Gott, damit, daß sie ihn als „den" (!) Geistträger entdecken und also auch seine Empfängnis durch Maria auf den Heiligen Geist beziehen.

Während der Heilige Geist innerhalb der Aszendenzchristologie der Synoptiker die Einheit des scheinbar von Gott unendlich Entfernten mit seinem Abba erklärt, erscheint derselbe Geist innerhalb der Deszendenzchristologie des Paulus und Johannes als Gabe Jesu Christi selbst (vgl. Röm 8,11; Joh 7,39). Aber auch wenn der Erlöser innerhalb der Deszendenzchristologie nicht zuerst als Träger, sondern als Vermittler des Heiligen Geistes bezeichnet wird, bleibt es bei der vom AT her vertrauten Charakterisierung dieses Geistes: Er ist nicht das von allem Irdischen, Fleischlichen, Konkreten und Endlichen Abgehobene, sondern ganz im Gegenteil Gott, insofern er im Anderen seiner selbst sein kann.

Das Kriterium des Heiligen Geistes gegenüber dem Geist, auf den die Gnostiker (sogenannte „Pneumatiker") sich berufen, ist bei Paulus und Johannes das Bekenntnis zu dem *im Fleische* präsenten Gott (vgl. 1 Kor 12,3; 1 Joh 4,1). Die Auseinandersetzung über die Glossolalie in 1 Kor 12-14 konfrontiert uns mit dem Einbruch des häretischen Enthusiasmus gnostisch-dualistischer Provenienz in die paulinischen Gemeinden und weist so auf die Tatsache hin, daß das aus jüdischem Denken erwachsene Selbstverständnis der Urchristenheit als der vom Geist regierten Gemeinde sehr früh von einem aus griechischen und orientalischen Quellen gespeisten Daseinsverständnis usurpiert wurde. Innerhalb der gnostizistischen Systeme gilt das Pneuma nicht mehr als die unvergängliche Gabe Gottes an den sterblichen Menschen, sondern als das göttliche Sein des Menschen selbst. Das ist im Prinzip griechisch gedacht, wie denn auch in der Stoa πνεῦμα gelegentlich die Funktion von λόγος und νοῦς erhalten und das den Kosmos durchwaltende göttliche Prinzip bezeichnen kann. Die dominierende Rolle des Pneuma-Begriffs in der Gnosis erklärt sich freilich erst durch den das griechische Denken bestimmenden Dualismus, der Geist und Fleisch gegeneinanderstellt. Der „Pneumatiker" erfährt den Kosmos als eine widergöttliche Macht, und sein Streben nach Erlösung zielt auf die Befreiung des Pneumas aus der nichtigen Gewalt der dämonischen Materie, des gottlosen Kosmos. Die „Pneumatiker" bzw. „Enthusiasten", gegen die Paulus kämpft, meinen, sie seien schon gerettet auf Grund der Erkenntnis (Gnosis) ihres eigentlichen Selbst. Paulus hingegen behauptet nicht, daß er die Vollendung schon erlangt habe oder schon vollkommen sei (Phil 3,12). Denn der Geist, der heilt, was verwundet ist, ist nicht die privatistische, weltflüchtige Bewegung von unten nach oben, sondern im Gegenteil die proexistente, inkarnatorische Bewegung von oben nach unten[193]. Für Paulus – und noch poin-

[193] Paulus macht sich über weite Strecken die Sprache seiner Gegner zueigen, um sie so mit den eigenen Begriffen und Kategorien zu widerlegen. Zum Beispiel nennt er die Korinther „Sarkiker", weil unter denen, die sich auf Grund ihrer besonderen „Gnosis" als „Pneumatiker" bezeichnen, Streit und Zank herrschen (1 Kor 3,1-3).

tierter für Johannes – liegt das Kriterium des Heiligen Geistes völlig undualistisch darin, die sterblichen Leiber lebendig zu machen (Röm 8,11). Für beide ist die Verleiblichung des Geistempfangs in einem Leben der konkreten Christusnachfolge (vgl. Gal 5 f) der Ausweis des *wahren* Pneumatikers. Paulus nennt den Heiligen Geist ein „Angeld" (2 Kor 1,22; 5,5), um auszuschließen, daß die Gabe des Heils enthusiastisch zum Heilsbesitz pervertiert wird. Nicht von ungefähr wirft der Apostel den Enthusiasten in Korinth vor, sie hätten einen „anderen Geist" (2 Kor 11,4) als er.

bb) Empfangen vom Heiligen Geist und geboren aus der Jungfrau Maria

Die Anwendung des Begriffes „Geistzeugung" auf die biblischen „Kindheitsgeschichten" ist eine aus der vergleichenden Religionswissenschaft eingetragene Täuschung. Denn es geht ja gerade nicht um die *Ersetzung* des menschlichen durch einen göttlichen Erzeuger; und erst recht nicht um eine dualistisch motivierte Abhebung des von Maria geborenen Erlösers von allen „fleischlich gezeugten" Menschen. Der Heilige Geist, von dem Matthäus und Lukas in bezug auf die Empfängnis Marias sprechen, ist im Sinne des AT[194] Offenbarung des Gottes, der in demselben Maße Differenz (Eigenstand des Geschöpfes, Freiheit des Anderen) ermöglicht, in dem er sich mitteilt (mit dem anderen seiner selbst verbunden ist).

Mit Sicherheit unbiblisch ist der Versuch, die „Überschattung" Marias durch den Geist als ein „anderes Denkmodell" der Inkarnation gegenüberzustellen. Die Einheit des Menschen Jesus mit dem präexistenten Sohn wird im NT nicht entweder durch das Denkmodell „Inkarnation" oder durch das Denkmodell „Heiliger Geist", sondern durch die geistgewirkte Inkarnation erklärt.

Diejenigen, die Paulus als selbsternannte „Pneumatiker" bekämpft, wollen den Heiligen Geist gegen die Inkarnation ausspielen. Mit untrüglichem Gespür für die Zusammenhänge der Heilsgeschichte betonen sie, daß Gott sich *durch den Heiligen Geist* eines von Josef ge-

---

[194] Damit wird hier – einem Konsens der jüngeren Exegese folgend – die aus der religionsgeschichtlichen Schule stammende These von der Ableitbarkeit des biblischen aus dem griechischen Geistbegriff abgewiesen. Diese These wurde erstmals umfassend dargestellt von Hans Leisegang (Pneuma Hagion. Der Ursprung des Geistbegriffs der synoptischen Evangelien aus der griechischen Mystik, Leipzig 1922).

zeugten und von Maria geborenen Menschen bedient hat, um uns den Weg der Erlösung zu weisen. Davon, daß der Inbegriff des „Geistigen", Gott selbst, mit dem „Fleisch" in Berührung gekommen ist, wollen sie nichts wissen. Während die Jungfräulichkeit Marias in Mt und Lk Ausdruck dafür ist, daß Gott nicht nur eine menschliche Person zum Zwecke seiner Selbstoffenbarung „benutzt", sondern sich im wahrsten Sinn des Wortes *„selbst"* mitgeteilt hat, sprechen die Gnostiker nicht von der „jungfräulichen Empfängnis", sondern von der „Jungfrauengeburt" (von einer „übernatürlichen Geburt"). Die Gnostiker jedweder Couleur bevorzugen das Modell „Heiliger Geist" und verwerfen das Modell „Inkarnation" samt der *faktischen* Parthenogenesis.

Der protestantische Exeget Gerhard Delling schreibt unter dem Stichwort „παρθένος" über den Zusammenhang von realer Selbstmitteilung Gottes und Parthenogenesis: „Die Jungfräulichkeit der Maria vor Jesu Geburt (Mt 1,23; Lk 1,27) wird vom NT sichtlich nicht aus asketischen Motiven behauptet [...]. Die Vorstellung von der jungfräulichen Entstehung Jesu will nicht die eheliche Gemeinschaft herabsetzen; hier geht es nicht um Maria, sondern um Jesus. Sie will nicht den Mann ausschalten, um die Sündlosigkeit Jesu zu begründen; [...]. Der Geburtsvorgang ist durchaus nicht seiner Natürlichkeit enthoben; jeder doketische Zug fehlt den Berichten. Weder um den ethischen, noch um den physischen Halbgott geht es in den ntl. Geburtsgeschichten, weder seine Freiheit gegenüber der Sünde noch seine Wunderkraft usw. sollen ‚natürlich-übernatürlich' erklärt werden; ebensowenig wird der Begriff ‚Sohn Gottes' im übrigen NT [...] damit erläutert [...]. Mit der Nennung des Geistes wird nicht eine mythische Aussage über eine göttliche Zeugung gemacht; es ist überhaupt nichts von einer mechanischen Einwirkung auf den Leib der Maria gesagt. Vielmehr wird an Gen 1,2 erinnert: Über der gestaltlosen Materie schwebt der Geist Gottes, als das Schöpfungswunder geschieht. Auch bei der Entstehung Jesu handelt es sich um einen neu setzenden Schöpfungsakt Gottes [...]. Für die religionsgeschichtliche Ableitung der jungfräulichen Empfängnis der Maria entfällt der Gedanke des ἱερός γάμος nach dem Gesagten von vornherein. Für den Palästiner ist es schon deshalb unmöglich, dabei die Rolle des Mannes dem πνεῦμα zu übertragen, weil für ihn ‚Geist' ein Femininum ist. Aber auch die angeblich ägyptische Vorstellung von der Fernzeugung eines Kindes ist offenbar keine wirkliche Parallele. Es bleibt nur die alttestamentlich-jüdische Analogie eines reinen Schöpfungswunders, das Gott wirkt (vgl. die unfruchtbaren Frauen des AT; nur handelt es sich bei diesen um die Herstellung der Empfängnis*fähigkeit*, bei Maria um die Empfängnis selbst)."[195]

g) Neuere Ansätze einer „Geist-Christologie"

Friedrich Daniel Ernst Schleiermacher (1768–1834) hat eine kaum überschätzbare Wirkung mit der These entfaltet, daß man sehr wohl Christus als Erlöser glauben kann, ohne „jene Erzählungen" – gemeint sind die „Kindheitsgeschichten" bei Lk und Mt – wörtlich zu nehmen. Er stützt seine Begründung aber nur sehr vordergründig auf positive Argumente wie die Nichterwähnung der „Jungfrauengeburt" bei Paulus und Johannes. Vielmehr folgt die Bestreitung der jungfräulichen Empfängnis aus seiner von Platon inspirierten Anthropologie. Der Mensch – so erklärt er – ist in dem Maße Person, als er seine apriorische Verwiesenheit auf den Grund aller Gründe (sein „Gefühl der schlechthinnigen Abhängigkeit") bewußt annimmt und realisiert. Vor diesem Hintergrund erklärt Schleiermacher Adam zum Urbild des Menschen, der seine Verwiesenheit verneint, der autark sein will und sich deshalb in sein Ich vergräbt. Christus hingegen ist „der neue Adam", das Gegenteil des alten: das ganz beim Du seiende (kommuniale) Ich.

Schleiermacher wendet sich gegen die traditionelle Zwei-Naturen-Lehre und bezeichnet die Vorstellung, daß die Einigung der beiden Naturen Christi ausschließlich durch die zweite göttliche Person erfolgt, als in der Tendenz doketisch. Er selbst möchte die wahre Menschheit des Erlösers ganz und gar ernst nehmen; deshalb betont er, daß man die Natur nicht von der Person abstrahieren könne[196]. Also verdankt sich die von der Natur untrennbare Person des Menschen Jesus der „reproduktiven Kraft der menschlichen Gattung".

Schleiermacher bezeichnet die völlige Sündlosigkeit Christi als das Kennzeichen seiner Gottessohnschaft: Und da eine auf besondere Weise initiierte Schwangerschaft bzw. die Jungfräulichkeit Marias keineswegs Voraussetzung für die Sündlosigkeit Jesu ist, erklärt er die Annahme der jungfräulichen Empfängnis schlicht für überflüssig[197]. Er

[195] G. Delling, in: ThWNT V, Stuttgart ²1990, 832–834. – Dazu: S. De Fiores, Lo Spirito e Maria nella teologia post-conciliare, in: Mar. 59 (1997) 393–430.

[196] Vgl. F. Schleiermacher, Der christliche Glaube. Nach den Grundsätzen der evangelischen Kirche im Zusammenhange dargestellt, Bd. II, Berlin 1831, neu hg. v. M. Redeker: Berlin 1960, § 97, SS. 63 f.

[197] „Denn die reproduktive Kraft der Gattung kann nicht hinreichen, ein Einzelwesen hervorzubringen, durch welches erst etwas in die Gattung selbst hineingebracht werden soll, was noch gar nicht in ihr gewesen war, sondern

vermutet, das Theologumenon „Jungfrauengeburt" stamme aus derselben Wurzel wie die „ergänzende Vorstellung", Maria sei frei von jeder Sünde gewesen. Wenn die Jungfräulichkeit der Mutter Voraussetzung für die Sündlosigkeit des Erlösers wäre, müßte man – so betont Schleiermacher – eine „immaculata conceptio" für den gesamten Stammbaum postulieren.

Einmal abgesehen davon, daß meines Wissens kein katholischer Theologe die Sündlosigkeit des Erlösers aus der Jungfräulichkeit Marias deduziert, verwechselt Schleiermacher die Jungfräulichkeit Marias mit ihrer Bewahrung vor den Folgen der Sünde („immaculata conceptio"). Natürlich kann das Gott-Sein Jesu Christi nicht aus der Jungfräulichkeit der Mutter abgeleitet werden[198]. Umgekehrt verläuft die Argumentation: Daß die Selbst-Mitteilung Gottes Konstitutivum des Menschen Jesus ist, wird – wie oben hinreichend begründet – sichtbar in der Parthenogenesis.

---

es muß zu dieser Kraft noch eine mit ihrer Tätigkeit sich verbindende schöpferische Tätigkeit hinzugedacht werden, und nur eine solche kann auch den eine Teilnahme an der allgemeinen Sündhaftigkeit bedingenden Einfluß der Geschlechtstätigkeit in der Erzeugung aufheben; und in diesem Sinn postuliert jeder, der in dem Erlöser eine natürliche Unsündigkeit und eine neue Schöpfung durch Vereinigung des Göttlichen mit dem Menschlichen annimmt, auch eine übernatürliche Erzeugung. Allein wozu die natürliche Erzeugung unzureichend ist, dazu muß die teilweise Aufhebung derselben auch unzureichend sein. Denn dadurch, daß ein Leben in der Jungfrau ohne Beiwohnung entstand, kann das Sein Gottes in demselben nicht begründet worden sein; und ebensowenig konnte der Mangel eines väterlichen Anteils an dem neuen Leben, wenn doch der mütterliche ganz der natürliche blieb, dasselbe von der Gemeinschaft mit dem Gesamtleben der Sündhaftigkeit befreien. Daher bildete sich auch zeitig genug die ergänzende Vorstellung, auch Maria müsse von der angestammten Sündhaftigkeit frei gewesen sein auf dieselbige Weise. Allein einesteils müßte dann aus demselben Grunde von der Mutter Maria und so weiter hinauf dasselbe behauptet werden, andernteils würde doch auch jede wirkliche Sünde der Maria, sofern nämlich jeder psychische Moment auch seine leibliche Seite hat, auf das Kind, solange sein Leben in dem ihrigen eingeschlossen war, eine Rückwirkung ausgeübt haben. Gibt es also keine Lehre oder Überlieferung von einer fortlaufenden Reihe unsündlich empfangener und gebliebener Mütter: so ist auch die Aufhebung des männlichen Anteils an der Erzeugung des Erlösers in beiden Beziehungen unzureichend, mithin deren Annahme überflüssig." (Ebd. § 97, SS. 66f).

198 „Ist aber nun gar die Sünde als Gesamttat des menschlichen Geschlechts gesetzt: wie bleibt dann eine Möglichkeit, daß sich aus dessen Gesamtleben ein urbildliches Einzelwesen hätte entwickeln können. Ja auch der Ausweg ist schon abgeschnitten, daß das Urbild könne gedacht und auf Jesum nur mit mehr oder weniger Willkür übertragen sein. Denn wäre das Christentum auf ein unvollkommenes Urbild gegründet: so müßte es die Ansprüche fahren lassen, alle Glaubensweisen in sich aufzunehmen und aus sich selbst immer mehr Vollkommenheit und Seligkeit zu entwickeln. Wollte man aber

Schleiermacher will die Sündlosigkeit bzw. das Gottesbewußtsein des Erlösers nicht aus den Potentialitäten der menschlichen Natur ableiten. Deshalb – so erklärt er – muß zu der reproduktiven Kraft der Gattung noch eine schöpferische Tätigkeit hinzugedacht werden. Schleiermacher möchte an dem Begriff der übernatürlichen Zeugung festhalten. Aber darunter versteht er die Selbstmitteilung Gottes nicht *im Fleisch*, sondern *im Geist*, so daß das *Selbst-Bewußtsein* Jesu identisch *wird* mit dem *Gottes-Bewußtsein* des innertrinitarischen Sohnes.

Wenn die von Schleiermacher als Organismus gedachte Menschheit durch die Sünde seit Adam in viele vereinzelte Egoisten zerfällt, dann bedeutet Erlösung das Überwinden dieser Vereinzelung durch die Nachahmung dessen, der seine apriorische Verwiesenheit auf den Grund aller Gründe existenziell so eingeholt hat, daß er das ganz beim Du des Vaters und zugleich das ganz beim Du des Nächsten seiende Ich war.

Daß Schleiermacher die Gottessohnschaft Jesu auf das Gottesbewußtsein reduziert und entsprechend die Erlösung des Sünders als Verwandlung seines Ich-zentrierten in ein Du-zentriertes Bewußtsein beschreibt, zeigt, wie sehr er die Intention der biblischen Texte verkennt. Es geht darum, daß Gott selbst Fleisch angenommen hat; denn das ist, wie oben dargelegt, sehr viel mehr als die Ausstattung eines von Josef gezeugten und von Maria geborenen Menschen mit einem zur Sündlosigkeit fähigen Sohnesbewußtsein.

Ein ähnlich einflußreicher Vertreter der Geist-Christologie wie Schleiermacher ist Wolfhart Pannenberg[199]. Auch seine Argumente gegen die faktische Parthenogenesis wurzeln in philosophischen Prämissen und nicht in der Hl. Schrift.

Pannenberg bezeichnet die von Mt und Lk tradierte „Legende von der Jungfrauengeburt" als ein aus antidoketischen und antiadoptianistischen Motiven entstandenes Theologumenon, das die falsche Vorstellung nähre, auf Grund der Jungfrauengeburt sei Jesus der Sohn Gottes. Wörtlich bemerkt er: „Die Wurzel der marianischen Aussagen [...] ist nicht zufällig eine Legende, die Legende von der jungfräulichen

---

der menschlichen Natur vor Christo und ohne ihn das Vermögen einräumen, ein reines und vollkommnes Urbild in sich zu erzeugen: so könnte sie wegen des natürlichen Zusammenhanges zwischen Verstand und Willen nicht in dem Zustand allgemeiner Sündhaftigkeit gewesen sein. Soll daher der Mensch Jesus urbildlich gewesen oder soll das Urbild in ihm geschichtlich und wirklich geworden sein – der eine Ausdruck gilt was der andere – um ein neues Gesamtleben zu stiften innerhalb des alten und aus ihm: so muß er zwar in das Gesamtleben der Sündhaftigkeit hineingetreten sein, aber er darf nicht aus demselben her sein, [...]." (Ebd. § 93, S. 38).

199 Vgl. W. Pannenberg, Grundzüge der Christologie, Gütersloh [6]1982, 140–150.

Empfängnis Jesu, wenn diese auch ursprünglich [...] einen nicht mariologischen, sondern christologischen Skopus hatte[200]. Christologisch hat die Legende von der Jungfrauengeburt nur die Bedeutung eines vorläufigen Ausdrucks für ein Grundelement des Offenbarungsgeschehens, daß nämlich Jesus von Anfang an ‚Gottes Sohn' war – vorläufig, weil der endgültige Ausdruck dieses Interesses in der Präexistenzvorstellung zu finden ist, die sich mit dem ursprünglichen Motiv der Jungfrauengeburt vorstellungsmäßig nicht widerspruchslos verbinden läßt. Die dem ‚natus ex virgine' später im antignostischen Kampf zugewachsene Bedeutung, die Realität der Inkarnation zu bezeugen, hängt nicht an der Jungfräulichkeit dieser Geburt, sondern wäre noch besser durch eine gewöhnliche Geburt gewahrt. Ist so die Legende christologisch nur als Ausdruck eines vorübergehenden Stadiums der urchristlichen Traditionsbildung legitimiert, so ist sie für die mariologische Gedankenbildung zum bleibenden Ausgangspunkt geworden."[201]

Die Klassifizierung der „Kindheitsgeschichten" als „Legenden" ist ebenso problematisch wie die These, das Theologumenon „jungfräuliche Empfängnis" bringe eine vorläufige Christologie zum Ausdruck, die dann durch die viel bessere Präexistenzchristologie abgelöst worden sei. Nicht nur Klaus Berger würde der Bezeichnung der Aszendenz- oder Geist-Christologie als „früh" und der Bezeichnung der Präexistenz-Christologie als „spät" mit guten Argumenten widersprechen. Pannenbergs possibilientheologische Bemerkung, die Bezeugung der Realität der Inkarnation hätte man durch eine gewöhnliche Geburt

200 Pannenberg bestätigt durchgängig, was Schleiermacher mit seiner asketistischen Sicht der Jungfräulichkeit übersieht: daß die biblischen Aussagen und die der frühen Väter mit der Jungfräulichkeit Marias die wahre Fleischwerdung Gottes gegen Adoptianismus und Doketismus zum Ausdruck brachten. So schreibt er: „Die Theologie kann den Gedanken der jungfräulichen Geburt als eines zu postulierenden wunderbaren Faktums am Beginn seines irdischen Weges nicht aufrechterhalten. Daß er in das apostolische Glaubensbekenntnis Eingang gefunden hat, bleibt insofern problematisch. Allerdings hat der Gedanke dort wie auch in den christologischen Auseinandersetzungen der Alten Kirche zwei Funktionen, die dogmatisch unaufgebbar sind, denen aber auf andere Weise als durch die Vorstellung der Jungfrauengeburt besser gerecht zu werden ist: Es handelt sich einmal um den antiadoptianischen Gedanken, daß Jesus von Anfang an ganz von Gott her gewesen ist, was er ist. Das spricht die Wendung ‚natus est de Spiritu Sancto' im apostolischen Bekenntnis aus. Ebenso unaufgebbar ist der antidoketische Gesichtspunkt der Wendung ‚ex Maria virgine', daß der Ursprung Jesu, seine Geburt, schon ein wahrhaft menschliches Geschehen war. Vor allem das letztere Interesse beherrscht neben dem Anliegen des Schriftbeweises für die Geburt Jesu die theologischen Deutungen in den ersten Jahrhunderten, seit Ignatius." (Ebd. 149).

201 Ebd. 145 f.

viel besser bezeugen können als durch die biblischen Erzählungen von der jungfräulichen Mutter, wirft grundlegende Fragen des hermeneutischen Umgangs mit der Heiligen Schrift auf. Vor allem aber übersieht Pannenberg, daß die „Kindheitsgeschichten" des Mt und Lk die wahre Gottessohnschaft Jesu nicht mit der Jungfrauengeburt „beweisen" wollen. Umgekehrt verläuft die Argumentation: Daß der präexistente Sohn als solcher wirklich Fleisch wird, ist widerspruchsfrei nur dadurch zu erklären, daß die Beziehung, die Gott als Vater *und* Sohn im Heiligen Geist *ist*, von Anfang an Konstitutivum des Geschöpfes ist, das von Maria „ohne Zutun eines Mannes" geboren wird.

Pannenberg geht es zweifellos um die reale Identität des präexistenten Sohnes mit dem Menschen Jesus[202]. Aber um diese Identität zu retten, unterstellt er dem Theologumenon von der jungfräulichen Empfängnis die letztlich mythische Vorstellung, daß ein präexistentes Wesen zu einem bestimmten Zeitpunkt menschliche Gestalt annimmt. Die Parthenogenesis ist für ihn Ausdruck eines doketisch halbierten Menschen. Für ihn gehört zur wirklichen Menschheit Jesu auch die Zeugung durch einen Mann und mithin eine geschöpfliche Personalität. Für ihn ist die „hypostatische Union" des Menschen Jesus mit dem präexistenten Sohn die Union zweier Personen. Mit anderen Worten: Damit der Mensch Jesus nicht nur die mythische Erscheinung des präexistenten Sohnes, sondern als wahrer Mensch mit dem innertrinitarischen Sohn geeint ist, muß nach Pannenberg die angeblich doketische Tradition von einer jungfräulichen Empfängnis verworfen werden.

Der so begründete Widerspruch zwischen der Affirmation der jungfräulichen Empfängnis und der Präexistenzaussage beruht auf einem Denkfehler, nämlich auf der Annahme, die Person des innertrinitarischen Sohnes könne sich *im Heiligen Geist* einer menschlichen Person

202 „Die Unterscheidung eines präexistenten Gottwesens von dem Menschen Jesus bzw. seiner irdischen Erscheinung trennt [...] vorstellungsmäßig das, was im Daseinsvollzug Jesu gerade zusammengehört. Das macht den mythischen Zug der Inkarnationschristologie aus: Sie scheidet vorstellungsmäßig in zwei verschiedene Wesen, den ewigen Gottessohn und die irdisch menschliche Erscheinung Jesu, [...]. Doch wie es damit auch stehen mag, auch wir können nicht umhin, den ewigen Sohn vom Menschen Jesus zu unterscheiden. Freilich bleiben wir immer dessen eingedenk, daß es sich dabei nur um zwei Aspekte des einen Jesus Christus handelt. Aber die Ewigkeit der Sohnschaft Jesu, durch die es begründet ist, daß alle Dinge von ihm her und auf ihn hin sind, wie sie auf Gott hin und von Gott her sind, läßt sich auch heute nicht ohne weiteres zusammendenken mit der Individualität dieses einen, zu seiner Zeit an seinem Ort lebenden Menschen. Und eben auf das Zusammensein dieser beiden Momente kommt es in der Christologie an." (Ebd. 154 f).

so mitteilen, daß eine „hypostatische Union" beider Personen entstehe. Dies aber ist im wahrsten Sinn des Wortes „denk-unmöglich". Denn niemals kann eine Person – darin besteht ja ihre unbedingte Einmaligkeit – eine andere Person werden oder mit einer anderen Person „verschmelzen". Nicht einmal innertrinitarisch ist es denkbar, daß der Vater der Sohn oder der Sohn der Vater wird. Mit anderen Worten: Wenn die Person des innertrinitarischen Sohnes sich einer menschlichen Person mitteilen will, dann kann diese Mitteilung über eine interpersonale Beziehung unmöglich hinausgehen. Die Beziehung Gottes zu einem Menschen im Heiligen Geist kann unmöglich dahin führen, daß dieser Mensch Gott hypostatisch bzw. personal geeint wird.

Wenn Gott sich nicht nur im Sinne einer inter-personalen Beziehung, sondern als er selbst in Schöpfung und Geschichte mitteilen will, dann muß die Beziehung, die der präexistente Sohn zum Vater ist, als solche Konstitutivum des Geschöpfes sein, in welchem sich Gott als er selbst mitteilt. Deshalb ist die Inkarnation beides zugleich: Selbstmitteilung Gottes und Schöpfungsakt[203]. Gott schafft den Menschen Jesus in und aus Maria, indem er ihn durch den Heiligen Geist hineinnimmt in die innertrinitarische Beziehung des Sohnes zum Vater. Das biblisch bezeugte Zugleich von Geistempfang und Parthenogenesis bezeichnet die Einheit von Selbstmitteilung und Schöpfungsakt und also eben die von Pannenberg intendierte Identität des Menschen Jesus mit dem präexistenten Sohn.

Nur unter der Voraussetzung, daß das Geschöpf Jesus – natürlich unter den Bedingungen von Welt und Geschichte, von Zeit und Raum – in derselben Beziehung zum Vater wie der innertrinitarische Sohn steht, kann man sagen, daß Jesus Christus als wahrer Mensch zugleich die Person des innertrinitarischen Sohnes *ist*.

Die geistchristologischen Entwürfe der neueren katholischen Theologie (u. a. Küng, Kuschel, Schoonenberg)[204] übersehen ebenso wie Schleiermacher oder Pannenberg, daß die Parthenogenesis biblisch gesehen keine Verkürzung der wahren Menschheit Jesu, sondern Ausweis der realen Fleischwerdung des präexistenten Sohnes selbst ist;

---

[203] Die Singularität dieses Schöpfungsaktes ist durchaus vergleichbar mit dem Schöpfungsakt am Anfang (creatio ex nihilo), unterscheidet sich aber dadurch von diesem, daß Gott den Menschen Jesus in die bestehende Welt hinein – d. h. aus Maria – schafft.

[204] Besonders hinzuweisen ist auf die Rezeption der Hegelschen Geist-Lehre durch: H. Küng, Menschwerdung Gottes. Eine Einführung in Hegels theologisches Denken als Prolegomena zu einer künftigen Christologie, Freiburg 1970 [München/Zürich 21989]; ders., Christ sein, München 1974. – Außer-

und daß die menschliche Natur des Erlösers keine Abstriche erfährt, wenn ihre Personalität die des innertrinitarischen Sohnes ist.

Piet Schoonenberg stellt in seiner jüngst erschienenen „Geist-Christologie" die von den griechischen Vätern entwickelte Unterscheidung zwischen Natur und Person mit dem Argument in Frage, daß zumindest nach heutiger Auffassung zu einer wahren menschlichen Natur auch eine wahre menschliche Personalität gehöre. Auch wenn hier einiges zur Geschichte der Begriffe „Natur" und „Person" zu sagen wäre[205], verkennt Schoonenberg, daß alle Menschen dieselbe Natur entfalten und doch verschiedene Personen sind; daß die drei göttlichen Personen, obwohl unbedingt verschieden, eines Wesens sind. Daß Jesus wahrer Mensch und doch identisch mit der Person des innertrinitarischen Sohnes war, heißt nur dies, daß er – von derselben Natur wie wir – unter den Bedingungen von Welt und Geschichte die innertrinitarische Beziehung des Sohnes zum Vater lebte.

Wie Gerhard Ludwig Müller in seinem großen Überblick über die neuere Christologie gezeigt hat[206], führt jede Geist-Christologie, welche die Einheit Jesu mit dem präexistenten Sohn als Einheit zwischen zwei Personen denkt, mit logischer Konsequenz zur Aufgabe der faktischen Parthenogenesis[207].

---

dem vgl.: K. J. Kuschel, Geboren vor aller Zeit? Der Streit um Christi Ursprung, München/Zürich 1990; P. Schoonenberg, Der Geist, das Wort und der Sohn. Eine Geist-Christologie, aus dem Niederl. übers. v. W. Immler, Regensburg 1992. Daß die extreme Geistchristologie der Pluralistischen Religionstheologie (bes. die John Hicks) ihre Wurzeln in der Ablehnung der ebenso extremen Inkarnationstheologie der Oxforder Tradition hat, zeigt auf eindrucksvolle Weise: U. Link-Wieczorek, Inkarnation oder Inspiration? Christologische Grundfragen in der Diskussion mit britischer anglikanischer Theologie (FSÖTh 84), Göttingen 1984.

205 Schoonenbergs These, die Bezeichnung der Personalität Jesu Christi als göttlich verkürze seine menschliche Natur, könnte sich zu Recht gegen jene Vertreter der frühen alexandrinischen Theologie wenden, die wie Apollinaris von Laodicea meinten, die „höheren" Teile der menschlichen Natur, nämlich Seele und Geist, würden auf Grund der Inkarnation vom präexistenten Sohn absorbiert. Was die Kappadokier dann ὑπόστασις nennen, zählt jedoch nicht zu den allgemeinen Bestimmungen der menschlichen Natur, sondern ist das, was den einzelnen Menschen als einzelnen in seiner unwiederholbaren Individualität beschreibt. Zur Geschichte und Problematik des Personbegriffs vgl. G. Greshake, Der dreieine Gott. Eine trinitarische Theologie, Freiburg 1997, 74–216; K. Obenauer, Zur subsistentia absoluta in der Trinitätstheologie, in: ThPh 72 (1997) 188–215.

206 Vgl. G. L. Müller, Christologie im Brennpunkt. Ein Lagebericht, in: ThRv 91 (1995) 363–378.

207 Daß Piet Schoonenberg im Umfeld der Diskussionen um die Ausführungen des Holländischen Katechismus über die Jungfrauengeburt führender Verfechter einer Trennung von Deutung und Faktum war, wurde umfassend

h) Die Parthenogenesis des Erlösers: Bloßes Interpretament oder Ausweis eines Faktums?

Wenn die jüngere exegetische Forschung ein dickes Fragezeichen hinter den Versuch setzt, die Präexistenz- und Inkarnationsaussagen als späte Eintragungen des hellenistischen Judenchristentums zu relativieren; wenn die These von der „nachösterlichen Apotheose" des Jesus zum Christus (vom Zeitpunkt seiner Taufe oder gar vom Zeitpunkt seiner Geburt an) immer fragwürdiger erscheint; wenn nicht nur Martin Hengel, Klaus Berger und Hansjürgen Verweyen fragen, was eigentlich die Annahme begründe, Jesus sei erst durch die Auferweckung zum Sohn Gottes erhöht worden; wenn die biblischen Aussagen über die jungfräuliche Empfängnis eindeutig frei von aller Leibfeindlichkeit sind, ja im Gegenteil die reale Selbst-Mitteilung (Fleischwerdung) Gottes zum Ausdruck bringen wollen; wenn ferner der biblische Geist-Begriff in keiner Weise mit dem griechischen verwechselt oder gar von diesem abgeleitet werden darf, – dann widerspricht eine Trennung der theologischen Bedeutung vom biologischen Faktum der Jungfräulichkeit Marias der biblischen Aussageintention.

Faktum aber kann die Entstehung des Menschen Jesus aus Maria ohne vorherige Zeugung durch Josef oder einen anderen Mann nur sein, wenn Gott nicht nur Schöpfer der Welt ist, sondern auch *in* der Welt handeln kann. Um die im vorausgehenden Abschnitt explizierte These zu begründen, daß das Ereignis der Inkarnation des präexistenten Sohnes ein exklusiv innovatorisches Wirken Gottes an Maria und also ein dem Schöpfungsakt vergleichbares (völlig singuläres) Ereignis ist, empfiehlt sich ein Exkurs zum Begriff des Handelns Gottes in der Welt.

aa) Exkurs (III) zum Begriff des Handelns Gottes in der Welt

Wir unterscheiden im folgenden drei „Handlungstheorien": die „kausalanalytische" von Béla Weissmahr; die „freiheitsanalytische" von Hans Kessler; die „zeitanalytische" von Walter Benjamin und/oder Emmanuel Levinas.

Béla Weissmahr[208] geht aus von der Frage: Warum sollte Gott, der die

---

dokumentiert von Helmut Riedlinger: Zum gegenwärtigen Verständnis der Geburt Jesu aus der Jungfrau Maria, in: ThGl 69 (1979) 22–61.

208 Vgl. B. Weissmahr, Gottes Wirken in der Welt. Ein Diskussionsbeitrag zur Frage der Evolution und des Wunders (FTS 15), Frankfurt 1972, bes. 109–145; ders., Bemerkungen zur Frage der Möglichkeit eines nicht durch Geschöpfe vermittelten göttlichen Wirkens in der Welt, in: ZKTh 96 (1974) 426–430; ders., Kann Gott die Auferstehung Jesu durch innerweltliche Kräfte bewirkt haben?, in: ZKTh 100 (1978) 441–469.

ganze Welt aus nichts erschaffen konnte, nicht auch beliebig jedes einzelne Seiende innerhalb der Welt ohne Mitwirken von Zweitursachen hervorbringen können? In dieser Frage wird vorausgesetzt, daß die Schöpfung der *ganzen* Welt und die Schöpfung eines *einzelnen* Seienden innerhalb der Welt in jeder Hinsicht als der gleiche Fall betrachtet werden können. Das ist aber – so bemerkt Weissmahr in seiner Analyse der entsprechenden Gedanken Karl Rahners – eine Annahme, die einer rationalen Prüfung nicht standhält. Denn es gibt eine Seinsbestimmung, die nur dem einzelnen Seienden und nicht der Welt als ganzer zukommt. Das einzelne Seiende, das ein Teil der Welt ist, unterscheidet sich von der Welt als ganzer durch das „Innerhalb-der-Welt-Stehen". Von daher steht ein einzelnes Seiendes in einem *anderen* Abhängigkeitsverhältnis zu Gott als die Welt insgesamt. Während die Welt als ganze *nur* unmittelbar von Gott abhängt, ist das Abhängigkeitsverhältnis, welches das einzelne Seiende zu Gott hat, innerhalb seiner unmittelbaren Abhängigkeit zu Gott *zugleich* von unzähligen Zweitursachen vermittelt. Das Abhängigkeitsverhältnis des einzelnen Seienden innerhalb der Welt zu Gott ist also *nicht nur unmittelbar*, sondern *zugleich auch mittelbar*. Würde es nur unmittelbar von Gott abhängen, dann wäre es kein Seiendes innerhalb der Welt, sondern eine von der unsrigen ganz verschiedene, eigenständige Welt. Ein von Gott ohne aktive Beteiligung innerweltlicher Ursachen innerhalb der Welt hervorgebrachtes Seiendes wäre – weil *nur* von Gott abhängig – kein Seiendes innerhalb der Welt, sondern es würde sich außerhalb der Welt befinden. Von daher – so folgert Weissmahr – ist es ausgeschlossen, daß der Schöpfer *dieser* Welt *un-vermittelt* in derselben Welt wirkt.

Doch daraus ist nicht der falsche Schluß zu ziehen, Gott habe das Ganze der Welt einmal geschaffen und seine Schöpfung dann sich selbst überlassen. Im Gegenteil: Weil Gott als der trinitarische absolute Liebe ist, ist er so Schöpfer, daß die Schöpfung insgesamt und jedes Partikel der Schöpfung und in besonderer Weise das Ziel der Evolution, der Mensch, nicht nur Wirkung, sondern auch Ursache, nicht nur Objekt, sondern auch Subjekt[209] ist. Wo Liebe wirkt, ist das Bewirkte

---

209 Keine einzige Wirkung kann vollständig auf eindeutig formalisierbare Faktoren zurückgeführt werden. Jedes Seiende ist trotz all seiner Erklärbarkeit durch innerweltliche Beziehungen und Ursachen *auch* etwas Neues, nicht innerweltlich Erklärbares, nicht in univoken Begriffen Definierbares, also Kontingentes, Faktisches, also ein „Vorentwurf" der Freiheit des sich seiner selbst bewußten Subjekts. Diesen Punkt betonen in Übereinstimmung mit Weissmahr die sogenannten Prozeßtheologen: Vgl. N. A. Whitehead, Prozeß und Realität. Entwurf einer Kosmologie, aus dem Amerik. übers. v. H. G.

nicht einfach Objekt, sondern auch Subjekt. Von daher ist es völlig abwegig zu meinen, daß die Erstursache (der Schöpfer) und die Zweitursachen (die Geschöpfe) in einem Konkurrenzverhältnis zueinander stehen. Das Gegenteil ist richtig: Je mehr ein Geschöpf Ausdruck der Erstursache (der absoluten bzw. trinitarischen Liebe) ist, desto mehr ist es selbst schöpferisches Subjekt. Erst vor dem Hintergrund dieser Argumentation sagt Weissmahr: „Ebenso wie Gott durch die Vermittlung der menschlichen Selbsthingabe Jesu die Erlösung als umfassende Heilstatsache verwirklicht hat, hat er auch das entscheidende Ereignis unseres Erlöstseins, die Auferstehung Jesu, bewirkt. Die Auferstehung Jesu ist einerseits ganz und gar ein schöpferischer Akt Gottes, reines Gnadengeschenk, andererseits aber das Ergebnis der Entscheidung der menschlichen Freiheit Jesu zur Selbsthingabe bis zum Tod. Und weil das Ereignis der Auferstehung Jesu als integrales Moment auch seine innerweltlichen Zeichen miteinschließt, kann gesagt werden: Die geschöpfliche Kraft, die auf der Ebene der innerweltlichen Ursächlichkeit die Auferstehung Jesu und damit auch das Verschwinden seines Leichnams aus dem Grab bewirkt hat (oder durch deren Vermittlung Gott die Auferstehung Jesu und damit auch das Leerwerden seines Grabes bewirkt hat), ist die menschliche Gottes- und Nächstenliebe Jesu bis zum Äußersten."[210]

Auch wenn man Weissmahrs Vermutung, „die totale Selbsthingabe Jesu im Tod [habe] seinen Leib total personalisiert"[211] und so das innerweltliche „Verschwinden" seines Leichnams bewirkt, nicht teilt, so kann seine Handlungstheorie doch erklären, daß Jesus in demselben Maße, in dem er sich für den Willen seines Vaters geöffnet hat, zum „Täter" bzw. Subjekt der Kreuz und Tod verwandelnden Zukunft wurde.

Die *freiheitsanalytische* Handlungstheorie ist vor allem von Hans Kessler[212] entfaltet worden. Handeln, so bemerkt er, heißt immer „in-

---

Holl, Frankfurt [2]1984, bes. 79–88.294–313.611–627; P. Teilhard de Chardin, Mein Weltbild, aus dem Frz. übers. v. K. Schmitz-Moormann, Olten 1975, bes. 11–62; D. R. Griffin, God, Power and Evil: A Process Theodicy, Philadelphia 1976; J. B. Cobb Jr./D. R. Griffin, Prozeßtheologie. Eine einführende Darstellung, aus dem Amerik. übers. v. M. Mühlenberg (ThÖ 7), Göttingen 1979.

[210] B. Weissmahr (Anm. 208: Kann Gott die Auferstehung ...) 456.

[211] Ebd. 462.

[212] Vgl. H. Kessler, Der Begriff des Handelns Gottes. Überlegungen zu einer unverzichtbaren theologischen Kategorie, in: H.-U. v. Brachel u. N. Mette (Hgg.), Kommunikation und Solidarität. Beiträge zur Diskussion des handlungstheoretischen Ansatzes von Helmut Peukert in Theologie und Sozialwissenschaften, Freiburg/Schweiz-Münster 1985, 117–130.

tentional eine Veränderung (= Transformation von Zuständen) in der Welt bewirken oder verhindern. Das ausschlaggebende Moment in dieser Definition ist die Intention des Handlungssubjekts. Denn sie erst leistet die Verbindung der verschiedenen Phasen einer Handlung und ermöglicht es, sie zusammenfassend als Handlung zu verstehen; [...]. Wegen dieser gewollten Intention kann Handeln [...] nur dem Menschen (nicht etwa dem Tier) zugeschrieben werden. Handeln setzt die Einheit des Ich als Subjekt voraus."[213] Wenn man – natürlich *per modum analogiae* – von einem Handeln Gottes spricht, dann darf man auch fragen, wie seine Intention in der aus endlichen (kontingenten) Wirkungen bestehenden Welt der Schöpfung und Geschichte erkennbar wird.

Sofern Gott von der theologischen Tradition zutreffend als Beziehung dreier Personen, als Anerkennung des anderen als des Anderen, als Selbstmitteilung und also als Liebe beschrieben wird, kann sein Handeln letztlich nur durch eine einzige Intention charakterisiert sein: nämlich zur Freiheit befreien zu wollen. Denn Liebe, wo sie selbstlos und also unbedingt ist, will die Andersheit (die Freiheit) des Anderen. Liebe handelt nie als Bemächtigung, sondern immer als Befreiung. Wenn die Schöpfung in den Jahrmilliarden ihrer Evolution immer neue Qualitäten höherer Selbständigkeit (Vorentwürfe personaler Freiheit) hervorbringt, und wenn sich diese höheren Qualitäten nicht deterministisch (im Sinne eines innergeschöpflichen Kausalverhältnisses) vorausbestimmen lassen, dann liegt der Gedanke nahe, daß Gott überall wirkt, wo mehr Freiheit entsteht. Dabei ist der Inhalt dieses Begriffes so weit wie möglich zu fassen.

Schließlich die dritte, als *zeitanalytisch* bezeichnete Handlungstheorie von Walter Benjamin[214] und Emmanuel Levinas[215]: Beide identifizieren Gottes Handeln mit der Zukunft, die der Gegenwart jedes Geschöpfes Sinn verleiht, wenn dieses das eigene Handeln von der Zukunft bestimmen läßt. Gott selbst ist innerhalb der jüdischen Tradition die „Zukunft, die, ohne aufzuhören Zukunft zu sein, dennoch

---

[213] Ebd. 120.

[214] Dazu: G. Scholem, Walter Benjamin und sein Engel, in: Zur Aktualität Walter Benjamins, hg. v. S. Unseld, Frankfurt 1972, 87–138; M. Kehl, Eschatologie, Würzburg 1986, 327–336; J. Wohlmuth, Zur Bedeutung der „Geschichtsthesen" Walter Benjamins für die christliche Eschatologie, in: EvTh 50 (1990) 2–20.

[215] Dazu: B. Casper, Illéité. Zu einem Schlüssel"begriff" im Werk von Emmanuel Levinas, in: PhJ 91 (1984) 273–288.

gegenwärtig ist"[216]. Emmanuel Levinas hat gezeigt, daß die durch kein transzendentales Denken, durch keine Intention und keine Einfühlung einholbare Andersheit des Du der „Ort" ist, wo ich Gott als diese Zukunft erfahren kann. Denn Gottes Intention ist gerichtet auf die Freiheit, die Einmaligkeit, die Andersheit des Anderen. Deshalb begegne ich überall da, wo ich „meinen" Besitz, „meine" Zeit, „meine" Gedanken, „meine" Pläne vom Anderen durchkreuzen lasse, dem, der mich unbedingt „an-geht", weil er die Zukunft „meiner" Vergangenheit und „meiner" Gegenwart ist. Wo immer ich mein Handeln von der Andersheit des Anderen beanspruchen lasse oder die Andersheit des Anderen (seine Freiheit bzw. Personalität) durch Anerkennung ermögliche, da handelt Gott in meinem Handeln; da lasse ich die Zukunft „meine Zeit" bestimmen.

Alle drei geschilderten Theorien begründen – wenn auch auf unterschiedliche Weise – die These, daß der Schöpfer der Schöpfung nur auf vermittelte Weise immanent sein kann. Weissmahr bestreitet nicht, daß Gott jede innerweltliche Ursache (Zweitursache) ersetzen kann; aber wenn er eine Realität (ein Faktum) *in* der Welt setzen will, dann muß er sich entweder der innerweltlichen Kausalitäten bedienen oder alle Zweitursachen selber setzen. Dabei ist offensichtlich: Gleichgültig, ob der Schöpfer die geschöpflichen Zweitursachen selber setzt oder sich ihrer nur bedient, niemals kann ein *innerweltliches* Faktum ohne den Kausalzusammenhang gedacht werden, durch den alles mit allem zusammenhängt[217].

Weissmahr und Kessler bekämpfen gleichermaßen die Meinung, ein Wunder sei dadurch definiert, daß die Naturgesetze durchbrochen wer-

---

[216] F. Rosenzweig, Der Mensch und sein Werk. Gesammelte Schriften, Bd. II, Den Haag-Dordrecht 1980, 250.

[217] „Ein Faktum ist immer *ein Ganzes* und auf das Ganze bezogen. Es kann nicht bloß zur Hälfte oder unvollkommen der Fall sein; es ist der Fall oder es ist nicht der Fall. Wenn es aber der Fall ist, dann ist die ganze Reihe seiner Vorbedingungen vollständig durchlaufen. Darum läßt sich ein Faktum nie aus-denken, durch Denken oder Rechnen nachkonstruieren. Was dabei herauskäme, wäre immer nur ein *Modell* des Faktums, das abstrakt und daher bis zu einem gewissen Grade allgemeingültig bleibt, während das Faktum letzt-konkret und höchst einzeln ist. In dieser seiner konkreten Einzelheit (‚dies und nichts anderes ist der Fall') ist das Faktum dennoch nicht isoliert. Das Weltganze ist nicht ohne dieses Faktum, und dieses eine Faktum ist nur im Weltganzen. Dadurch, daß es der Fall ist, steht es nicht nur gleich zu gleich zu allem anderen, was auch der Fall ist und war und sein wird; es drängt sich auch durch sein bloßes Der-Fall-sein allem anderen, was der Fall sein will, zur Berücksichtigung auf." (P. Henrici, Die metaphysische Dimension des Faktums, in: Ders., Aufbrüche christlichen Denkens [Kriterien 48], Einsiedeln 1978, 27–35; hier: 27 f).

den. Der biblisch bezeugte Schöpfer ist in jedem Geschöpf anwesend, ohne daß er die Naturgesetze durchbricht. Wer das Dasein Gottes in der Welt an das Durchbrechen der Naturgesetze bindet, beschreibt die Schöpfung als einen geschlossenen Kausalzusammenhang (deistisches Gottesbild!), in dem der Schöpfer nur dann vorkommt, wenn er sich in diesen Kausalzusammenhang unterbrechend hineindrängt. Der als trinitarische (absolute) Liebe verehrte Gott *ist* – wie Kessler zu Recht betont – *Beziehung*, und zwar so, daß die Geschöpfe, zu denen er sich schaffend oder offenbarend verhält, gemäß dem Grad seiner Nähe „selbst-ständig" sind oder werden. Denn wo Liebe ist, entsteht Freiheit. Schon in der vorbewußten Schöpfung bzw. Evolution sprechen die Prozeßtheologen vom Phänomen relativer Freiheit oder Subjektivität. Die Freiheit des Menschen allerdings ist mehr als Singularität oder Individualität. Der Mensch kann sich zu allem – auch zu sich selbst und zu Gott – in Beziehung setzen; er kann die Frage nach dem Warum des eigenen Daseins stellen – jene Frage, welche letztlich nur durch die Erfahrung zweckfreien Geliebtwerdens beantwortet wird. Wenn die christliche Tradition Gott als *„die* Liebe" bezeichnet, dann ist das Handeln Gottes in der Welt immer auch Befreiung zur Freiheit. Wie der einzelne Mensch dies erfahren kann, zeigt die jüdische Tradition, indem sie dort, wo der einzelne sich von Gottes Wort (Tora) bestimmen läßt, zugleich vom Handeln Gottes und des Menschen spricht.

bb) Das exklusiv-innovatorische Handeln Gottes und die faktische Parthenogenesis

Da alle drei skizzierten „Handlungstheorien" Gottes Immanenz in der Welt als *vermittelte* bezeichnen, stellt sich die für unser Thema entscheidende Frage: Wie ist die Inkarnation vermittelt?

Die Vorstellung, Gott habe einen von Josef gezeugten und von Maria geborenen Menschen zum Zwecke der Selbstoffenbarung adoptiert, ist nicht nur aus exegetischen und dogmengeschichtlichen Gründen fragwürdig; sie ist *nicht nur tatsächlich* eine adoptianistische Vorstellung, sondern ist *auch aus rein philosophischen Gründen* abzulehnen.

Wenn ich rein philosophisch nach den Bedingungen der Möglichkeit der realen *Selbst*-Mitteilung Gottes in Welt und Geschichte frage, dann ist über die Wirklichkeit dieser Selbstmitteilung nichts gesagt; natürlich auch nichts über die Faktizität der „jungfräulichen Empfängnis".

Es geht lediglich um die widerspruchsfreie Möglichkeit dessen, was die christliche Tradition als Glaubensinhalt vorgibt[218].

Fragen wir also rein transzendentallogisch: Welche Bedingungen müssen auf seiten Gottes erfüllt sein, damit Gott im Anderen seiner selbst (in einem Geschöpf) er selber ist, ohne das Geschöpfsein des Geschöpfes aufzuheben?

Die *erste Bedingung*, die auf seiten Gottes erfüllt sein muß, ist die, daß er keine bloße Einheit ist. Denn dann wäre das andere oder der Andere immer ein Gegenüber zu Gott; Gott würde verendlicht, wenn er als Schöpfer der Schöpfung nicht in demselben Maße immanent wie transzendent sein könnte. Wie aber kann Gott seiner Schöpfung gegenüber „der Andere" und ihr zugleich immanent sein? Antwort: Nur dadurch, daß er Beziehung ist; dadurch, daß die Andersheit zu seinem eigenen Wesen gehört[219]; dadurch, daß seine Einheit nicht das Gegenteil der Vielheit, sondern die Beziehung zwischen Vater und Sohn im Hl. Geist (Trinität) ist.

Die *zweite Bedingung*, die auf seiten Gottes erfüllt sein muß, ist

---

[218] Die Theologie entgeht nur dann der Gefahr des fundamentalistischen Dezisionismus, wenn sie die *methodische Autonomie* der philosophischen Vernunft wahrt. Denn die Annahme von etwas, was die Vernunft sich selbst nicht sagen kann, die Annahme des sie selbst Übersteigenden, die Annahme z. B. des Dogmas von der Schöpfung alles Seienden durch den einen Schöpfer, unterscheidet sich nur dann von der Willkür fideistischer Entscheidungen, wenn sie hinreichend begründet ist und also aus Überzeugung (in diesem Sinne frei von Heteronomie, also „autonom") erfolgt. Die Offenbarung kann nur vor einer Vernunft, die selbst nicht „creatura revelationis" ist, als das sie [die Vernunft] Übersteigende ausgewiesen werden. Jede Einschränkung der Vernunft zugunsten des Glaubens als einer „Weisheit im Geheimnis" (1 Kor 2,7) kann ja nicht anders geschehen als in Form einer Selbstkritik der Vernunft. Dazu: K. Müller, Wieviel Vernunft braucht der Glaube? Erwägungen zur Begründungsproblematik, in: Ders. (Hg.), Fundamentaltheologie – Fluchtlinien und gegenwärtige Herausforderungen, Regensburg 1998, 77–100; hier: 82.

[219] „Da Gott [...] faktisch Schöpfung ‚entspringen' ließ, stehen wir vor folgender Alternative: *Entweder* muß Gott sich im ‚Entwerfen des Endlichen [...] in einer bewußten Selbstidentifikation vom Geschöpf als dem notwendigen Gegenüber seiner Identität so abheben, daß er sich darin von der Nichtigkeit des Endlichen abhebt'. Dann aber würde das von ihm abgesetzte geschöpfliche ‚Nicht' immer noch zu seiner Selbstidentität gehören; es wäre gewissermaßen in seinem innersten Selbstvollzug präsent. Gott würde als Korrelat der Setzung des Endlichen selbst verendlicht werden. *Oder aber*:
das Nicht, die ‚Andersheit', muß ursprünglich zum Absoluten selbst, nämlich zu Gott als dem trinitarischen Gott gehören. Sie muß ursprünglich anderes göttliches Subjekt sein: der Sohn. Gilt diese zweite Alternative, dann ist das ‚Nicht' der Schöpfung angesichts des im Vollzug des trinitarischen göttlichen Wesens immer schon gegebenen ‚Nicht' kein Konstitutionsmoment Gottes, sondern die ‚Verlängerung' des sohnlichen ‚Nicht'. Das

diese: Die Beziehung, die „der Andere in Gott“ (der Sohn) zum Vater *ist*, muß das Konstitutivum des Geschöpfes sein, in dem sich Gott inkarniert. Man könnte einwenden, daß ein Mensch, dessen Personalität – wenn auch unter den Bedingungen von Raum und Zeit – die innertrinitarische Beziehung des Sohnes zum Vater *ist*, kein wirklicher Mensch ist. Doch: Entfalten wir nicht alle dieselbe menschliche Natur und sind doch als Personen jeder vom anderen verschieden? Und sind nicht die drei Personen der christlichen Trinitätslehre – obwohl unbedingt verschieden, gleichermaßen Gott? Es ist also keineswegs undenkbar, daß ein Geschöpf, das ganz und gar Mensch ist (die menschliche Natur mit uns allen ohne Abstriche teilt), unter den Bedingungen von Welt und Geschichte die Beziehung des innertrinitarischen Sohnes zu Gott dem Vater (= göttliche Person) *ist*[220].

Wenn aber der Mensch, dem Gott sich als er selbst (als die Beziehung, die der innertrinitarische Sohn zum Vater ist) mitteilt, vom ersten Moment seines Daseins an keine andere Person als die des innertrinitarischen Logos ist, dann kann er nicht zuerst eine nur

---

heißt: die Schöpfung hat gerade darin ihr Sein, daß sie *auf endliche Weise* in das ‚Gegenüber‘ des Sohnes gestellt ist. Als dessen ‚Verlängerung‘, ‚Ausweitung‘, ‚Entfaltung‘ ist sie nicht einfach das ‚Außen Gottes‘, was es ja streng genommen gar nicht geben kann, sondern die endliche und endlich-vervielfältigte Weise, in der Gott sich selbst vollzieht, und zwar so, daß‘ gerade in dieser freigesetzten Endlichkeit und Vielfältigkeit die Schöpfung ihren Eigenstand *in* Gott, ja [...] auch ihren Eigenstand *gegenüber* Gott hat (ohne daß umgekehrt Gott dadurch ins Getgenüber zur Schöpfung geriete). Gott unterscheidet sich gerade dadurch von der Schöpfung, daß er sich von der wesentlich durch Unterscheidungen gekennzeichneten Schöpfung nicht unterscheidet. Andernfalls würde Gott im Gegensatz bzw. im Gegenüber zum Endlichen gedacht und damit selbst begrenzt und verendlicht werden.“ (G. Greshake, Der dreieine Gott. Eine trinitarische Theologie, Freiburg 1997, 223 f).

220 Der unmittelbare (nicht durch elterliche Zeugung vermittelte) Selbstmitteilungsakt Gottes begründet „nicht erst die ewige Sohnschaft des Logos, sondern zeigt, daß das Menschsein Jesu in einer von Gottes Geistkraft frei gesetzten Relation zu Gott dem Vater konstituiert ist, so daß trotz der Unterscheidung von ewiger Sohnschaft des Logos und der zeitlichen Sohnschaft des Menschen Jesus nicht in einem ‚nestorianischen‘ Sinn von ‚zwei Söhnen‘ gesprochen werden kann: von einem ‚natürlichen‘ der Gottheit und einem ‚adoptierten‘ der Menschheit nach (DH 272 f.595.610–619). Der menschliche Mittler der Basileia kann nicht vom Menschen (auch nicht zweitursächlich) aus eigenen Möglichkeiten hervorgebracht (‚gezeugt‘), sondern nur als ‚Gabe‘ von Gott empfangen werden, weshalb ihn seine Mutter als Jungfrau im personalen Akt des Glaubens an das Wort Gottes empfängt, das die Wirklichkeit schafft, die es verkündet. Gott läßt in seiner souveränen Schöpferkraft die menschliche Natur Jesu aus dem glaubenden Ja-Wort Marias und aus der materiellen Disposition ihrer Leiblichkeit entstehen.“ (G. L. Müller, Jungfrauengeburt, in: LThK^3 V, 1090–1095; hier: 1094).

geschöpfliche Person sein. Wäre Jesus zuerst eine von Josef gezeugte und von Maria geborene Person gewesen und erst nachträglich (wie manche Theologen meinen, bei der Taufe im Jordan) zum Medium der besonderen Präsenz Gottes erhoben (adoptiert) worden, dann hätte die Beziehung des präexistenten Sohnes zu ihm nur die einer Person zu einer anderen Person sein können. Die Aufhebung einer Person in eine andere ist, wie gesagt, ausgeschlossen; und selbst wenn sie möglich wäre, würde sie die Zerstörung der Andersheit des Anderen und also das Gegenteil von Liebe (= Anerkennung der Andersheit des Anderen) bedeuten. Auch durch den Heiligen Geist können zwei Personen nicht zu einer „vereinigt" werden. Innertrinitarisch ist der Hl. Geist als die Einheit von Vater und Sohn gerade auch die Wahrung ihrer Differenz (also das Gegenteil ihrer „Verschmelzung"). Wenn es im Lukasevangelium heißt, daß Maria vom Heiligen Geist empfängt, dann heißt das gerade nicht, daß zwei Personen zu einer „verschmolzen" werden, sondern daß Gott im Akt der Schöpfung des Menschen Jesus sich selbst (genauerhin die Beziehung, die der Sohn zum Vater ist) mitteilt[221].

Die jungfräuliche Empfängnis ist Ausdruck der Tatsache, daß der Mensch, dessen Personalität unter den Bedingungen von Raum und

---

[221] Gerhard Ludwig Müller greift auf den scholastischen Begriff „Subsistenzakt" zurück, um die Einheit Jesu mit dem präexistenten Sohn auszudrücken: „Theologisch gesehen ist die elterliche Zeugung die kreatürliche Vermittlung des göttlichen Schöpfungsaktes, d. h. ein Zeichen, das die Kraft hat zu bewirken, was es bezeichnet, und damit ist die elterliche Zeugung das Realsymbol des Schöpfungsaktes eines personalen Menschen. (Empirisch ist freilich der göttliche Schöpfungsakt nicht nachweisbar, aber im Sinne einer transzendentalen Reflexion auf die Möglichkeitsbedingungen geistig-personalen Seins logisch aufzuhellen.) Dies bedeutet nun aber auch, daß Gott durch einen in natürlicher Zeugung entstandenen und von ihm geschaffenen Menschen sich selbst in seiner unmittelbaren Wirklichkeit nicht vergegenwärtigen kann, weil der geschaffene Akt, durch den der Mensch existiert, ihn als Geschöpf auch noch einmal radikal von Gott unterscheidet. Eine menschliche Natur kann nur dann die Vergegenwärtigung Gottes in der Geschichte sein, wenn sie unmittelbar durch den Akt existiert, durch den Gott Gott ist, in dem er sich auch selbst geschichtlich mitteilen will. Andernfalls gäbe es in Jesus zwei Subsistenzakte, indem er einmal unmittelbar durch Gott existiert und zum anderen indem er durch einen geschaffenen Subsistenzakt existiert, durch den er von Gott radikal getrennt wird. In diesem Sinn könnte Jesus von Gott nur im Sinne eines Propheten erwählt werden und letztlich im adoptianischen Sinn ‚Sohn Gottes' heißen. Darum kann die absolute Differenz von Schöpfer und Geschöpf nur überwunden werden, wenn Gott selbst der Subsistenzakt Jesu ist, ohne daß seine menschliche Natur substantiell vergottet wird oder Gott sich in eine Kreatur verwandeln soll." (G. L. Müller, Was heißt: Geboren von der Jungfrau Maria? Eine theologische Deutung [QD 199], Freiburg ^{2}1991, 85 f.) – Vgl. auch: K. Obenauer (Anm 205) 202–215.

Zeit die des innertrinitarischen Sohnes *ist*, nicht aus geschöpflichen Ursachen (aus den Potentialitäten der Kreatur) hervorgehen kann. Während die Auferweckung – da stimme ich mit Verweyen und Weissmahr überein – ein durch die Liebe des Menschen Jesus *vermitteltes* Handeln Gottes ist, ist die *Selbst*mitteilung Gottes (die Inkarnation des präexistenten Sohnes) ein nicht durch die Verschmelzung von Samen und Eizelle vermitteltes, in diesem Sinne *un-mittelbares* und also exklusiv-innovatorisches Handeln des Schöpfers. Dieses Handeln ist in seiner Singularität nur mit dem Schöpfungsakt des Anfangs (creatio ex nihilo) zu vergleichen. Dieses Handeln unterscheidet sich von jedem anderen Handeln Gottes *in* der Welt; es ist weder kausalanalytisch, noch freiheits- oder zeitanalytisch (vgl. die oben skizzierten Theorien) erklärbar. Es unterscheidet sich von dem Schöpfungshandeln des Anfangs nur dadurch, daß Jesus in die schon gegebene Welt hinein – d. h. aus der materiellen Disposition Marias! – geschaffen wird.

Als Ausweis der nicht durch die Verschmelzung von Samen und Eizelle vermittelten *Selbst*mitteilung Gottes ist die Parthenogenesis keine bloße Metapher des marianischen Gehorsams, sondern geschichtliches Faktum. Würde Gott sich im adoptianistischen Sinn einer von Josef gezeugten und von Maria geborenen Person nachträglich mitteilen, dann wäre eine solche „Selbstoffenbarung" nicht Fleischwerdung Gottes selbst, sondern der innertrinitarische Sohn würde sich im Medium einer anderen Person der Welt mitteilen (vgl. atl. Propheten). Die jungfräuliche Empfängnis ist – um dies nochmals zu betonen – nicht Ausdruck dualistischer Leibfeindlichkeit, sondern das Gegenteil: Ausdruck der wahren Fleisch-Werdung des innertrinitarischen Sohnes.

Die Kirche ist sich wahrscheinlich im Lichte „der Schrift" (im frühen Christentum identisch mit der Hebräischen Bibel) des logischen Zusammenhangs zwischen Inkarnation und jungfräulicher Empfängnis bewußt geworden. Sie hat die alttestamentlichen Jungfrau-, Mutter- und Tochter-Zion-Aussagen auf Maria bezogen und in diesem Prozeß (im Lichte der Heilsgeschichte Israels) den inneren Zusammenhang zwischen Inkarnation und jungfräulicher Empfängnis erkannt. Wohl nicht zufällig sind sich die drei größten Theologen des 20. Jahrhunderts (Barth, Rahner, Balthasar) einig in der Affirmation des untrennbaren Zusammenhangs von Inkarnation und jungfräulicher Empfängnis. Das Votum des Protestanten Barth und des Katholiken Rahner soll im folgenden wenigstens kurz skizziert werden.

i) Zwei Plädoyers für die Untrennbarkeit von Deutung und Faktum (Barth und Rahner)

Für Karl Barth ist die Jungfräulichkeit Marias auf der Ebene der geschichtlichen Faktizität Ausdruck der biblisch bezeugten Tatsache, daß die Fleischwerdung des Sohnes ausschließlich Tat Gottes ist. Er setzt diese Tat Gottes in Parallele zum Schöpfungsakt. Der Unterschied zwischen der *creatio ex nihilo* am Anfang und der *creatio ex Maria virgine* besteht nur darin, daß der letztere Akt den ersten voraussetzt. Wörtlich bemerkt Barth: „Im Seitenblick auf das Dogma von der Schöpfung wäre hier zu sagen: Es handelt sich in der Offenbarung und Versöhnung, obwohl sie nicht minder unbegreiflich sind als jene, nicht wie dort um eine *creatio ex nihilo*. Man kann [...] von einem ‚schöpferischen Akt in und an der alten natürlichen Menschheit' reden. An die Stelle des *ex nihilo* ist jetzt diese alte natürliche Menschheit, oder im Zeichen: das *ex Maria* getreten."[222] Die jungfräuliche Empfängnis steht in dieser Theologie dafür, „daß die menschliche Natur an sich keine Fähigkeit hat, die menschliche Natur Jesu Christi, die Stätte der göttlichen Offenbarung zu werden. [...] Wird sie es faktisch doch, dann nicht auf Grund dessen, was ihr schon vorher und an sich eignet, sondern auf Grund dessen, was durch das göttliche Wort an ihr geschieht, also nicht auf Grund dessen, was sie zu tun und zu geben, sondern auf Grund dessen, was sie – und zwar von Gott her – zu erleiden und zu empfangen hat. Die Jungfrauschaft der Maria in der Geburt des Herrn ist die Negation – nicht des Menschen vor Gott, wohl aber seiner Möglichkeit, seiner Eignung, seiner Fähigkeit für Gott. Hat er diese Möglichkeit – und Maria hat sie offenbar – dann heißt das streng und exklusiv: daß er sie bekommt, daß sie ihm beigelegt wird."[223] Was das Konzil von Ephesus 431 mit dem Titel θεοτόκος ausdrücken will, ist keine Auszeichnung Marias, sondern im Gegenteil Ausdruck dessen, daß sie mit dem Gebären eines Menschen Gott nichts gibt, was nicht dessen alleiniges Werk aus ihr (ex virgine) ist. Sie ist vom ersten Moment ihrer Empfängnis an Mutter eines ausschließlich von Gott gesetzten Geschöpfes; sie nimmt dieses Geschöpf nur auf in ihren Schoß; sie ist die ausschließlich Empfangende und deshalb nicht zuerst Mutter des Menschen Jesus, der dann – im Sinne des Adoptianismus – von Gott zum Sohn erhöht wird; nein, sie ist von Anfang an *Gottes*mutter (θεοτόκος).

---

222 K. Barth, Kirchliche Dogmatik I/2 (⁸1990) 204.
223 Ebd. 205 f.

Ausdrücklich wendet sich Barth gegen eine Herleitung der Sündlosigkeit Jesu aus der jungfräulichen Empfängnis. Eine Gleichsetzung des Geschlechtstriebs mit Sünde und entsprechend die Herleitung der Sündlosigkeit Jesu aus der jungfräulichen Empfängnis widerspricht der biblischen Intention; denn dort geht es, wie Barth auch im Blick auf Ignatius, Justin und Irenaeus betont, um die antidoketische und zugleich antiadoptianistische Aussage, daß Gott selbst Fleisch wird. Im Unterschied zu Schleiermacher wirft Barth dem katholischen Dogma von 1854 („Unbefleckte Empfängnis") trotz des unglücklich gewählten Attributs „unbefleckt" nicht gnostisierende Leibfeindlichkeit vor. Denn er erkennt sehr genau, wo der von der katholischen Kirche gelehrte Zusammenhang zwischen der ausschließlich von Gott gewirkten und auf seiten Marias in der Jungfräulichkeit sichtbar gewordenen Menschwerdung des Erlösers und der positiven („unbefleckten") Annahme dieses Geschehens durch die Jungfrau Maria liegt: nicht in einer Gleichsetzung von Sexualität und Sünde, nicht in einer leibfeindlichen Überhöhung Marias, sondern in der Lehre von deren positiver Mitwirkung. Barth will das „fiat" Marias in der Stunde der Verkündigung nur und ausschließlich als Handeln Gottes an ihr verstehen, nicht als „Anknüpfungspunkt" Gottes in ihr. Weil die katholische Kirche das Ja-Wort der Gottesmutter in der Stunde der Verkündigung als das Ja-Wort der „neuen Eva" versteht; weil sie lehrt, daß die „neue Eva" im Unterschied zur „alten Eva" nicht „Nein" (Ursünde), sondern „Ja" gesagt und durch dieses „Ja" die Erlösung in Freiheit angenommen hat, sieht Barth in dem Dogma von 1854 den Inbegriff der katholischen „Analogia-entis-Lehre"[224], den Punkt, weswegen man nicht katholisch werden kann[225]. In der Mariologie sieht Barth das falsche Selbstverständnis der römisch-katholischen Kirche am deutlichsten zum Ausdruck gebracht. Er schreibt: „Wie der Maria [...] so eignet auch der Kirche eine

[224] Daß sich in der am „fiat" Mariens aufgehängten Mariologie die gesamte „Analogia-entis-Lehre festmachen läßt, drückt Barth mit folgenden Worten aus: „E. Przywara dürfte uns darüber die letzte Klarheit geben, wenn er schreibt: es lägen ‚in der katholischen *analogia entis* die Möglichkeiten zu einem wahren Menschwerdungskosmos, der Leib und Geist, Gemeinschaft und Individuum einbezieht, weil sie in ihrer Gesamtheit [...] zu Gott hin ‚offen' sind. Von katholischer *analogia entis* aus gesehen, ist Kreatur in ihrer Gesamtheit der im Gleichnis alles Gleichnis übersteigende Blick in den übergleichnishaften Gott und darin die empfangende Bereitschaft für Ihn: in ihrem letzten Wesen bereits das ‚Siehe, die Magd des Herrn! Mir geschehe nach deinem Wort!'." (Ebd. 158). – Dazu: K.-H. Menke, Analogia fidei, in: LThK³ I (1993) 574–577.

[225] Vgl. ebd. 157.

relativ selbständige Stellung und Funktion im Heilsprozeß. Auch sie konkurriert mit Christus, gewiß in dem unendlichen Abstand des Geschöpfs vom Schöpfer, aber nun doch so, daß nicht nur sie aus Christus, sondern gerade im eucharistischen Zentrum ihres Lebens Christus auch aus ihr geboren wird – nicht nur sie Christi, sondern allen Ernstes Christus auch ihrer bedarf. Wie Maria als ‚fürbittende Allmacht' unumgänglich mitwirkt zum Heil der Menschen, so durch den Vollzug der Sakramente die Kirche. Wie darum der Maria jene sie von allen anderen Geschöpfen unterscheidende Würde zukommt, wie darum ihre Existenz von ihrer Erzeugung bis zu ihrem Tode zu einer nur wenig schwächeren Parallele zu der Existenz Christi selber werden muß, so kann auch der Kirche innerhalb der Geschöpfgrenze gar nicht genug relative selbständige Würde, Autorität und Vollmacht zugeschrieben werden. – Der Zusammenhang im Lebenswerk Pius' IX. zwischen der Proklamierung der *immaculata conceptio* 1854 und der der päpstlichen Unfehlbarkeit 1870 (und der auf demselben Vatikanischen Konzil vollzogenen Kanonisierung der natürlichen Theologie im Sinn des Thomas!!) war ein schlechthin folgerichtiger. Die Kirche, in der Maria verehrt wird, muß sich so verstehen, wie sie sich im Vaticanum verstanden hat, gerade wie dieselbe Kirche sein *muß*: die Kirche des auf Grund von Gnade bei der Gnade mitwirkenden Menschen."[226]

Barth hat der Interpretation seiner Rechtfertigungslehre durch Hans Küng[227] ausdrücklich zugestimmt und Balthasars Kritik[228] an seiner Darstellung der katholischen Analogia-entis-Lehre teilweise Recht gegeben. Dennoch sieht er in der katholischen Mariologie auch nach dem Konzil einen Beweis dafür, daß eine grundsätzliche Annäherung der Standpunkte noch keine solche innerhalb des gelebten Glaubens bedeutet[229].

Karl Rahner hat zu Hans Küngs Barth-Monographie eine Rezension

---

[226] Ebd. 160.

[227] Vgl. H. Küng, Rechtfertigung. Die Lehre Karl Barths und eine katholische Besinnung. Mit einem Geleitwort von Karl Barth (Horizonte 2), Einsiedeln 1957, bes. 277–345.

[228] Resümierend bemerkt H. U. v. Balthasar (Karl Barth. Darstellung und Deutung seiner Theologie, Einsiedeln ^{4}1976, 394): „Der Versuch Karl Barths und der ihm nahestehenden Theologen, die katholischen Sonderlehren um jeden Preis mit der [philosophischen] analogia entis in Verbindung zu bringen, geht fehl – es sei denn, man verstehe unter analogia entis die in Christus ein für allemal erwiesene Vereinbarkeit göttlicher und geschöpflicher Natur, das Nichterdrücktwerden der menschlichen durch die göttliche, das Dienenkönnen der menschlichen gegenüber der göttlichen."

[229] Dazu: K. Riesenhuber, Maria im theologischen Verständnis von Karl Barth und Karl Rahner (QD 60), Freiburg 1973, bes. 31–38.

verfaßt, die in der Rechtfertigungslehre nahezu vollständige Übereinstimmung mit Barth signalisiert[230]. Ob man aber deshalb folgern darf, daß Barth seinerseits Rahners mariologische Aufsätze unterschreiben könnte, ist mehr als zweifelhaft. Denn während Barth alle Aussagen über Maria am Ereignis der jungfräulichen Empfängnis als dem exklusiv innovatorischen Handeln Gottes orientiert, geht Karl Rahner vom Ja-Wort Marias aus. Dies wird besonders deutlich in seinen Aufsätzen zur Jungfräulichkeit der Gottesmutter. Was Karl Barth ausschließt, hält Karl Rahner für denkbar: daß nämlich die reale Fleischwerdung des Logos in Jesus Christus auch unter Absehung von der jungfräulichen Empfängnis möglich gewesen wäre; daß also die biblisch bezeugte Jungfräulichkeit Marias bloß symbolischer Hinweis auf die Art und Weise ihres Ja-Wortes sein könnte. Rahner selbst möchte allerdings an der faktischen Jungfräulichkeit schon deshalb festhalten, weil eine Aufteilung zwischen geistiger und leiblicher Jungfräulichkeit der biblischen Anthropologie gänzlich fremd ist. Außerdem hält er folgende Feststellung für unverzichtbar: „Wie immer jemand über die biologische Wirklichkeit des Werdens Jesu denken sollte, wenn er genau und dabei von Jesus rechtgläubig denkt und wenn er nicht übersieht, daß Gebären und Geborenwerden zwei Aspekte desselben Vorgangs sind, dann muß ein solcher auf jeden Fall sagen: bei aller echten Menschlichkeit der Menschwerdung Jesu ist er anders geworden, als wir werden. Denn Werden ist von dem her zu bestimmen, was das Ergebnis des Werdens ist. Es besteht eine absolute Korrelation zwischen der adäquaten Eigentümlichkeit des Gewordenen und des Werdens selbst. Durch dasselbe Werden können nicht zwei ganz verschiedene Gewordene entstehen. Und wenn die Gewordenen verschieden sind, dann ist eben auch ihr Werden verschieden. Deswegen muß man notwendigerweise sagen: bei aller echten Menschlichkeit des Werdens Jesu ist er auf andere Weise geworden als wir. Ist Jesus der Gottessohn, dann ist sein Werden selber gottmenschlich, während unseres menschlich ist." Jesu Werden „bedeutet einen schöpferischen Neuanfang aus der ursprünglichen Initiative Gottes und nicht die einfache Fortsetzung der Geschichte aus den Mitteln der Welt."[231] Bis zu dieser Aussage stimmt Rahner mit Barth überein. Doch im Unterschied zu ihm

[230] K. Rahner, Fragen der Kontroverstheologie über die Rechtfertigung. Bemerkungen zu dem Buch von Hans Küng: Rechtfertigung. Die Lehre Karl Barths und eine katholische Besinnung (Einsiedeln 1957), in: Schriften IV (1960) 237–271.

[231] K. Rahner, Dogmatische Bemerkungen zur Jungfrauengeburt, in: K. S. Frank (Hg.), Zum Thema Jungfrauengeburt, Stuttgart 1970, 122–158; hier: 141.

hält er die Bezeichnung der Inkarnation als eines schöpferischen Aktes grundsätzlich für vereinbar mit der Mitwirkung eines menschlichen Vaters[232]. Nur weil das zweitausendjährige Glaubensbewußtsein der Kirche Josef nicht annähernd dieselbe Bedeutung wie Maria zuspricht, schließt Rahner de facto eine Menschwerdung unter Einbeziehung der Zeugung Jesu durch Josef aus. Rein hypothetisch bemerkt er: „Wäre Josef genauso der menschliche Vater Jesu, wie Maria seine Mutter ist, dann müßte ihm, [...], schlechterdings dieselbe Position einmaliger Art in der Heilsgeschichte zuerkannt werden, wie sie die Kirche Maria zuerkennt."[233] Diese Bemerkung hätte Barth – so vermute ich – nicht nur als Possibilientheologie, sondern auch als Ausdruck eines Irrtums abgewiesen. Denn wie sollen zwei Menschen ohne Sünde – die „immakulate" Maria und der „immakulate" Josef – einem Menschen das Leben schenken, welcher von Anfang an „der Sohn Gottes" (dem innertrinitarischen Sohn hypostatisch geeint) ist?

Die Beziehung, die der Sohn zum Vater im Heiligen Geist ist, muß Konstitutivum des Menschen Jesus von Anfang an sein; deshalb bezeichnet Barth – und ich schließe mich ihm an – die Inkarnation als den Schöpfungsakt, der sich von der *creatio ex nihilo* des Anfangs nur durch das *ex Maria virgine* unterscheidet.

j) Zusammenfassung und Ergebnis

(1) Erste Voraussetzung der realen Selbst-Mitteilung Gottes in Welt und Geschichte ist dies, daß er als er selbst Beziehung (Trinität) ist. Nur wenn Gott keine Einheit gegenüber der geschöpflichen Vielheit, sondern Einheit *als* Beziehung einer Vielheit (von drei Personen) ist, kann er auch nach außen Beziehung sein, ohne sich entweder von dem Anderen seiner selbst (von der Schöpfung bzw. den Geschöpfen) abzugrenzen oder sich mit dem Anderen seiner selbst zu identifizieren.

(2) Zweite Voraussetzung der realen Selbst-Mitteilung Gottes in Welt und Geschichte ist dies: Die Beziehung, die der trinitarische Gott

---

232 Unter der Voraussetzung, daß die „Nachricht von der Jungfrauengeburt nicht von Maria selbst stammt, ist die theologisch entscheidende Frage die: Ist unter methodischem [...] Absehen vom Lehramt die Jungfrauengeburt zu betrachten a) entweder [...] als ein bloßes Verstehensmodell geschichtlich bedingter Art für das bleibend Gemeinte, nämlich die Andersartigkeit des Werdens Jesu aus der neuen, ursprünglichen, Anfang setzenden Heilsinitiative Gottes, oder b) ist die Jungfrauengeburt in einem engeren biologischen Sinne eine sich aus dieser Andersheit ergebende Konsequenz, die selber zum Inhalt der ganzen, vollen Aussage über diese Andersheit gehört?" (Ebd. 142).

233 Ebd. 146.

immer schon ist, muß sich als sie selbst (als solche!) innerhalb von Schöpfung und Geschichte offenbaren. Denn die Beziehung Gottes *zu* einem Geschöpf ist niemals identisch mit der Beziehung, die – trinitätstheologisch ausgedrückt – der Vater zu seinem Sohn im Heiligen Geist *ist*.

(3) Von daher ist, wie oben begründet, nicht die Auferweckung des Gekreuzigten, wohl aber die reale *Selbst*mitteilung des trinitarischen Gottes in Welt und Geschichte ein exklusiv innovatorisches Handeln Gottes. Wie die im Bild einer Engelserscheinung ausgedrückte Verkündigungsszene unterstreicht, wird die Freiheit Marias nicht ausgeschaltet, sondern im Sinne eines immakulaten (von keiner Sünde eingeschränkten) Ja-Wortes ermöglicht. Aber der Sohn, den sie gebiert, ist nicht zur Hälfte aus ihrem Erbgut und zur anderen Hälfte aus „göttlichem Samen" entstanden; der Heilige Geist tritt nicht an die Stelle Josefs; nein, die Inkarnation ist ein in seiner Singularität nur mit der creatio ex nihilo vergleichbarer Schöpfungsakt. Gott bedient sich nicht der innerweltlichen Kausalkette, sondern schafft unmittelbar den Menschen Jesus, der sich von allen anderen Menschen dadurch unterscheidet, daß seine Beziehung zu Gott – unter den Bedingungen von Welt und Geschichte, von Raum und Zeit -identisch ist mit der Beziehung des innertrinitarischen Sohnes zum Vater.

(4) Gerade weil der Schöpfungsakt des Inkarnationsgeschehens in seiner Singularität dem Schöpfungsakt des Anfangs vergleichbar ist, muß auch der Unterschied deutlich benannt werden: Der Schöpfungsakt „Inkarnation" verbindet die Erschaffung des Menschen Jesus aus Maria mit der „*Selbst*-Mitteilung" des Schöpfers. Der Schöpfungsakt „creatio ex nihilo" hingegen setzt das gegenüber Gott „Andere" so, daß dessen „Nicht-Gott-Sein" (dessen Eigenstand gegenüber Gott) zugleich die Beziehung ist, durch die Gott in jedem seiner Geschöpfe ist, ohne mit einem oder – in summa – allen Geschöpfen identisch zu sein.

(5) Jesus ist ganz und gar Mensch, nicht halb Mensch und halb Gott[234]. Er ist ein unmittelbar von Gott geschaffener Mensch, der

234 Jeder Hinweis auf die im Tierreich vorkommende ungeschlechtliche Vermehrung ist – übertragen auf die Parthenogenesis Jesu – barer Unsinn. Ganz abgesehen davon, daß für die Fortpflanzung des Menschen die Verschmelzung von männlichem Samen und weiblicher Eizelle unabdingbar ist, wäre ein halbiertes Menschsein Jesu eine geradezu gnostische Vorstellung. Bezeichnenderweise ist von seiten der Väter nie der Versuch unternommen worden, die Parthenogenesis des Erlösers „rein natürlich" zu erklären – und dies, obwohl die Philosophie z. B. des Aristoteles eine Fundgrube für der-

allerdings nicht als eine zweite Schöpfung neben der übrigen Schöpfung steht, sondern aus Maria – aus der materiellen Disposition ihrer Leiblichkeit – geschaffen wird.

(6) Die jungfräuliche Empfängnis ist auf seiten Marias Ausdruck für die Unfähigkeit der Schöpfung (genauerhin eines von Josef gezeugten und von Maria geborenen Sohnes), so mit Gott-Vater in Beziehung zu treten, daß man von einer hypostatischen Union zwischen dem innertrinitarischen Sohn und dem Geschöpf Jesus sprechen könnte.

(7) Soll die Einheit Jesu mit dem präexistenten Sohn nicht als Einheit zwischen differenten Personen mißverstanden werden, dann muß die Relation, die der Sohn zum Vater im Heiligen Geist ist, unter den Bedingungen von Raum und Zeit identisch sein mit der Personalität des Erlösers. Wenn einige Entwürfe der sogenannten „Geist-Christologie" die Einheit zwischen Jesus Christus und seinem Vater als vom Geist bewirkte Einheit differenter Personen begreifen, ist die jungfräuliche Empfängnis nicht mehr Ausweis der Identität des präexistenten Sohnes mit dem historischen Jesus, sondern nur noch metaphorischer Ausdruck des marianischen Glaubens.

(8) Jesus ist wahrer Mensch, weil er wahres Geschöpf in dieser Welt (aus Maria) ist. Doch das „Wodurch" seines Geschöpfseins ist nicht identisch mit dem „Wodurch" aller anderen Menschen. Denn der Schöpfungsakt der Inkarnation schenkt dem Geschöpf Jesus den „Selbstand" (das Personsein) des innertrinitarischen bzw. präexistenten Sohnes. Die damit bezeichnete Einheit eines Geschöpfes mit Gott ist aus den Potentialitäten eines von der Schöpfung selbst hervorgebrachten (von Josef gezeugten und von Maria geborenen Menschen) nicht erklärlich.

---

artige Versuche gewesen wäre. Viel später – nämlich bei Thomas von Aquin – findet sich ein entsprechender Hinweis: „Nach dem Philosophen ist der männliche Same bei der Empfängnis eines Sinnenwesens nicht wie der Stoff, sondern nur wie die Wirkkraft. Die Frau allein bietet bei der Empfängnis den Stoff dar. Daraus also, daß der Same des Mannes bei der Empfängnis des Leibes Christi fehlte, folgt nicht, daß ihm [dem Leibe] der nötige Stoff gefehlt habe. Selbst wenn der männliche Same bei den Sinnenwesen der Stoff für die empfangene Leibesfrucht wäre, so ist doch klar, daß er nicht ein Stoff ist, der die gleiche Form beibehält, sondern ein verwandelter Stoff. Und wenn auch die Kraft der Natur nur einen bestimmten Stoff in eine bestimmte Form zu verwandeln vermag, so kann doch die Kraft Gottes, die unendlich ist, jeden Stoff in jedwede Form verwandeln. Wie sie also den Erdenlehm Adams in den Leib Adams verwandelt hat, so vermochte sie auch den Stoff, den die Mutter darbot, in den Leib Christi zu verwandeln, auch wenn dieser Stoff für die natürliche Empfängnis nicht hinreichend gewesen wäre." (STh III q. 28 a. 1. ad 5).

Am Ende dieses Abschnitts darf festgestellt werden: Der biblisch bezeugte Zusammenhang zwischen dem Faktum „Inkarnation" und dem Faktum „jungfräuliche Empfängnis" läßt sich hinreichend begründen. Daß aber der Konnex zwischen faktischer Fleischwerdung und faktischer Parthenogenesis nicht durch bloße Reflexion erschlossen, sondern im Lichte der Führungsgeschichte Gottes mit seinem Volk Israel (im Lichte der Schriften des AT) entdeckt wurde, ergibt sich aus dem ersten Teil dieser Studie.

2. Das von der Sünde und deren Folgen unberührte Ja-Wort Marias

Da die gesamte Mariologie der kirchlichen Tradition mit dem Aufweis des Zusammenhangs von Inkarnation und Parthenogenesis steht oder fällt, bilden die Ausführungen über die jungfräuliche Empfängnis qualitativ und quantitativ den Mittelpunkt unserer Untersuchung. Alles, was über die jungfräuliche Empfängnis hinaus von Maria gesagt werden kann, ist Ausfaltung. Deshalb müssen sich die folgenden Abschnitte über das Immaculata- und über das Assumpta-Dogma immer wieder zurückbeziehen auf die Wurzel aller Mariologie.

Da Karl Rahner deutlicher als jeder andere Theologe unseres Jahrhunderts die Mariologie aus ihrer Isolierung von den großen Traktaten der Dogmatik (Christologie/Soteriologie; Gnadenlehre; Ekklesiologie; Eschatologie) befreit hat, beginnen wir jeweils mit einem Blick auf seine mariologischen Aufsätze und fragen dann in einem zweiten Schritt, ob die genannten Dogmen sich nicht nur logisch in das Credo der Kirche einfügen, sondern auch heilsgeschichtlich begründbar sind.

a) Das marianische Ja-Wort als Brennpunkt der Rahnerschen Gnadenlehre

Karl Rahners Theologie findet ihre Mitte in der Gnadenlehre, näherhin in der Verhältnisbestimmung von Gnade und Freiheit. Deshalb ist es kein Zufall, daß er den wohl bedeutendsten Beitrag zur Erschließung des sogenannten „Immaculata-Dogmas" geleistet hat. Was die Kirche über das Ja-Wort Marias sagt, ist in seiner Darstellung von der allgemeinen Gnadenlehre her zu verstehen.

Rahners gesamtes Denken ist Explikation der These, daß die Gnade des trinitarischen Gottes und die Freiheit des begnadeten Geschöpfes sich direkt proportional zueinander verhalten; daß in dem Maße, in welchem Gott seine Nähe schenkt bzw. in der Welt handelt, das Geschöpf zur eigenen Freiheit befreit wird. Von daher kann man sagen: Rahners Mariologie ist ein Brennpunkt seiner Gnadenlehre. Weil Maria nicht nur gebrochen, sondern auf immakulate Weise ihr „fiat" sprechen konnte, sagt die Heilige Schrift von ihr: Sie war „voll der Gnade". Weil sie ganz und gar „Ja" gesagt hat, konnte Gott den Menschen Jesus unmittelbar – im Sinne der jungfräulichen Empfängnis – aus Maria schaffen. Indem die Mutter Jesu Christi das Ja-Wort der Verkündigungsszene ihr Leben lang durchgehalten hat, war nicht nur ihr Empfangen und Gebären, sondern auch ihr Sterben nicht gebrochen von den Wirkungen der Sünde. Rahner folgert aus dem Zusammenhang von Gnade und Freiheit, daß Maria – weil „voll der Gnade" – ganz und gar „Ja" sagen konnte und tatsächlich „Ja" gesagt hat („Immaculata"-Dogma). Und er folgert weiter aus der Treue zu diesem Ja-Wort, daß auch das Sterben Marias gezeichnet war von der „immakulaten" (ungebrochenen) Integration der Natur in die Person („Assumpta"-Dogma).

In seinem predigtartigen Aufsatz „Über die Erfahrung der Gnade" fragt Rahner: „Haben wir schon einmal geschwiegen, obwohl wir uns verteidigen wollten, obwohl wir ungerecht behandelt wurden? Haben wir schon einmal verziehen, obwohl wir keinen Lohn dafür erhielten und man das schweigende Verzeihen als selbstverständlich annahm? Haben wir schon einmal gehorcht, nicht weil wir mußten und sonst Unannehmlichkeiten gehabt hätten, sondern bloß wegen jenes geheimnisvollen Schweigenden, Unfaßbaren, das wir Gott und seinen Willen nennen? Haben wir schon einmal geopfert, ohne Dank, Anerkennung, selbst ohne das Gefühl einer inneren Befriedigung? [...] Haben wir uns schon einmal zu etwas entschieden, rein aus dem innersten Spruch unseres Gewissens heraus, dort, wo man es niemand mehr sagen, niemand mehr klarmachen kann, wo man ganz einsam ist und weiß, daß man eine Entscheidung fällt, die niemand einem abnimmt, die man für immer und ewig zu verantworten hat? [...] Haben wir einmal eine Pflicht getan, wo man sie scheinbar nur tun kann mit dem verbrennenden Gefühl, sich wirklich selbst zu verleugnen und auszustreichen, wo man sie scheinbar nur tun kann, indem man eine entsetzliche Dummheit tut, die einem niemand dankt? Waren wir einmal gut zu einem Menschen, von dem kein Echo der Dankbarkeit und des Verständnisses zurückkommt und wir auch nicht durch das Gefühl belohnt werden, ‚selbstlos', anständig usw. gewesen zu sein?"[235] Wenn

[235] K. Rahner, Über die Erfahrung der Gnade, in: Schriften III (1967) 105–109; hier: 106f.

wir diese Fragen irgendwie mit „Ja" beantworten können, dann, so Rahner, haben wir die Wirklichkeit „Gnade" oder – besser noch gesagt – die Wirklichkeit des Geistes erfahren: eine Wirklichkeit nämlich, die nicht aus uns selbst stammt, die uns gleichsam aus den Grenzen unseres Ich reißt und uns gerade so nicht entmündigt, sondern zu unserer eigensten Eigentlichkeit befreit.

Ganz konkret: Wenn ich durch eine Fußgängerzone gehe und dort jemand sehe, der unübersehbar die Hand ausstreckt, und wenn ich dann, obwohl von Natur aus ein egozentrischer und geiziger Mensch, mein Portemonnaie öffne und nicht irgendeine kleine Münze, sondern alles gebe, was ich habe, und wenn ich dann anschließend nicht sage: ‚Was warst Du wieder einmal sentimental!', sondern im Gegenteil: Wenn ich froh werde, weil ich über meinen eigenen Schatten gesprungen bin, dann habe ich Gnade erfahren. *Ich* habe das Geld gegeben; und doch ist dieses mein Geben mir geschenkt worden. Es wurde mir ein Geschenk zuteil, weil ich befähigt wurde zu schenken.

Besonders Leonardo Boff hat Rahners Anliegen aufgegriffen in seinem Bestseller „Erfahrung von Gnade"[236]. Er wendet sich mit seinem Lehrer Johann Baptist Metz[237] gegen eine Auffassung, die Gottes Nähe (Gnade) jenseits der konkreten Welt und jenseits der von Unrechtsstrukturen bestimmten Geschichte ansiedelt, sie als jenseitige Belohnung mißversteht oder zu einem innerlichen, unsichtbaren, „rein geistigen" Geschehen privatisiert. Allerdings: Wenn die Gnade zwar

236 Vgl. L. Boff, Erfahrung von Gnade. Entwurf einer Gnadenlehre, Düsseldorf ²1985; ders., Ave Maria. Das Weibliche und der Heilige Geist, Düsseldorf 1982, bes. 48–58.

237 Nach Metz geht Rahner mit seiner These, daß niemand „privat" im Heil (bei Gott bzw. Christus) sein kann, nicht weit genug. Der Primat des transzendentalen (unthematischen) Ausgriffs des einzelnen Menschen nach dem Absoluten läßt, so meint er, den Verdacht aufkommen, als sei die konkrete Geschichte nur die Explikation des implizit immer schon Erreichten. In seiner berühmt gewordenen Anwendung der Parabel vom Hasen und vom Igel will Metz gegen Rahner zum Ausdruck bringen: Wenn man behauptet, daß der Mensch auf Grund seiner transzendentalen Verwiesenheit in das absolute Geheimnis immer schon das Ganze von Sinn implizit und unthematisch erfasse, dann gleicht er jenem Igel, der da ruft: „Ich bin immer schon da". Metz ergreift Partei für den Hasen, der sich in Welt und Geschichte verausgabt. Nur so – das ist die Quintessenz seiner „Gnadenlehre" – kann der Mensch die geschichtliche Selbstmitteilung Gottes annehmen. Allerdings muß man zur Verteidigung Rahners anführen, daß er den Menschen ausdrücklich als „Geist in Welt" schildert; daß also die transzendentale Verwiesenheit auf Gott (= Geist) nicht anders aktuiert werden kann als in der Welt. In der Welt bedeutet aber das Transzendieren des eigenen Ich die Anerkennung des Du (vgl. K. Rahner, Über die Einheit von Nächsten- und Gottesliebe, in: Schriften VI [1965] 277–298).

durch Welt und Geschichte vermittelt ist, aber dem Menschen äußerlich bleibt, also *bloße* „gratia externa" ist, dann ist sie nichts anderes als ein Katalysator dessen, was wir selbst realisieren müssen. Wäre die Selbstmitteilung Gottes, die Tora bzw. Jesus Christus[238], *nur* so etwas wie ein Imperativ, der von außen an den Menschen herantritt, dann wäre sie nicht Gnade im biblischen Sinn: Einwohnung des Heiligen Geistes und also Befreiung zur Freiheit.

Für Karl Rahner ist die Gnadenerfahrung seines Ordensvaters Ignatius von Loyola geradezu der anschauliche Prüfstein seiner theologischen Reflexionen[239]. Während Luther auf Grund eines Gelübdes Mönch wird und sein Mönchtum als Gott geschuldetes Werk versteht, wird der vor Pamplona verwundete Soldat Ignatius nicht deshalb fromm, weil er Gott gnädig machen will, sondern umgekehrt: Er erfährt sich, ohne gefragt und gesucht zu haben – auf dem Krankenlager durch ein zufällig (aus Langeweile) aufgeschlagenes Buch – von Christus ergriffen. Dieses Ergriffensein erfährt er als Trost. Aber sobald er in das eigene Ich (in den alten Adam) mit seinem Ehrgeiz nach Ritterruhm und Ritterehre zurückkehrt, erfährt er eine ähnliche Trostlosigkeit wie der nach einem gnädigen Gott suchende Mönch von Wittenberg. Und das nicht nur vor seinem Entschluß, Soldat Christi zu werden, sondern auch danach – ja, danach erst recht; da nämlich versucht er zunächst einmal dasselbe wie der frühe Luther: Er will sich selbst gerecht machen; er lebt in Manresa als verwahrloster und verspotteter Bettler ein Bußleben härtester Art – begleitet von Anfällen tiefster Niedergeschlagenheit, von innerer Verzweiflung, von Skrupulosität, angsterfülltem Beichten, Lebensüberdruß und Selbstmordgedanken. Die große Wende erfolgt in einer „umwerfenden Erfahrung" in einer Höhle am Fluß Cardoner, der ganz in der Nähe von Manresa fließt. Noch als Sechzigjähriger bekennt er, daß die Summe aller Einsichten und Erkenntnisse seines Lebens nichts sei im Vergleich zu dem, was er dort am Cardoner erfahren durfte. Diese Erfahrung, so sagt

238 Die paulinische Identifizierung der Gnade mit Jesus Christus darf nicht mit einer Exegese verbunden werden, die Christus oder Christi Evangelium dem „Gesetz der Juden" (Tora) gegenüberstellt. Das „Bundesgesetz" wäre gründlich mißverstanden, wenn es als das Gegenteil von Gnade gedeutet würde. Im Gegenteil: Die Tora *ist* Gnade, ist ein Geschenk, mit dem Jahwe sein Volk und jeden einzelnen befähigen will, ihn (Jahwe selbst!) sichtbar zu machen inmitten von Welt und Geschichte.

239 Dazu: A. Zahlauer, Karl Rahner und sein „produktives Vorbild" Ignatius von Loyola (ITS 47), Innsbruck 1996, bes. 197–235; K.-H. Menke, Die Annahme der Gnade als Mitvollzug der Erlösung. Ökumenische Reflexionen über das Verhältnis von Rechtfertigung und Kirche, in: Cath(M) 47 (1993) 1–19.

er ausdrücklich, war keine Erscheinung, sondern „ein-der-Enge-des-eigenen-Ich-Entrissenwerden" – jedoch nicht von der Welt weg, sondern ganz im Gegenteil in den zur Welt herabsteigenden, zum Sakrament werdenden, eucharistischen Christus hinein. Ignatius fühlt sich aktiv hineingenommen in die Bewegung Gottes „Von-weg-auf-hin". Er weiß sich vom Vater dem in die Welt gesandten Sohn „zugesellt". Ignatius erfährt am Cardoner eine ungeheure Befreiung, weil er sich unbedingt (ohne Bedingung oder Voraussetzung) geliebt weiß; er erfährt die Befreiung eines Menschen, der seine eigene Identität (den Sinn seines Lebens) leisten will, aber dann die im wahrsten Sinne des Wortes „umwerfende Erfahrung" macht, daß er nur eines muß: sich von dem Gott, der als der trinitarische unbedingte Liebe ist, durch, mit und in Christus ergreifen lassen. Nichts anderes will Ignatius mit seinem Exerzitienbüchlein lehren. Denn seine Exerzitien gehen von der Überzeugung aus, daß Gott jeden, ohne Ausnahme, ganz persönlich ruft. Nach Ignatius *ist* der einzelne Mensch eine Sendung, die durch keinen anderen Menschen ersetzt werden kann.

Daß die Gnade Gottes in Christus als dauerndes Ereignis in geschichtlicher Greifbarkeit (in inkarnatorischer Leibhaftigkeit) anwesend ist, das ist konkret ohne die Kirche nicht möglich. Gnade ist mithin von ihrem eigenen Wesen her kirchebildend. In diese Grundfunktion der Kirche ist der einzelne Christ hineingenommen. Er ist vornehmlich nicht passives Objekt der Heilssorge der Kirche, sondern partizipiert an ihrer aktiven Subjekthaftigkeit. In ihr und mit ihr hat er die andrängende Ankunft der Herrschaft Gottes vor den Menschen bekannt zu machen. „Diejenigen, die ausdrücklich zur sichtbaren Kirche gehören, sind nicht so sehr die Berufenen, die Prädestinierten zum Heil, als ob andere dies nicht auch sein könnten, sondern sind diejenigen, die durch ihr Leben, ihr Bekenntnis, ihre Kirchlichkeit *den anderen* Heil sakramental manifest machen sollen innerhalb der Solidarität, die alle Menschen der einen von Christus erlösten Menschheit umfaßt."[240]

In seinem Sammelband mit dem Titel „Sendung und Gnade" appliziert Rahner diesen Grundgedanken auf Maria: „Was [...] Kirche in Funktion ist, das zeigt sich im Mariengeheimnis am deutlichsten und in seiner ganzen reinen Fülle. Es ist der höchste Fall von aktiver und passiver Erlösung in absoluter Reinheit und strahlender Einmaligkeit,

[240] K. Rahner, Überlegungen zum personalen Vollzug des sakramentalen Geschehens, in: Schriften X (1972) 405–447; hier: 425.

also von jenem Ereignis, in dem ein begnadeter Mensch in und durch die Gnade diese Gnade annimmt, und zwar für sich und für andere derart, daß die Annahme für sich persönlich das Heil der anderen bedeutet und die Annahme, die Mitarbeit am Heil der anderen genau der Akt ist, in dem man die Gnade Gottes für sich selbst annimmt, Dienst als Amt und eigene Heiligkeit schlechthin dasselbe werden."[241]

Maria ist nicht die allen anderen Menschen gegenüber Privilegierte[242], sondern die ihr geschenkte Gnade befähigt sie, das zu sein, was nur ein einziger Mensch sein kann (weil jeder reale Mensch nur eine Mutter haben kann): nämlich die Mutter, aus der Gott den Menschen schafft, welcher so mit dem göttlichen Vater eins ist, daß man von seiner hypostatischen Union mit dem ewigen (präexistenten) Sohn sprechen darf. Rahner verzichtet von vornherein auf eine Herleitung des „Immaculata-Dogmas" aus der Heiligen Schrift. Er versucht durch Konvenienzargumente zu verdeutlichen, daß das Lehramt mit diesem Dogma nur die allgemeine Gnadenlehre auf Maria anwendet. Denn die Frau, die durch ihr Muttersein das In-der-Welt-Sein des Geschöpfes Jesus Christus mitermöglichen sollte, durfte den obigen Ausführungen zum Wesen der Gnade getreu nicht gezwungen, nicht einfach instrumentalisiert werden. Ihr Muttersein sollte in demselben Maße ihre eigene Tat wie Gnade des Erlösers sein[243]. Da aber die Sünde jedes an Gott gerichtete Ja-Wort herabmindert oder gar zu einem „Jein" per-

---

241 K. Rahner, Maria und das Apostolat, in: Ders., Sendung und Gnade. Beiträge zur Pastoraltheologie, Innsbruck ^{5}1988, 127–147; hier: 132.

242 Jeder Mensch *hat* nach Rahner nicht nur eine Berufung; nein, er *ist* eine Berufung bzw. Sendung für die anderen. Die Sendung der meisten Menschen ist heilsgeschichtlich nicht von ähnlich herausragender Bedeutung wie die Marias. Und doch steht hinter der biblischen Anthropologie die feste Überzeugung, daß jeder einzelne Mensch eine im Blick auf das Ganze unwiederholbare (unersetzliche) Gabe Gottes (in Welt und Geschichte verleiblichte Gnade) sein kann. Karl Rahner betont, „daß in der Gnadenökonomie Christi, aus seiner Mittlerschaft und durch sie jeder von jedem abhängt, von Bedeutsamkeit ist, jeder eine Christo untergeordnete Aufgabe (‚munus subordinatum') hat, Empfang des Heils auch Empfang des Heils*handelns* und so einer ‚participata ex unico fonte cooperatio' bedeutet" (Der eine Mittler und die Vielfalt der Vermittlungen, in: Schriften VIII [1967] 218–235; hier: 222). – Dazu: K.-H. Menke, Mittler. II. Systematisch-theologisch, in: LThK^{3} VII (1998) 343–346.

243 „Diese Gottesmutterschaft aber ist nach dem Zeugnis der Schrift nicht einfach identisch mit dem biologischen Faktum, daß Maria die Mutter Jesu ist, indem sie es gewissermaßen ‚passiv' wurde, und Jesus eben der Sohn Gottes ist. Die Schrift bezeugt darüber hinaus mehr:; diese Mutterschaft ist die freie Glaubenstat der Jungfrau. Durch diese kommt jene zustande, und beides bildet eine Einheit." (K. Rahner, Die unbefleckte Empfängnis, in: Schriften I [1954] 223–237; hier: 225).

vertiert, mußte – so Rahners zentrales Argument zur Begründung des „Immaculata-Dogmas" – die Frau, die für alle anderen Menschen zur Mutter des Erlösers werden sollte, befähigt werden, nicht nur halb oder bedingt, sondern ganz und gar „Ja" zu sagen[244].

Rahner spricht im Zusammenhang mit der Erbsündenlehre von einer Gespaltenheit zwischen Natur und Person, von der Unfähigkeit des Sünders, im Guten wie im Bösen ganz er selbst zu sein (die Natur personal einzuholen)[245]. Diese Gespaltenheit ist durch die erste Sünde in die Welt gekommen und wird durch jede weitere Sünde erneuert bzw. vertieft. Marias Ja-Wort jedoch war nicht von dieser Gespaltenheit gekennzeichnet. Sie hat ohne jedes Wenn und Aber „Ja" gesagt. Deshalb nennt Rahner sie die „vollkommenst Erlöste". Ihr Ja-Wort ist Gnade dessen, den sie gebären soll; aber zugleich auch ihr eigenes Ja-Wort. Die ihr geschenkte Gnade ist abgesehen von der Befähigung zu einer ganz und gar singulären Sendung doch auch mit der Gnade vergleichbar, in welcher der Mensch am Anfang (die erste Eva) jedenfalls bis zum Sündenfall stand. Maria, die schon von Justin und Irenaeus „die neue Eva" genannt wird, hat die „Gnade des Anfangs" – d. h. die Bewahrung von den Folgen des Sündenfalls bzw. die Befähigung zur Integration der eigenen Natur in den personalen Akt der Bejahung des göttlichen Willens – im Unterschied zur „ersten Eva" angenommen.

Natürlich konnte die Kirche Maria nur auf Grund ihrer heilsgeschichtlichen Tat (Gottesmutterschaft) als erlöst, heilig, gerettet wissen; und auch das nur, wenn es einen sachlichen Zusammenhang zwischen ihrer heilsgeschichtlichen Funktion und ihrer persönlichen Heiligkeit gibt. Dieser sachliche Zusammenhang liegt im Bundesgedanken, näherhin in der Tatsache, daß der biblische Gott das Volk Israel insgesamt und jeden einzelnen Israeliten nicht nur als passiven Empfänger, sondern auch als aktiven Geber seiner Selbstmitteilung (Gnade) will. Deshalb betont Rahner immer wieder, daß die Heilsgeschichte sich nicht trennen läßt von der persönlichen Heiligkeit (vom persönlichen „fiat") derer, mit denen „verbündet" Gott in dieser Welt konkret „da ist". Und wenn Christentum der Empfang Gottes (der Gnade) nicht in einer abstrakten Idealität oder Innerlichkeit, son-

---

244 „Dieses eschatologische entscheidende Ereignis der öffentlichen Heilsgeschichte, durch das Maria im Namen (= zum Heil) der ganzen Menschheit handelt, ist zugleich ihre persönliche Glaubenstat. Hier an diesem Punkt fallen, wenn je, Amt und Person, Position in der Kirche und Stellung vor Gott, Würde und Heiligkeit eindeutig zusammen." (Ebd. 228).

245 Vgl. K. Rahner, Zum theologischen Begriff der Konkupiszenz, in: Schriften I (1954) 377–414; hier: 392–400.

dern in der Konkretheit der Geschichte ist, dann ist auch klar, daß der vollendete Fall des Christentums als (nicht nur passiver, sondern aktiver) Empfang Gottes in konkreter Leibhaftigkeit die göttliche Mutterschaft ist. Wörtlich bemerkt Rahner: „Maria ist die heilige Gottesmutter, und zwar so notwendig, wie die Kirche die heilige Kirche ist, so notwendig, wie Gottes Gnade mächtiger ist als die Möglichkeit des Menschen, Gott nein zu sagen. Ihr Leben ist die (bis zum Tod des Herrn unter dem Kreuz durchgehaltene) freie Tat, durch die sie das Wort Gottes im Glauben und in ihrem Schoß für sich und alle zum Heil empfängt. In dieser ihrer Lebensstunde, für die sie da war, ist der Bund zwischen Gott und der Menschheit geschehen, der ewig und endgültig ist."[246]

b) Die Frage nach der heilsgeschichtlichen Verortung des „Immaculata-Dogmas"

Im Blick auf die katholische „Deduktions-Mariologie" bemerkt Dietrich Ritschl: Man könnte gegenüber dem protestantischen Insistieren auf einer Schriftbasis jedes Dogmas[247] „die Beobachtung anmelden, daß auch in bezug auf Jesus ein ‚Sprachgewinn' geschehen sei, daß also nach seinem Tod viel ‚mehr' über ihn gesagt worden ist als von ihm selbst oder von anderen während seiner Lebenszeit. Das ist gewiß richtig: In Jesus waren erinnerte Hoffnungen Israels als erfüllt verstanden worden, so daß nun neben den christologischen Titeln ganze Aussagekomplexe auf ihn zugewandt werden konnten, die er selbst offenbar so nie verwendete. Sollte in bezug auf Maria nicht Ähnliches möglich sein? Die Frage verdient sorgfältige Beachtung. Um zweierlei wird man aber nicht herumkommen können: Einmal haben die Schriften des NT selbst diese ‚Spracherweiterung' im Hinblick auf Maria in keiner Weise vollzogen, zum andern wäre eine solche Erweiterung (während oder nach der Zeit, in der die ntl. Schriften entstanden) nur möglich, wenn Maria eine klar definierbare Funktion im Heilsplan Gottes mit der Menschheit hätte. Dies ist nun in der Tat seit der Mitte des 2. Jahrhunderts die allmählich sich entfaltende Lehre der Kirche. Justin sagt in seinem ‚Dialogus cum Tryphone' (n. 100), was Irenaeus wenig später vertieft, daß sich Jesus zu Adam verhält wie Maria zu Eva. Mit

---

[246] Rahner (Anm. 243) 228.
[247] Dazu: Hans Grass, Traktat über Mariologie (MThSt 30), Marburg 1991, bes. 42–75.

dieser Parallelisierung hat Maria zweifellos einen unverwechselbaren Platz in der Heilsgeschichte zuerkannt bekommen."[248]

Das Zweite Vatikanum (LG 56) sieht im Unterschied zu bedeutenden protestantischen Theologen wie Karl Barth[249] in der Ausweitung der Typologie Adam/Christus auf die Typologie Eva/Maria eine legitime Interpretation der Heiligen Schrift. Diese Position kann sich darauf berufen, daß die Bibel selbst typologisch argumentiert. Von den Propheten Jeremia und Jesaja z. B. wird die Rückkehr aus der babylonischen Gefangenschaft als „neuer Exodus aus Ägypten" beschrieben (vgl. Jer 16,14f; Jes 43,16-21). Oder: Die eschatologische Heilszeit wird dem Typus „Sinaibund" gemäß als „neuer Bund" geschildert (vgl. Jer 31,31-34; Jes 54,9f).

Wie schon in der „Einführung" erläutert, stellt die biblische Typologie einen Zusammenhang zwischen heilsgeschichtlichen Ereignissen her, der zugleich Kontinuität und Diskontinuität beinhaltet. Die Tatsache, daß die typologische Exegese aus bestimmten Texten mehr oder anderes als die historisch-kritische Exegese herausliest, stellt deren theologische Bedeutsamkeit nicht in Frage. Denn eine ntl. Typologie hat ihre eigene Aussageintention; und deren Wahrheit hängt nicht ab von dem historisch korrekten Umgang mit der atl. Textstelle, auf die sie Bezug nimmt. Entsprechend gilt: Wenn die Väter Typologien des NT ausweiten, muß dies nicht gleichbedeutend sein mit einer willkürlichen Allegorese.

Es geht nicht darum, ob die Eva-Maria-Typologie im NT als solche zu finden ist. Das ist sie zweifellos nicht. Es geht um die grundlegendere Frage, ob die von den Vätern mit dieser Typologie behauptete Kontinuität des Heilshandelns Gottes eine biblisch bezeugte ist. Wenn sich dies nachweisen läßt, hängt z. B. das Dogma der Immaculata nicht nur von den Deduktionen der Systematiker ab. Gerade wenn man mit

---

[248] D. Ritschl, Überlegungen zur gegenwärtigen Diskussion über Mariologie, in: ÖR 31 (1982) 443–461; hier: 448.

[249] Die „alte Parallele Eva und Maria [...] war eine unter den vielen derartigen, nicht immer glücklichen Entdeckungen, die man damals im Alten Testament gemacht hat. Will man gerade diese Parallele geltend machen, dann wird man beachten müsssen, daß Eva jedenfalls nach der neutestamentlichen Interpretation von Gen 3 in der Geschichte des Sündenfalls keine selbständige Rolle neben Adam spielt. Auch 1 Tim 2,13f kann hier nicht angerufen werden. Denn wenn dort allerdings gesagt wird, daß nicht Adam, sondern Eva es war, die verführt wurde – daß sie ‚die Übertretung eingeführt' habe, steht nur im Luthertext – so geschieht das gerade im Zusammenhang des Nachweises, daß die der Frau zukommende Stellung die der ἡσυχία und nicht die eines αὐθεντεῖν sein könne." (K. Barth, Kirchliche Dogmatik I/2 [⁸1990] 154).

Karl Rahner eine Verjenseitigung und Verinnerlichung des Gnadenverständnisses für schriftwidrig und theologisch verfehlt hält; gerade wenn man die Mariologie in die allgemeine Gnadenlehre einbetten will, kann man das, was das Dogma der Immaculata aussagt, nämlich die Befähigung des Menschen Maria zu einer ganz und gar singulären Sendung, nicht als ungeschichtliches (rein innerliches oder privates) Ereignis kennzeichnen.

Hinzu kommt, daß das, was wir glauben, kein Register von Lehrsätzen, sondern ein Heilsereignis, nämlich Jesus Christus, ist. Von daher müssen auch die sogenannten Mariendogmen mit diesem Heilsereignis verbunden sein. Anders gesagt: Der Inhalt unseres Glaubens kann niemals auf bloßer Deduktion durch die theologische Vernunft beruhen. Natürlich bildet die Heilsgeschichte einen Sinnzusammenhang. Aber die Erschließung dieses Sinns setzt Fakten voraus. Was der Vernunft logisch erscheint, muß deshalb nicht faktisch geschehen sein. Konkret gesprochen: Das Immaculata-Dogma muß nicht in der Bibel ausgesprochen sein, aber doch in der Heilsgeschichte gründen.

Wenn wir im ersten Kapitel dieser Studie nachweisen konnten, daß beinahe alles, was in den „Kindheitsgeschichten" bei Mt und Lk von Maria ausgesagt wird, Bezüge zu Stellen des AT aufweist, dann darf man wohl auch sagen: Maria als die „Tochter, Braut und Mutter Zion" ist die heilsgeschichtliche Repräsentantin der neuen Menschheit, wie Eva die Repräsentantin der alten Menschheit ist. Als Tochter Zion verkörpert Maria das Israel der messianischen Zeit. Nach diesem Israel der messianischen Zeit strecken sich alle Texte der atl. Heilsgeschichte aus. „Schon die leibliche Nachkommenschaft wird ja im Alten Bund deshalb so hoch eingeschätzt, weil sich an den Nachkommen die messianische Verheißung erfüllen sollte (vgl. Gen 3,15). Zwar verkünden die Propheten dem treulosen Volk Unheil und Vernichtung. Aber ein eschatologischer Heilbringer wird weiterhin erwartet als Sproß aus der Wurzel Jesse (Jes 11,1), aus einem heiligen Samen, der trotz der vernichtenden Zorngerichte Gottes übrigbleibt (Jes 6,13). Auch Paulus verweist auf diese heilige Wurzel, in welche die Heidenkirche eingepfropft ist, weil die natürlichen Zweige ausgebrochen wurden ob ihres Unglaubens (Röm 11,16 f). Und es ist nach Jes 1,8 eben die Tochter Zion, die übrigbleiben wird ‚wie eine Hütte im Weinberg'."[250]

---

250 B. Langemeyer, Konziliare Mariologie und biblische Typologie. Zum ökumenischen Gespräch über Maria nach dem Konzil, in: Cath(M) 21 (1967) 295–316; hier: 302 f.

Durch die gesamte Heilsgeschichte zieht sich der Wille Gottes, Israel zu einem heiligen Volk zu machen; und die Heiligkeit besteht in der Befolgung des göttlichen Willens (der Tora). Der Untreue Israels setzt Jahwe nicht nur seinen Zorn entgegen, sondern auch die Verheißung eines Restes[251], der sich bekehrt, der heilig heißen wird und deshalb übrigbleibt (Jes 4,3; 7,3; 10,20 f; 11,4; 14,32; 62,12). Für diese Hoffnung ganz untypisch ist der apokalyptische Pessimismus mit seiner Erwartung eines radikalen Einschnitts.

Besonders lesenswert ist, was der protestantische Exeget Volkmar Martinus Herntrich über die Entstehung und Entfaltung des Restgedankens im AT schreibt: „Daß der ‚Rest' seine Existenz nicht in der Heiligkeit seiner Glieder hat, wird [...] an den Stellen deutlich, an denen von der Sünde des Restes gesprochen wird. Gott selbst muß den Unrat der Tochter Zion und die Blutschuld Jerusalems tilgen mit dem Geist des Gerichts und des Feuers (Jes 4,4). Er muß dem ‚Rest seines Erbes' die Sünde vergeben (Mi 7,18). In Jer 50,20 lesen wir: ‚In jenen Tagen und zu jener Zeit – Spruch des Herrn – wird man nach der Verschuldung Israels suchen, aber sie ist nicht mehr vorhanden, und nach den Sünden Judas, aber sie sind nicht mehr zu finden; denn ich werde denen, die ich übrig lasse, vergeben'."[252]. So sehr Herntrich ganz im Sinne Karl Barths betont, „daß der Glaube nicht die Bedingung für die Zugehörigkeit zum Rest ist, sondern allein die andere Seite der ‚Setzung' des Restes"[253], so wenig kann er bestreiten: „Wird der Rest auch durch die Tat Gottes konstituiert, so bleibt er doch eine innerweltliche Größe."[254]. Der nie endenden Gnade entspricht auf seiten Israels der nie abbrechende Glaube; es wäre unsinnig, von einem übrigbleibenden Rest zu sprechen, wenn der Alte Bund restlos scheitern und nur durch einen totalen Neuanfang ersetzt werden könnte.

Deutlich arbeitet Herntrich heraus, „daß sehr häufig von der Beziehung des Restes zu Jerusalem-Zion gesprochen wird. Zion bleibt als Rest übrig (Jes 1,8). In Zion setzt Gott den Rest (Jes 28,16 f), dort werden die Übriggebliebenen eingebürgert (Jes 4,2 ff). Jesaja und die ihm von Jahwe gegebenen Jünger sind Zeichen für Gott, der auf Zion wohnt (Jes 8,16-18), von Jerusalem wird ein Rest ausgehen, und eine entron-

[251] Dazu: U. Stegemann, Der Restgedanke bei Jesaja, in: BZNF 13 (1969) 161–186; W. E. Müller, Die Vorstellung vom Rest im Alten Testament, neu hg. u. ergänzt v. H. D. Preuß, Neukirchen-Vluyn 1973.
[252] V. M. Herntrich, Der „Rest" im AT, in: ThWNT IV (^{2}1990) 200–215; hier: 213.
[253] Ebd. 212 f.
[254] Ebd. 214.

nene Schar vom Berge Zion (Jes 37,32; vgl. 2 Kön 19,31). Auch im Buche Micha ist die Beziehung des Restes zum Zion (Mi 4,1 ff) bzw. zu Bethlehem (Mi 5,1 ff) deutlich. Auf seinem heiligen Berge wird Jahwe sich ein demütiges und geringes Volk übrig lassen (Zeph 3,11-13; vgl. Jes 11,4;14,32). Jer 23,3 ff ist die Beziehung des gesammelten Restes zum heiligen Land gegeben. Jer 31,6 f wird der Rest Israel herausgerufen, hinaufzuziehen zum Zion. Auf dem Berge Zion wird Rettung sein am Tage Jahwes (Ob 17). Dort wird von den Entronnenen jeder Rettung finden, den Jahwe beruft (Joël 3,5). Die Neuschöpfung des Restes durch Jahwe wird in Jerusalem geschehen (Sach 8,1-6), am Tage Jahwes bleibt ein Teil der Bevölkerung als Rest übrig (Sach 14,2). Geretteter Rest und Jerusalem stehen auch in den Büchern Esra/Nehemia in engem Zusammenhang (Esr 9,8-15; Neh 1,2 f)."[255]

Beachtet man, daß Herntrich nirgendwo eindeutig die Frage beantwortet sieht, wer genauerhin der Rest ist – eine Einzel- bzw. Korporativperson, eine Jüngergemeinde, ein Prophet? –, dann darf man den sogenannten Kindheitsgeschichten bei Mt und Lk nicht Willkür vorwerfen, wenn sie die „Tochter Zion" bzw. den Rest der messianischen Zeit mit Maria identifizieren. Das neutestamentliche „Magnifikat" schreibt der Mutter des Herrn eben die Eigenschaften zu, die das AT dem „heiligen Rest" zuschreibt. Es sind die Armen und Niedrigen, die Jahwe treu sind und die erhoben werden (Jes 49, 13; Esr 9,8; Neh 1,2; Ps 10,14; 14,6; 18,28; 149,4).

Die neuere Exegese ist sich einig in der These, daß die paulinische Dialektik zwischen Gesetz und Evangelium keinen Gegensatz beschreibt. Helmut Merklein betont[256], daß das Gesetz (die Tora) kein nackter Imperativ, sondern Gabe Gottes (Gnade) ist; daß es allein deshalb schon ganz unwahrscheinlich ist, für den Juden Paulus anzunehmen, er wolle irgendwo sagen, wer das Gesetz befolgt, sei nicht gerechtfertigt. Im Gegenteil: Wer das Gesetz befolgt, ist gerechtfertigt. Daß niemand dieses Gesetz aus eigener Kraft erfüllen kann, das war und ist auch die Überzeugung jedes gläubigen Juden. Daß niemand der Tora (dem Willen Gottes) treu sein kann unabhängig von der *Selbst*-Mitteilung Gottes in Christus, das ist darüber hinaus die Überzeugung jedes gläubigen Christen. Aber aus dem Christusereignis darf man nicht folgern, der Bund Jahwes mit Israel sei irgendwann aufgekündigt

---

[255] Ebd. 210 f.

[256] Vgl. H. Merklein, „Nicht aus Werken des Gesetzes ...". Eine Auslegung von Gal 2,15–21, in: Ders., Studien zu Jesus und Paulus, Bd. II (WUNT 105), Tübingen 1998, 303–315.

worden. Paulus bezeichnet in Röm 11,1-12 den „Rest" als Zeichen dafür, daß Jahwe seine Bundestreue niemals aufgekündigt hat. Er verweist in Röm 11,4 auf die Siebentausend, die Jahwe zur Zeit des Elija übriggelassen hat, weil sie ihre Knie nicht vor Baal gebeugt haben. Und er fährt fort: „Ebenso gibt es auch in der gegenwärtigen Zeit einen Rest, der aus Gnade erwählt ist" (Röm 11,5). Paulus betont zwar, daß dieser Rest sich der Gnade, nicht den eigenen Verdiensten verdankt; aber diese Gnade äußert sich in der Treue zur Tora. Deshalb schreibt Paulus: „Was Israel erstrebt, hat nicht das ganze Volk, sondern nur der erwählte Rest erlangt." (Röm 11,7).

Nicht die Eva-Maria-Typologie für sich genommen ist biblisch; wohl aber die Einzeichnung dieser Parallele in die biblische Bundestheologie, in die Heilsgeschichte des „Restes". Unter dieser Voraussetzung findet die Heiligkeit des Restes, die Jahwe selbst durch seine Treue ermöglicht, ihre konkrete Erfüllung in dem Ja-Wort Marias. So gesehen aber steht die Immaculata (das Ja-Wort Marias) nicht außerhalb, sondern innerhalb der konkreten Heilsgeschichte. Unter der Voraussetzung, daß es den „heiligen Rest Israels" gibt und daß dieser „Rest" nicht einfach vom Himmel fällt, sondern zur konkreten Heilsgeschichte Israels gehört, ist Marias „Befreiung von der Erbschuld" anders zu sehen als in vielen Dogmatiklehrbüchern. Maria steht nicht außerhalb Israels, sondern ganz im Gegenteil: Sie ist der „Heilige Rest", in dem der Alte Bund doch noch zum Ziel kommt. Die Gnade, die ihr ein vollkommenes (immakulates) Ja-Wort zum Willen Gottes ermöglicht, wird ihr nicht unsichtbar, ungeschichtlich oder rein privat geschenkt, sondern durch den Bundespartner Jahwes, durch Israel. Wenn das Zweite Vatikanische Konzil die Eva-Maria-Typologie als biblisch begründet bezeichnet und diese Typologie mit der Bekräftigung des Immaculata-Dogmas verbindet, dann ist das nicht eine Neuauflage des einleitend charakterisierten Konsequenzialismus („potuit, decuit, fecit"), sondern Reflex eines tiefen Eindringens in die Logik der faktischen Heilsgeschichte.

An Maria wird deutlich: Sie ist ganz Werk des Herrn und zugleich im Sinne von Jes 4,3 oder Jes 62,12 heilig. Die Bundestreue bzw. die Tora-Treue ist das Kennzeichen dieser Heiligkeit (vgl. Jes 7,9; 11,4; 14,32; Soph 3,12 f). Gott will sein Volk nicht retten, indem er den Bundesgedanken aufhebt, sondern unter Wahrung des Bundes. Auch wenn dieser Bund ganz und gar Geschenk Jahwes ist, so impliziert er doch, daß Jahwe sein Volk Israel als aktives Subjekt und nicht als passives Objekt seines Heilshandelns will.

Die Liebe des Gottes, der Mensch wird, will das freie Ja-Wort des Menschen, durch den er Mensch wird. Liebe handelt im Modus des Bundes. Georg Langemeyer bemerkt dazu: „Von einer vorbildlichen Bedeutung Mariens im normierenden Sinne darf daher mit demselben Recht gesprochen werden, wie das die Schrift etwa vom Glauben Abrahams (Röm 4; vgl. Hebr 11,8-10.17) und auch Saras (Hebr 11,11) tut, ja, mit noch größerer Verbindlichkeit, weil in der Person Mariens der Glaube an die Verheißung in den an die Erfüllung übergegangen ist. Daß diese Typologie in der Schrift noch nicht voll ausgebildet ist, versteht sich beinahe von selbst. Denn am Anfang steht das Christusereignis allein im Mittelpunkt gläubiger Reflexion. Erst nach einer notvollen Zeit der geschichtlichen Erfahrung mit diesem Glauben an Christus kann sich der Glaube ausdrücklich auf sein normierendes Vorbild besinnen."[257]

c) Die Bulle „Ineffabilis Deus", Augustins Erbsündenlehre und die Entstehung des „Immaculata-Dogmas"

Fragen wir vor dem Hintergrund dieser biblischen Fundierung und im Rückblick auf Rahners bedeutsamen Versuch, die Mariologie als zentrales Kapitel der Gnadenlehre zu konzipieren, nach der Formulierung des „Immaculata-Dogmas" durch die päpstliche Bulle „Ineffabilis Deus" von 1854. Dort lesen wir: „Der unaussprechliche Gott [...] hat von Anfang an und vor den Zeiten seinem Einziggeborenen Sohn eine Mutter erwählt und bestimmt, aus der er, Fleisch geworden, in der seligen Fülle der Zeiten geboren werden sollte, und ihr eine solch große Liebe vor allen Geschöpfen erwiesen, daß er sich in jener einen mit geneigtestem Wohlwollen gefiel. Deswegen überhäufte er sie noch weit vor allen Engelgeistern und allen Heiligen mit der aus dem Schatz der Göttlichkeit genommenen Fülle aller himmlischen Gnadengaben so wunderbar, daß sie, von gar allem Makel der Sünde immer frei und ganz schön und vollkommen, eine solche Fülle an Unschuld und Heiligkeit zu erkennen gab, wie man sie sich unter Gott in keiner Weise größer vorstellen kann und wie sie außer Gott niemand in Gedanken erfassen kann" (DH 2800). – Maria erscheint in diesem Text von vornherein als einzige, aus der Geschichte herausgelöste Ausnahme. Begründung dafür ist die Einzigartigkeit Christi – nach der Maxime: „Jesus Christus geziemte nur eine vollkommene Mutter". Die heilsgeschichtliche Perspektive ist hier völlig ausgeblendet.

---

[257] Langemeyer (Anm. 250) 307.

Im Laufe der kritischen Absetzung von dieser Art der Theologie (speziell von den logischen Deduktionen der Neuscholastik) hat die heilsgeschichtlich ansetzende Theologie der letzten Jahrzehnte immer deutlicher erkannt: Das, was das Theologumenon „Erbsünde" eigentlich meint, ist keine statische Beschaffenheit, die im Sinne Augustins durch Zeugung übertragen wird. Nein, die Texte über den Urstand und die Sünde Adams (Gen 1-11) sind in Gestalt einer historischen Ätiologie Ausdruck der geschichtlichen Gotteserfahrung Israels. Die Relecture dieser Texte im Lichte des Christusereignisses erschließt die Ursünde als ein universales Verhängnis. Rahner[258] erklärt die universalen Folgen des ersten „Nein" gegenüber dem absoluten Selbstangebot Gottes (Bund) vom Blick auf die interkommunikative Verfaßtheit der menschlichen Freiheit her. Indem Adam die Selbstzusage Gottes, welche Bedingung der Möglichkeit seiner Freiheit ist, abgewiesen hat, wurde er unfähig zum konkreten Vollzug seiner Freiheit (zum Entschluß der eigenen Freiheit für die andere Freiheit). Und weil er dem Nächsten schuldig blieb, was er ihm hätte schenken sollen, konnte auch dieser „Nächste" dem eigenen Wesen (der Selbsttranszendenz) nicht entsprechen.

Wenn man das, was Augustinus als „Erbsünde" bezeichnet hat, geschichtlich versteht, ist die beschriebene Verheißung des „heiligen Restes" keine Illusion. Es läßt sich exegetisch nachweisen, daß das entscheidende Ja-Wort zum Kommen des Erlösers Jesus Christus aus jenem „Rest" erwachsen sollte, von dem die Heilige Schrift immer wieder spricht. Deshalb – und nicht auf Grund eines ungeschichtlichen Eingreifens Gottes – ist das Ja-Wort des Menschen, dessen singuläre Berufung das Gebären des Erlösers war, ein „immakulates" Ja-Wort. „Maria steht von Anfang an in der lebendigen Glaubensüberlieferung Israels, und zwar eben des getreuen und in der Treue geläuterten Restes, so daß die Untreue Israels, das ist die konkretgeschichtliche Gestalt der Erbsünde, den geschichtlich geschlossenen Raum, in dem sie zur Glaubensentscheidung heranreift, nicht erreicht."[259]

---

[258] Dazu: M. Seybold, Schwerpunkte der Erbsündendiskussion in der jüngeren katholischen Dogmatik, in: A. Ziegenaus (Hg.), Veritati Catholicae (FS L. Scheffczyk), Aschaffenburg 1985, 265–280; J. Bolewski, Der reine Anfang. Dialektik der Erbsünde in marianischer Perspekive nach Karl Rahner (FTS 40), Frankfurt 1991, bes. 255–282.

[259] Langemeyer (Anm. 250) 314. – „Wäre Maria, wie Karl Barth sagt, einfach der Mensch, an dem das Wunder der Offenbarung geschehen ist; wäre sie eine Tochter des ungetreuen Israel, die erst durch Gottes Gnadenbotschaft getroffen, zur Umkehr kam und zum gläubigen ‚fiat' ermächtigt wurde, so müßte dies als unerwartbar Neues eigens bezeugt sein, wie es bei Paulus der Fall ist." (Ebd. 315).

Ohne im Rahmen dieser kleinen Studie die Dogmengeschichte der Mariendogmen mitbehandeln zu können[260], sei abschließend doch auf einige Linien der Entwicklung des Immaculata-Dogmas verwiesen: Unbestritten ist, daß die in Anlehnung an die Adam-Christus-Typologie des Römerbriefes gebildete Eva-Maria-Typologie – verbunden mit der Applizierung aller alttestamentlichen Aussagen über die Tochter, Braut und Mutter Zion – den Blick auf die heilsgeschichtliche Bedeutung des Ja-Wortes gerichtet hat. Dabei versteht sich von selbst, daß vor Augustinus, dem Schöpfer einer eigentlichen „Erbsündenlehre", von einer „Befreiung der Gottesmutter von der Erbsünde" keine Rede ist. Irenaeus (Adv. haer. IV,33,11) spricht von einer Reinigung Marias bei der Verkündigung. Doch schon Gregor von Nazianz (Or. 38,112) nimmt eine „vorbereitende Vorausreinigung" an. Die mit dieser Hypothese angebahnte Tendenz wird im Osten zur Tradition (Einführung des Festes der „Imaculata" im 7./8. Jahrhundert).

Im Westen dagegen wirkt sich Augustins Lehre von der universalen Erbsündenverhaftung retardierend auf die Entwicklung des Immaculata-Dogmas aus. Anselm von Canterbury stellt zwar die Frage nach einer Erlösung, wie sie größer nicht gedacht werden kann, um so der „Erlösung von" eine „Erlösung zu" entgegenzustellen. Aber auch er hat wie andere große Theologen des Westens (Bernhard von Clairvaux, Petrus Lombardus, Thomas von Aquin, Albert der Große, Bonaventura) Vorbehalte gegenüber einer „Herausnahme" Marias aus dem Verhängnis der Erbsünde. Als erster Theologe des Westens, der den Inhalt des erst 1854 promulgierten „Immaculata-Dogmas" ohne Einschränkung vertritt, gilt gemeinhin der Benediktiner Eadmer († ca. 1134) mit seiner „Abhandlung über die Empfängnis der heiligen Maria". Er unterscheidet zwischen *aktiver* Empfängnis (in der Sünde) und *passiver* Empfängnis (ohne Sünde) und verweist zur Veranschaulichung dieser Distinktion auf die Kastanie, die unbeschädigt aus ihrer stachligen Hülle hervorkommt. Von ihm auch stammt die Argumentationsfigur „potuit, decuit, fecit": „Konnte er [Gott] es nicht einem menschlichen Leib ermöglichen, von jenem Stechen der Dornen verschont zu bleiben, auch wenn er inmitten der Stacheln der Sünde empfangen wurde? Es ist offensichtlich, daß er es konnte und es wollte; wenn er es wollte, so hat er es auch getan (*potuit plane et voluit; si igitur voluit, fecit*)."[261]

[260] Vgl. X. Le Bachelet, Immaculée Conception, in: DThC VII/1, Paris 1922, 845–1218.

[261] Zit. nach: S. De Fiores, Maria in der Geschichte der Theologie und Frömmigkeit, in: W. Beinert u. H. Petri (Hgg.), Handbuch der Marienkunde, Bd. I, Regensburg ²1996, 99–266; hier: 157 f.

Johannes Duns Scotus, der als wichtigster Promotor des Immaculata-Dogmas im Westen angesehen wird, versteht dessen Inhalt nicht als Herausnahme Marias aus der Erlösung durch Christus, sondern als deren Höchstfall. Zwischen Skotisten bzw. Franziskanern (= Immakulisten) und Thomisten bzw. Dominikanern (= Makulisten) kam es zum Dauerstreit[262], in dem die Päpste – obwohl offiziell neutral – in ihrer Mehrzahl mit den Immakulisten sympathisierten. Eine auf dem Konzil von Basel eingebrachte Vorlage zur Definition des Immaculata-Dogmas scheiterte auf Grund politischer Querelen (Verlegung von Basel nach Ferrara). Die Vorlage von Basel stellte Maria in die Heilsgeschichte und bot deshalb eine sehr viel bessere Begründung an als die Bulle „Ineffabilis Deus" von 1854. Zwar führte Papst Sixtus IV. das Fest der „Immaculata" 1477 auch im Westen ein; aber zu einer Lehrentscheidung kam es auch innerhalb des Erbsündendekretes auf dem Trienter Konzil nicht. Die nachtridentinische Kontroverstheologie förderte die Position der Immakulisten und erreichte gegen den Widerstand extremer Augustinisten (Jansenisten) 1708 die universalkirchliche Ausdehnung der liturgischen Feier durch Clemens XI. Im Zuge der nachtridentinischen Verhältnisbestimmung von Christologie und Ekklesiologie war die Dogmatisierung durch Pius IX. letztlich die Besiegelung einer längst gefallenen Entscheidung.

3. Der von der Sünde und deren Folgen unberührte Tod Marias

Obwohl die Apostolische Konstitution „Munificentissmus Deus", mit der Papst Pius XII. 1950 das „Assumpta-Dogma" verkündet hat, ebenso wenig heilsgeschichtlich wie die Bulle „Ineffabilis Deus" von 1854 argumentiert, gilt auch hier der hermeneutische Grundsatz: „Gottes Möglichkeiten, seinen Heilsplan durchzuführen, die Heilsgeschichte sinnvoll weiterzuführen, sind immer und in jedem Fall größer, als menschliche Vernunft sie ausdenken kann. Mit anderen Worten: dieser Sinnzusammenhang ist kontingent. Folglich ist es aussichtslos, etwa aus dem *gratia plena* – ganz abgesehen von der Exegese dieser Stelle – einzigartige Gnadenerweise wie die Unbefleckte Empfängnis oder die leibliche Aufnahme in den Himmel durch Begriffsanalyse ableiten zu wollen."[263]

---

262 Dazu: U. Horst, Die Diskussion um die Immaculata Conceptio im Dominikanerorden. Ein Beitrag zur Geschichte der theologischen Methode (VGI 34), Paderborn 1987.

263 Langemeyer (Anm. 250) 309.

Indem Karl Rahner das Assumpta-Dogma so ähnlich in seine Eschatologie einbettet wie das Immaculata-Dogma in die allgemeine Gnadenlehre, hat er auch für diesen Glaubensinhalt den Weg zu einer heilsgeschichtlich ansetzenden Begründung geebnet. Wie im vorausgehenden, so sollen auch in diesem Abschnitt zunächst Rahners Gedanken expliziert werden, um von da aus eine induktive Erhebung des Assumpta-Dogmas aus der biblisch bezeugten Heilsgeschichte zu versuchen.

a) Marias Tod als Brennpunkt der Rahnerschen Eschatologie

Nicht auf Grund metaphysischer Spekulationen, sondern von der Betrachtung des Todes Jesu her gelangt Rahner zu der erstmals 1958 vorgelegten These, daß der Tod nicht nur Widerfahrnis, Trennung oder Abbruch, sondern unter ein und derselben Hinsicht – also zugleich! – auch ein Akt des Sterbenden ist. Jesu Tod, so schreibt er, war „Ausdruck, Leiblichkeit seines liebenden Gehorsams, der Übereignung seines ganzen geschöpflichen Seins in Freiheit an Gott"[264]. Schon mit dieser Formulierung macht er deutlich, was er in zahlreichen Debatten mit den Verfechtern der schultheologischen Definition des Todes als Trennung von Leib und Seele verteidigt hat: nämlich daß der Mensch – weil er im Sinne der biblischen Anthropologie wesentlich nicht nur Seele bzw. Geist, sondern auch Leib *ist*, seine Identität unmöglich als vom Leib getrennte Seele bzw. als vom Leib getrennter Geist wahren kann. In Rahners Innsbrucker Mariologie-Vorlesung (1959) lesen wir: „Leib ist nicht der andere Teil des Menschen, sondern eine Folge der Seele, dasjenige, was erst *entsteht* als Wirklichkeit der Seele dadurch, daß Geist in das Raumzeitliche der Materialität hineingegeben ist und (beim menschlichen Geist) hineingegeben sein muß, um zum Vollzug seines eigenen geistigen Wesens zu gelangen, [...]. Seele ist nicht Geist, der nebenbei, das heißt neben seinem Geist-sein auch noch das Geschäft der Steuerung eines biologischen Geschehens betreibt, ein Geschäft, auf das er auch verzichten könnte, ohne daß dies etwas für sein Hauptgeschäft bedeuten würde."[265] Rahner bezeichnet den Leib als die „selbstgewirkte Andersheit der Seele selbst"[266]. Das heißt, der Leib ist nicht das bloße Zeichen der Seele, und die Seele ist nicht die bloße

[264] K. Rahner, Zur Theologie des Todes (QD 2), Freiburg 1958, 57.
[265] K. Rahner, Mariologie (hektographiertes Skriptum), Innsbruck 1959, 268.
[266] K. Rahner, Zur Theologie des Symbols, in: Schriften IV (1960) 275–311; hier: 305.

Innenseite des Leibes, sondern der Leib ist das „Realsymbol“[267] der Seele.

Wenn der Tod nicht die Annihilierung des Menschen sein soll, kann er auch nicht seine Reduktion auf eine „anima separata“ sein. Deshalb betont Rahner: „So wie der Mensch Geist und Materie, Freiheit und Notwendigkeit, Person und Natur ist, so muß auch sein Tod diese realontologische Dialektik, die mit dem innersten Wesen des Menschen gegeben ist, an sich tragen. [...] Das Ende des Menschen als Geistperson ist tätige Vollendung von innen, ein aktives Sich-zur Vollendung-Bringen, aufwachsende, das Ergebnis des Lebens bewährende Auszeugung [...]. Und der Tod des Menschen als Ende des biologischen Lebens ist gleichzeitig in unauflösbarer und das Ganze des Menschen betreffender Weise Abbruch von außen, Zerstörung, Parzenschnitt, Widerfahrnis, das den Menschen unberechenbar von außen trifft, so daß sein ‚eigener Tod‘ von innen durch die Tat der Person selbst gleichzeitig das Ereignis der radikalsten Entmächtigung des Menschen ist, Tat und Leiden in einem.“[268].

In diesem Zitat seiner Frühschrift „Zur Theologie des Todes“ hat Rahner die Begriffe „Seele“ und „Leib“ bereits durch die Begriffe „Person“ und „Natur“ ersetzt – offensichtlich um schon durch die Begriffswahl jede Anlehnung an die griechische Anthropologie (Seele als Widerpart des Leibes) zu vermeiden. Rahner versteht den Tod nicht punktuell im Sinne einer „Endentscheidung“[269], sondern er beschreibt das ganze Leben als Aufruf zur „Eigentlichkeit“, zur kontinuierlichen Annahme des unverfügbar Anderen (des Todes). Schon 1958 sagt er ausdrücklich: „Der Mensch wirkt seinen Tod als seine Vollendung durch die Tat seines Lebens, und *so* ist der Tod in dieser Tat, das heißt also in jeder freien Tat anwesend, in der der Mensch in Freiheit über

---

[267] In seiner viel besprochenen Abhandlung zur „Theologie des Symbols“ skizziert Rahner „drei Elemente, die den Begriff des Realsymbols bestimmen: 1) Das Symbol wird als *Selbstvollzug* des Symbolisierten (besser: des sich Symbolisierenden) gebildet; 2) das Symbol ist, wiewohl real vom Symbolisierten verschieden, doch ein *inneres Moment* an diesem, es gehört *wesentlich* zu ihm und darum 3) setzt das Symbolisierte (sich Symbolisierende) das Symbol, um *zu seiner eigenen Vollendung* zu gelangen“ (N. Schwerdtfeger, Gnade und Welt. Zum Grundgefüge von Karl Rahners Theorie der „anonymen Christen“ [FThSt 123], Freiburg 1982, 221).

[268] Rahner (Anm. 264) 30.

[269] Insofern unterscheidet sich Rahners „Theologie des Todes“ von der sich auf ihn berufenden des Ladislaus Boros (Mysterium Mortis. Der Mensch in der letzten Entscheidung, Olten/Freiburg 1962). – Dazu: M. Sopata, Zur Theologie des Todes (EHS.T 489), Frankfurt 1993, 268–274.

das Ganze seiner Person verfügt."[270] Indem Rahner den Menschen im Anschluß an Thomas von Aquin als „Geist in Welt" bezeichnet[271], will er sagen: Personale Freiheit realisiert sich im konkreten Sich-Verhalten zu den Möglichkeiten, welche die Geschichte anbietet. Das heißt: „Aktiv" ist der Mensch, indem er das, was ihm auferlegt ist, was von außen verfügt und vorgegeben ist, insbesondere das Kreuz, annimmt bzw. „unterfaßt".

Wie im vorausgehenden Kapitel dargestellt, versteht Rahner Gnade nicht als ein ungeschichtliches, rein innerliches und privates Geschehen, sondern als Selbstmitteilung Gottes in Raum und Zeit. Weil Gnade vermittelt ist durch Welt und Geschichte, kann jeder Raum-Zeit-Punkt Medium der Begegnung zwischen Gott und Mensch sein[272]. Wenn man dies voraussetzt, wird deutlich: Die Annahme der Gnade besteht nicht in der Flucht aus Raum und Zeit, sondern in der Annahme des von außen geschichtlich Aufgegebenen, in der Annahme der eigenen Endlichkeit, schließlich in der Annahme des Todes. Dieses Annehmen ist aber alles andere als ein Verfügen über die Gnade. Denn gerade weil Gott sich indirekt – durch Welt und Geschichte – mitteilt, ist er nicht verfügbar, ist die Annahme seiner Selbstmitteilung niemals ein Besitzen oder Haben, sondern stets ein Sichausstrecken, ein Hoffen[273].

Vor allem Eberhard Jüngel hat Rahners Theologie des Todes als Angriff auf das protestantische „sola gratia" mißverstanden[274]. Der Tod – so betont er – darf auch nicht andeutungsweise als Tat des Menschen selbst erscheinen. Doch wer so argumentiert, übersieht, was Rahner wie in der Gnadenlehre, so auch innerhalb aller seiner eschatologischen Beiträge als das „Zugleich" von Passivität und Aktivität beschreibt[275]. Nichts liegt Rahner ferner, als den Tod als Verfügung über

---

[270] Rahner (Anm. 264) 41.

[271] Hier sei besonders verwiesen auf das Kapitel „Zur Ontologie der innerweltlichen Wirkursächlichkeit" (K. Rahner, Geist in Welt, Zur Metaphysik der endlichen Erkenntnis bei Thomas von Aquin, München 1957, 331–383).

[272] Vgl. K. Rahner, Theologische Bemerkungen zum Zeitbegriff, in: Schriften IX (1970) 302–322; hier: 320.

[273] „Die Hoffnung ist selbst eine ursprüngliche Erkenntnisweise, in der das Kreative und das in letzter Passivität Hinzunehmende eine paradoxe Einheit haben, weil das Gehoffte nur innerhalb der Hoffnung selbst für uns gegeben ist und sonst nicht einmal als wirklich Denkbares da ist und ebenso auch das rein Geschenkte ist und als solches empfangen wird." (K. Rahner, Zur Theologie des Todes, in: Schriften X [1972] 181–199; hier: 190).

[274] Vgl. E. Jüngel, Tod (ThTh 8), Stuttgart/Berlin ^{4}1977, 116f.

[275] Dazu: K. Rahner, Der Leib in der Heilsordnung, in: Schriften XII (1975) 407–427.

das Unverfügbare zu bezeichnen. Weil der Tod nicht die Überwindung des Leibes durch die Seele ist, bleibt der Mensch im Tod und auch darüber hinaus „Leib"; und das heißt: leidensfähig[276]. Nicht von ungefähr wird diese Tatsache besonders häufig in der Innsbrucker Mariologie-Vorlesung unterstrichen: Dort heißt es wörtlich, daß der Tod „nicht die Aufhebung jedes realen Weltbezugs der ‚Seele' bedeutet, sondern nur die Aufhebung der Vermittlung dieses Bezuges durch die bestimmte Raum-Zeit-Stelle, die wir den Leib des Menschen nennen"[277].

Zunächst (1958) sprach Rahner vom „Allkosmisch-Werden" der Leibseele im Tod[278]. Damit wollte er ausdrücken, daß der Mensch im Tod nicht seinen Bezug zur Welt verliert, also nicht „a-kosmisch" wird, sondern in seiner Beziehung zur Welt nicht mehr an einen bestimmten Ort in Raum und Zeit gebunden ist. Von vornherein wies er die Vermutung ab, an die Stelle des irdischen Leibes trete mit dem Tod der ganze Kosmos. Es geht um eine Leiblichkeit, die grenzenlos beziehungsfähig ist. 1975 distanziert sich Rahner von dem Ausdruck „Allkosmizität"; er verweist darauf, daß der biblische Begriff „verklärter Leib" all das zu sagen vermag, was mit der These von dem „Allkosmisch-Werden der Leibseele im Tod" intendiert ist[279].

Die so umrissene Eschatologie Rahners gründet in der biblisch bezeugten Untrennbarkeit von Leib und Seele und ganz besonders auch in der Betrachtung von Christi Tod. Mit derselben Schärfe wie Irenaeus gegen die Gnostiker betont er, daß die Menschwerdung Gottes kein vorübergehendes Herabsteigen Gottes mit dem Ziel der Trennung des Eigentlichen (des „Geistigen") vom Uneigentlichen (des „Materiellen") ist, sondern im Gegenteil: Außerhalb der Verbindung, die Gott in Jesus Christus der Welt geöffnet hat, gibt es für nichts und niemanden

[276] Ausdrücklich bezeichnet K. Rahner (Passion und Aszese, in: Schriften III [1956] 73–104; hier: 89) den Tod als Verunmöglichung der Selbstverfügung, sogar als „Höhepunkt der Betroffenheit des Menschen durch die Passion".

[277] Rahner (Anm. 265) 308.

[278] Rahner (Anm. 264) 20–23.

[279] „Wie sollte es […] eine ‚anima separata' geben können? Kann sie denn etwas verlieren, was mit ihr identisch ist, ohne selbst aufzuhören zu sein? Früher versuchte ich selbst, dieser Aporie dadurch zu entkommen, daß ich einen kosmischen Bezug des endlichen Menschengeistes auf die Materie, d. h. der *einen* Materie der *Welt*, postulierte. Dieser Bezug bliebe auch dann noch, wenn die genaue Art und Weise, in der sich während des irdischen Lebens dieser Materiebezug des Geistes einen Leib bildet, nicht mehr gegeben ist. Doch wird man zugeben, daß sich das ganze Problem wesentlich vereinfacht, wenn man diese bleibende Bezogenheit der Geistseele auf die Materie scholastisch ausgedrückt als bleibende Informiertheit des verklärten Leibes durch die vollendete Geistseele denkt." (K. Rahner, Über den „Zwischenzustand", in: Schriften XII [1975] 455–466; hier: 461).

Vollendung. Nicht durch Rückzug aus der Welt (vgl. „anima separata"), sondern durch die stets konkrete Annahme des Anderen (des Nächsten) geschieht Vollendung. Der Glaube an die Auferstehung des Leibes bedeutet nicht, daß der zunächst separat vollendeten Seele der Leib hinzugefügt wird, sondern daß es keine Seligkeit des einzelnen ohne die Gemeinschaft mit jenen geben kann, mit denen er durch seinen Leib verbunden ist[280].

Verklärt ist der Leib des einzelnen erst dann, wenn er Medium der unbedingten (und gerade so konkreten) Anerkennung jedes Anderen geworden ist. Im Tod ist der Mensch das, was er durch das Medium seiner Beziehung, durch den Leib, geworden oder nicht geworden ist. Anders gesagt: Der Leib, der zur Identität über den Tod hinaus gehört, ist die Summe der realisierten und/oder verweigerten Beziehungen. Sünde manifestiert sich als Kluft zwischen dem, was der einzelne hätte sein sollen und können, und dem, was er tatsächlich geworden ist. Im Tod wird diese Kluft offenbar, weil die Bindung an einen bestimmten Punkt in Raum und Zeit aufhört und jede realisierte und jede verweigerte Beziehung manifest ist. Als Purgatorium versteht Rahner den schmerzlichen Prozeß der Abtragung aller selbstaufgebauten Widerstände gegen die konkrete Anerkennung des Anderen[281]. Auch wenn der Leibseele des Menschen im Tod die universale Beziehungs*fähigkeit* geschenkt wird, kann sie diese nur in dem Maße realisieren, in dem sie frei geworden ist von den Widerständen der Sünde.

Vor diesem Hintergrund versteht sich fast von selbst, worin Rahner den zentralen Inhalt des Assumpta-Dogmas erkennt. Die im Glaubensbewußtsein vieler Katholiken noch präsente Anschaulichkeit einer Parallele zwischen dem leeren Grab des Ostermorgens und dem leeren Grab der Mutter Gottes geht wahrscheinlich auf apokryphe

[280] Rahner hat sich nicht sofort, aber später doch deutlich der zunächst nur auf seiten protestantischer Theologen vertretenen These von der „Auferstehung im Tod" angeschlossen. Er sieht durch diese Position nicht in Frage gestellt, was das Credo mit der Auferstehung aller Toten meint. Nur wenn der Leib auf die Atome reduziert wird, die ihn in stetem Wechsel bilden, ist der Tod die Trennung der Seele vom Leib. Wird der Leib jedoch als Summe der gelebten oder nicht gelebten Beziehungen verstanden, dann ist der Tod die Auszeitigung dieser Identität. Die Unvollkommenheit des im Tod ausgezeitigten Leibes bedarf der Ausreifung bzw. Reinigung hin auf das Ziel der unbedingten Anerkennung jedes Anderen. Abgeschlossen ist dieser Prozeß erst, wenn jede mit Freiheit begabte Person Glied des verklärten Leibes Christi geworden ist. Zur Entfaltung der Rahnerschen Eschatologie vgl.: Bolewski (Anm. 258) 232–237.

[281] Dazu: G. Bätzing, Kirche im Werden. Ekklesiologische Aspekte des Läuterungsgedankens (TThSt 56), Trier 1996, bes. 99–112.

Erzählungen zurück. Jedenfalls liegt der zentrale Inhalt des Assumpta-Dogmas nicht in der „assumptio" des Leichnams. Wenn der Tod ganz generell nicht die Trennung von Leib und Seele ist; wenn der Leib – verstanden als die Summe der gelebten (oder nicht gelebten) Beziehungen – im Tod aufersteht, dann ist es zumindest nicht notwendig, für Maria eine andere (zusätzliche) Auferstehung des Leichnams anzunehmen[282].

Nicht daß der Leichnam Marias in den Himmel aufgenommen wird, feiert die Kirche am 15. August, sondern daß der Tod des auf Grund seiner einzigartigen Christusbeziehung einzigen Menschen ohne Sünde das Anziehen des verklärten Leibes ist – des Leibes, der ohne jeden Widerstand in Beziehung treten kann zu allen Brüdern und Schwestern. Die Kirche feiert am 15. August das Urbild der eschatologischen Identität von Reich Gottes und Kirche.

Daß Maria nicht gezeichnet war von jener Kluft zwischen Person und Natur, die Wirkung der Sünde ist, kann positiv so veranschaulicht werden, daß ihr „Ja" zu Gott sich verleiblicht hat in dem „Ja" zum Nächsten (in der Einheit von Gottes- und Nächstenliebe). Oder noch konkreter ausgedrückt: Sie war so lauter, daß ihr Leib nichts anderes ausdrückte als ihre Person. Natürlich blieb Maria auf Grund ihrer irdischen Leiblichkeit an Zeit und Raum gebunden; aber unter dieser Voraussetzung war sie der ganz und gar beziehentliche (kommuniale) Mensch. Deshalb war ihr Leib bzw. ihre Natur auch im Sterben Ausdruck der Selbsttranszendenz. Da war nichts, was der Realisierung universaler („allkosmischer") Beziehungsfähigkeit entgegenstand. Oder anders ausgedrückt: Ihr Leib wurde im Tod unmittelbar zu jenem verklärten Leib, von dem die Heilige Schrift in bezug auf den österlichen Christus spricht.

Maria ist als die schon Vollendete im voraus das, was die Kirche insgesamt und jeder einzelne in ihr werden soll. Als die „Assumpta" ist

282 Indem A. Ziegenaus (Die leibliche Aufnahme Mariens in den Himmel im Spannungsfeld heutiger theologischer Strömungen, in: FKTh 1 [1985] 1–19) die katholischerseits vor allem von G. Greshake entfaltete These von der Auferstehung im Tod ablehnt, verteidigt er zugleich die Unterscheidung zwischen der Auferstehung der Seele und der Auferstehung des Leibes. Den auferstandenen Leib kann er sich nur unter „Einbeziehung der Reliquien des alten Erdenleibes" vorstellen. Und mit C. Pozo meint er, daß das Assumpta-Dogma auf eine bloße Heiligsprechung reduziert würde, wenn wir nicht daran festhielten, daß Maria *im Unterschied zu allen anderen Heiligen* nicht nur als Seele, sondern auch leiblich in den Himmel aufgenommen worden sei. Daß Ziegenaus die Argumente der Gegenposition nicht wirklich trifft, zeigt: G. Greshake, Auferstehung im Tod. Ein parteiischer Rückblick, in: ThPh 73 (1998) 538–557.

sie das Urbild vollendeter Proexistenz, vollendeter Solidarität im Sinne „inklusiver Mittlerschaft".

Dieser in der Kontroverstheologie oftmals zugespitzte Begriff wird von Rahner aus dem Zusammenhang von Trinitätslehre, Soteriologie und Ekklesiologie erklärt: Weil der trinitarische Gott in sich selbst Anerkennung des Anderen als des anderen ist, gipfelt die auf das Du des Sohnes hin entworfene Schöpfung in der Hervorbringung personaler Freiheit. Der trinitarische Gott erweist sich heilsgeschichtlich als der Gott des Bundes. Das heißt: Er will jedes einzelnen Menschen bedürfen – und zwar so unbedingt, daß er ohne sein Ja-Wort nicht tun kann, was er tun will. Aus der Tatsache, daß Gott in sich selbst unbedingte Anerkennung des Anderen als des anderen ist, folgt auch, daß jenes Geschöpf, durch das sich Gott als er selbst mitteilt (Jesus Christus), in eben dem Maße es selbst ist, als es mit seinem Schöpfer geeint ist. Entsprechendes gilt für den Vorgang der Versöhnung: Der Gott, der als die Beziehung zwischen Vater und Sohn unbedingte Anerkennung des Anderen in unbedingter Reziprozität (im Heiligen Geist) ist, will, daß der Sünder als Empfänger zugleich Geber dessen wird, was ihm mit der erlösenden Bejahung geschenkt wird. Deshalb ist alle Gnade geschichtlich vermittelt – nicht nur durch Jesus Christus (= Ursakrament), sondern auch durch die Gemeinschaft derer, die als Empfänger seiner unbedingten Bejahung die ihnen geschenkte *communio* als *missio* und *diaconia* leben (Kirche als Grundsakrament).

Wenn Gott das Ereignis der Menschwerdung an das stellvertretende Ja-Wort Marias bindet, ist sie nicht neben Christus oder gar unabhängig von ihm Mittlerin. Ihr Ja-Wort ist, wie im vorausgehenden Kapitel dargestellt, beides zugleich: ganz und gar Gnade und ganz und gar Ausdruck der eigenen Freiheit (Personalität). Durch, mit und in Christus ist Maria vollendete Selbsttranszendenz, vollendete Proexistenz: *„advocata nostra"*. Und weil ihr Tod die Verwandlung des irdischen (an Raum und Zeit gebundenen) Leibes in den verklärten Leib universaler Beziehungsfähigkeit war, ist auch ihr singuläres Eintreten „für die anderen" im wahrsten Sinne des Wortes „grenzen-los" geworden.

b) Die Frage nach der heilsgeschichtlichen Verortung des „Assumpta-Dogmas"

Obwohl Rahner seine Gedanken zum Zusammenhang zwischen der allgemeinen Eschatologie und dem Assumpta-Dogma nicht induktiv aus der biblisch bezeugten Heilsgeschichte erhebt, ist seine Theologie stets orientiert an der Urkunde unseres Glaubens. Das zeigt sich in seiner an der biblischen Anthropologie ausgerichteten Zuordnung von Leib und Seele ebenso wie in dem Versuch, den biblischen Begriff des verklärten Leibes oder die biblisch bezeugte Untrennbarkeit von Gnade und Geschichte zu erläutern. Dennoch empfiehlt sich eine Ergänzung seiner Ausführungen wie zum Immaculata-, so auch zum Assumpta-Dogma durch den Verweis auf die Vorstellung vom „Heiligen Rest" in der Geschichte Israels. Dieses biblische Motiv nämlich ist untrennbar verknüpft mit den Wurzeln des Auferstehungsglaubens.

Gemeinschaft mit Jahwe bedeutet Leben; und das Leben, das Jahwe schenkt, ist niemals ein abstraktes (vgl. „anima separata"), sondern das an den Leib gebundene Leben; und das an den Leib gebundene Leben des Menschen ist stets ein konkreter Auftrag, eine Sendung, eine Berufung. Jeder Israelit weiß sich von Jahwe an eine bestimmte „Stelle" gerufen, an der er durch Treue gegenüber dem Bundesgesetz (gegenüber der Tora) zum Segen oder durch Untreue zum Unheil nicht nur für sich, sondern auch für das (wenn auch meistens nur sehr partiell) vertretene Volk Israel wird[283]. Jeder Israelit ist auf je einmalige Weise Repräsentant des Bundes zwischen Jahwe und Israel. Von diesem Selbstverständnis nicht zu trennen ist die vordergründig erstaunliche Tatsache, daß Israel im Unterschied zu den Nachbarvölkern (z. B. zu Ägypten), die das Göttliche im Eschaton ansiedeln, durch viele Jahrhunderte seiner Geschichte hindurch keinen Himmel jenseits der Todesgrenze kennt. Die Toten gelten zwar auch schon vor der Makkabäerzeit in Israel als „irgendwie noch vorhanden": nämlich in den eigenen Nachkommen bzw. in einer Art Unterwelt (Scheol); aber eigentliches Leben ist Gemeinschaft mit Jahwe[284], und die gibt es nur

---

[283] Dazu: K.-H. Menke, Stellvertretung. Schlüsselbegriff christlichen Lebens und theologische Grundkategorie (SlgHor NF 29), Einsiedeln/Freiburg ²1997, bes. 29–51.

[284] „Für die Toten ist Jahwes Treue und Gnade gegenstandslos geworden (Jes 38,18 f; Ps 88,11-13). In einem ganz ausschließlichen Sinne ist Jahwe der Gott der Lebenden: wo er ist, ist Leben; wo Tod ist, ist er nicht. Und so steht der Israelit nach dem Tod außerhalb des für ihn so unbedingt wichtigen irdisch-geschichtlichen Lebensbereiches, in dem es allein die Möglichkeit des Heils, der Teilhabe am Gottesverhältnis gibt. Dies ist der eigentliche Stachel des Todes für Israel: die mit ihm verbundene Trennung und Ferne von Jahwe, dem Gott des Lebens und des Bundes." (H. Kessler: Sucht den Lebenden nicht bei den Toten. Die Auferstehung Jesu Christi in biblischer, fundamentaltheologischer und systematischer Sicht. Neuausgabe mit ausführlicher Erörterung der aktuellen Fragen, Würzburg 1995, 48).

diesseits der Todesgrenze[285], weil diese Gemeinschaft konstituiert wird durch die Tora, die von seiten des Bundesstifters Jahwe Gnade und auf seiten Israels nicht nur ein Empfangen, sondern auch Auftrag, Sendung, Stellvertretung bedeutet. Es gibt keine innerliche, rein private oder weltflüchtige Gemeinschaft mit Jahwe, sondern die Gnade Jahwes wird empfangen im Modus einer geschichtlichen Berufung.

Das gilt für Israel insgesamt, aber auch für jeden einzelnen Israeliten. Natürlich gibt es im Blick auf die Wirkung des einzelnen große Unterschiede. Aber nicht nur die großen „Korporativpersonen", sondern jeder einzelne Israelit ist in der Treue zur Tora „Einbruchsstelle" von Heil; und umgekehrt, wenn er Jahwe nicht hineinläßt in sein Reden und Tun, Planen und Denken, wird er zur „Einbruchsstelle" von Unheil. Über viele Jahrhunderte galt in Israel ein langes Leben als Ausweis der Bundestreue, der in das Tun der Tora übersetzten Annahme der Gemeinschaft mit Jahwe. Erst in der Reflexion der unbestreitbaren Tatsache, daß die der Tora besonders treuen Israeliten unschuldig und vorzeitig den Tod finden, gelangt Israel zu dem Glauben, Jahwe werde diesen Gerechten seine Gemeinschaft jenseits der Todesgrenze nicht entziehen. Bei den Totenerweckungen durch Elischa (2 Kön 4,31-37; 13,21) oder Elija (1 Kön 17,17-24) allerdings handelt es sich um die Rückführung in das Leben *diesseits* des Todes. Und die Entrückung des Elija (2 Kön 2,11) und des Henoch (Gen 5,24) geschieht *vor* dem Tod. Und auch die in Jes 26,19 schon angedeutete und in Dan 12,1-4 förmlich ausgesprochene Glaubensvorstellung von einer Auferstehung der Gerechten meint ein dem diesseitigen Leben vergleichbares neues Leben derjenigen, die auch in der Drangsal bzw. im Martyrium der Tora treu geblieben sind (vgl. Mt 27,52). Die apokalyptische Eschatologie

---

[285] „Ein Hoffen gegen den Tod des *Einzelnen* regt sich zunächst nur als Erwartung langen, erfüllten irdischen Lebens (gemäß der dem vierten Gebot beigegebenen Verheißung: Ex 20,12). Selbst endzeitliche Ausblicke der nachexilischen Zeit fassen keine Abschaffung des Todes ins Auge, sondern allenfalls eine relative Verlängerung des irdischen Lebensalters und eine Vermeidung vorzeitigen Todes. So hofft man ‚materialistisch' darauf, daß Gott ‚einen neuen Himmel und eine neue Erde schafft', ohne Weinen und Wehklagen (Jes 65,17 ff), von paradiesischem Frieden durchwaltet (60,18.21; 65,25), wo ‚als jung gelten wird, wer mit hundert Jahren stirbt' (65, 19 f; vgl. Sach 8,4). Es bleibt dabei: er stirbt. Der Tod wird nicht entmachtet, nur die Lebensgrenze wird hinausgeschoben. Diese Auffassung begegnet übrigens auch noch später in apokalyptischen Texten (äthHen 10,17; 25,4 ff: ca. 200 v. Chr.; Jub 23,15 ff: ca. 100 v. Chr.). In Jub 23,30 ff findet sich die Vorstellung, der Scheol-Aufenthalt der verstorbenen Gerechten sei nicht düster, sondern freudvoll aufgehellt dadurch, daß sie das Glück ihrer Nachfahren sehen (anders als etwa Ijob 14,21)." (Ebd. 51 f).

zwischen dem ersten Jahrhundert vor und dem zweiten Jahrhundert nach Christus ist nicht zuletzt von der Erwartung geprägt, nach einer völligen Auslöschung alles Bisherigen werde Gott die Gerechten – nur sie! – auferwecken zu einem neuen Leben. Allerdings waren die mit dieser „Auferweckung der Gerechten" verbundenen Vorstellungen zur Zeit Jesu sehr unterschiedlich. So gibt es beispielsweise Zeugnisse, die von ein und derselben Person die Beisetzung ihres Leichnams und die Erhöhung zu einem durchaus leiblich verstandenen Leben belegen[286]. Von daher muß die Leiblichkeit eines Auferstandenen nicht im Sinne einer Rekonstruktion seines Leichnams verstanden werden. Verschiedene exegetische und dogmengeschichtliche Untersuchungen der jüngeren Zeit[287] sprechen einhellig gegen ein physizistisches Verständnis und definieren den Leib als Medium der Beziehung. Was eine Person durch realisierte oder verweigerte Beziehungen wird, gehört zu ihrer Identität; und da Beziehung bzw. Kommunikation nicht ohne den Leib möglich ist, gehört der Leib zur Identität auch der postmortalen Existenz.

Nicht weil eine fromme Tradition Maria möglichst all das zusprechen will, was die Christologie dem Erlöser zuspricht, verehren wir sie als „Assumpta", sondern weil Maria in der Tradition jener „Korporativpersonen" Israels steht, die in herausragender Weise Stellvertreter ihres Volkes im Ja-Sagen zum Willen des Herrn waren. Bernhard Langemeyer stellt neben die „männliche Heilslinie" *Adam → Abraham → Moses → David → Propheten → Hohepriester → Christus* die „weibliche Heilslinie" *Eva → Sara → Elisabet → Israel als Gottesmagd (Tochter Zion → Arme und Demütige → Rest) → Maria (→ Kirche)*[288]. Maria gehört zu jenen „Gerechten", von denen Israel bekennt, daß sie auch jenseits der Todesgrenze in Gemeinschaft mit Jahwe stehen. Die Gemeinschaft mit Jahwe heißt aber nicht irgendwie leben, sondern *leiblich* – also nicht passiv, sondern aktiv, nicht bloß empfangend, sondern gebend, nicht abgelöst von der Welt, sondern in potenzierter Verbindung zu ihr (vgl. Rahners Gedanken zum Geschenk

---

[286] Vgl. G. Stemberger, Der Leib der Auferstehung. Studien zur Anthropologie und Eschatologie des palästinischen Judentums im neutestamentlichen Zeitalter (AnBib 56), Rom 1972, 115–117; K. Berger, Die Auferstehung des Propheten und die Erhöhung des Menschensohnes. Traditionsgeschichtliche Untersuchungen zur Deutung des Geschickes Jesu in frühchristlichen Texten, Göttingen 1976, bes. 111–114.

[287] Dazu mit ausführlichen Literaturverweisen: M. Kehl, Eschatologie, Würzburg 1986, 264–281.

[288] Vgl. Langemeyer (Anm. 250) 305.

der „universalen Beziehungsfähigkeit"!). Die Auferstehung Jesu ist kein Abschied von der Welt, sondern als verklärter Leib kann er sagen: Gerade weil ich nicht mehr an diesen Raum und diese Zeit gebunden bin, bin ich euch näher als ihr euch selber nahe seid (vgl. „Himmelfahrt" als Fest der Verheißung: Mt 28,20b: „Ich bin bei euch alle Tage bis zum Ende der Welt.").

Im Unterschied zu Christus *ist* Maria nicht die Gemeinschaft mit Gott. Von ihr kann man im Unterschied zu Christus nicht sagen, daß ihr Menschsein konstituiert sei durch dieselbe Beziehung, die – innertrinitarisch – der Sohn zum Vater *ist*. Ihre Sendung, ihr stellvertretendes Ja-Wort, ihre Mittlerschaft sind ebenso Ausdruck der Gnade des Erlösers wie jedes Ja-Wort eines anderen Heiligen. Sie steht nicht auf der Seite des Erlösers, sondern auf der Seite der Erlösten. Aber auf deren Seite ist sie schon im Tod verklärter Leib („assumpta"), Urbild der vollendeten Kirche, Urbild inklusiver Mittlerschaft und inklusiver Stellvertretung.

c) Ein kurzer Blick auf die Geschichte des „Assumpta-Dogmas"

Werfen wir abschließend auch am Ende dieses Kapitels einen Blick auf die Dogmengeschichte[289]. Was wir schon in bezug auf die „virginitas ante partum" feststellen mußten, das gilt erst recht in bezug auf Marias Tod: Es gibt keine historisch nachweisbare Tradition. Die ersten vier Jahrhunderte schweigen über ihren Tod und über die Art und Weise ihres Sterbens; sie wissen nicht das Geringste über die Auffindung eines „leeren Grabes". Epiphanius von Salamis (†403) erwähnt neben dem natürlichen Tod zwei weitere Möglichkeiten. Das Schriftwort von dem Schwert, das ihre Seele durchdringen sollte (Lk 2,35), könnte als Hinweis auf den Martyrertod gelesen werden. Und jene Stelle der Geheimen Offenbarung, die davon spricht, daß der Frau, welche das Kind gebar, „die Flügel des großen Adlers gegeben wurden" (Offb 12,14), könnte man als Hinweis auf ihre Entrückung zu Gott (auf ihre Bewahrung vor einem natürlichen Tod) verstehen. Epiphanius selbst aber möchte sich an solch vagen Vermutungen nicht beteiligen[290].

---

[289] Dazu: C. Balić, Testimonia de Assumptione Beatae Virginis Mariae, 2 Bde., Roma 1948/50; G. Söll, Mariologie (HDG III/4), Freiburg 1978, 118–129; E. Testa, Lo sviluppo della ‚Dormitio Mariae' nella letteratura, nella teologia e nell'archeologia, in: Mar. 44 (1982) 316–389.

[290] „Ego enim pronuntiare illud vereor, et tacita apud me cogitatione reputans mihi silentium indico. Quippe haud scio an de sanctissima illa ac beatissima

Ohne historischen Wert sind die sogenannten „Transitus-Mariae-Apokryphen". Die unter dieser Bezeichnung zusammengefaßten Texte bilden eine sehr heterogene Sammlung, die sich in drei Gruppen einteilen läßt: „*Typ A, griechisch und syrisch*: der Transitus wird in Betlehem angesiedelt; die Seele Marias wird in den Himmel, der Leib aber in ein irdisches Paradies überführt; *Typ B, koptisch*: hier wird Maria in ihrer Wohnung in Jerusalem dargestellt, während sie von dunklen Sorgen heimgesucht wird; ihr Leib fällt der Verwesung anheim und ist unter dem Baum des Lebens beerdigt; nach einer anderen Version wird er in das Paradies und damit in den Himmel überführt; *Typ C, griechisch und lateinisch*: hier wird beschrieben, wie Maria in Jerusalem im Kreis aller um ihr Sterbebett versammelten Apostel mit Leib und Seele in den Himmel aufgenommen wird."[291] Durch Gregor von Tours (538–594) wurden die apokryphen Legenden auch im Westen bekannt. Das liturgische Fest des „Heimgangs Marias" ist unabhängig von den Transitus-Akten entstanden; es ist im Osten schon im vierten Jahrhundert nachweisbar und durch Papst Sergius (687–701) auch in den römischen Festkalender aufgenommen worden. Daß der Inhalt dieses Festes keineswegs die „assumptio" auch des Leibes zum Inhalt hat, geht schon aus der griechischen (κοίμησις) und lateinischen (dormitio) Bezeichnung hervor. Die Vorstellung einer „Aufnahme des Leibes" findet sich jedoch in den Sakramentarien des 9. Jahrhunderts.

Auf erste Anfänge einer von den Transitus-Akten unabhängigen Theologie der Assumpta trifft man in bestimmten Homilien des Ostens. Germanus von Konstantinopel († 733) sagt in einer an Maria gerichteten Ansprache: „Es war nicht möglich, daß du, die Herberge Gottes, die Verderbnis erführest, die mit der Auflösung in den Staub gegeben ist. Da der, welcher in dir sich entäußert hat, Gott war von Anfang an und das ewige Leben, so mußte auch die Mutter des Lebens zur Hausgenossin des Lebens werden. Sie mußte den Tod gleich einem Schlaf auf sich nehmen, als Erwachen aber die Entrückung erleben, sie die Mutter des Lebens [...]. Leibliches Haus der Ruhe warst du ihm,

---

Virgine obscura quaedam inveniri vestigia possint, quae incertam nobis illius mortis fidem faciant. Nam ex una parte illud occurrit, quod de illa pronuntiat: *Et tuam ipsius animam pervadet gladius, ut relegantur ex multorum cordibus cogitationes.* Aliunde vero in Apocalypsi Ioannis legimus, draconem adversus mulierem properasse, quae marem pepererat: et datas ei esse pennas aquilae, et translatam esse in desertum, ne eam draco comprehenderet. Quod quidem in illa esse potest impletum. Quanquam illud non affirmo penitus; neque aut immortalem perseverasse definio, aut utrum mortua sit confirmare possum." (PG 42,716).

291 De Fiores (Anm. 261) 106.

Gottesgebärerin, Ort deiner Ruhe wird er selbst, Vielgepriesene!"[292] Entsprechend argumentieren auch Andreas von Kreta († 740)[293] und Johannes von Damaskus († 749)[294]. Immer dichter werden entsprechende Belege in der Tradition des Ostens, wobei offen bleibt, was genau unter der leiblichen Dimension der „assumptio" zu verstehen ist. Im Westen wurde das Fest der Assumpta seit Leo IV. (847) mit eigener Oktav am 15. August gefeiert; doch in der zeitgenössischen Theologie spielt der Inhalt dieses Festes praktisch keine Rolle. Dies änderte sich erst im 12. Jahrhundert auf Grund einer fälschlicherweise Augustinus zugeschriebenen Predigt mit dem Titel „De assumptione Beatae Mariae Virginis Liber unus"[295]. Ohne auf die Transitus-Akten Bezug zu nehmen, deduziert der Verfasser aus der Ganzhingabe Marias den integrativen Charakter ihres transitus. Wichtige Befürworter der Folgezeit sind besonders Abaelard, die Viktoriner und Albertus Magnus. Bonaventura führt das aus heutiger Sicht eher fragwürdige Argument ein, es müsse möglichst umfassende Gleichheit zwischen Sohn und Mutter bestehen. Deshalb könne man nicht glauben, der Sohn habe seiner Mutter die Wiedervereinigung mit dem Leibe vorenthalten. Streit gab es in den folgenden Jahrhunderten nicht eigentlich über Inhalte, sondern über die Frage, mit welchem Verbindlichkeitsgrad die „assumptio" zum Glaubensbekenntnis gehört. Auch zur Zeit der vom Bild der himmlischen Glorie Marias bestimmten Kunst des Barock, auch innerhalb der nachtridentinischen Kontroverstheologie und während der im 19. Jahrhundert um das Immaculata-Dogma geführten Debatten war die Mehrzahl der Theologen der Meinung, man könne Katholik sein, ohne den Festinhalt des 15. August zu affirmieren. Zu den Faktoren, welche die Definition des Jahres 1950 am stärksten gefördert haben, gehören zweifelsohne die „Leib-Christi-Ekklesiologie" zwischen den beiden Weltkriegen, ein unvergleichliches Anschwellen der marianischen Frömmigkeit in der „Pianischen Epoche" und der von vielen Bischöfen nach dem zweiten Weltkrieg erbetene Wunsch nach einer Beheimatung der Menschen in anschaulichen Bildern der Hoffnung.

---

[292] PG 98,345–348.
[293] Vgl. PG 97,1081.
[294] Vgl. PG 96,733.742.
[295] PL 39,2129–2134.

4. Die Maria der Heilsgeschichte und die Maria der Bilder

Innerhalb unseres Versuchs, die Maria der Heilsgeschichte mit dem Marienglauben der Kirche zu vermitteln, soll wenigstens kurz von den Bildern die Rede sein, die in der Kirche von Maria entstanden sind. Dabei wird keineswegs übersehen, daß es auch außerhalb der Kirche Bilder von Maria gibt[296]. Weil sich unsere Studie aber auf einen Vergleich bzw. eine Konfrontation der heilsgeschichtlichen mit der von der Kirche vermittelten Maria beschränkt, klammern wir die außerkirchliche Mariologie aus. Auch das unermeßliche Feld einer Geschichte der kirchlich geförderten, rezipierten oder geduldeten Marienfrömmigkeit kann hier nicht behandelt werden[297]. Lediglich von vier Punkten des Spannungsfeldes zwischen der historischen und der ins Bild gefaßten Maria soll im folgenden kurz die Rede sein. Diese vier Punkte sind:

(1) die vor allem zwischen der römisch-katholischen und den reformatorischen Kirchen forcierten Bemühungen um die Unterscheidung zwischen theologischen Sachverhalten und deren marianischer Veranschaulichung; (2) die von der „feministischen Theologie" vorgelegten Entwürfe eines „kritisch befreienden Marienbildes"; (3) die durch sogenannte „Marienerscheinungen" in die Kirche eingetragenen Marienbilder; und (4) die von der Kirche selbst normierten „Gnadenbilder".

[296] Exemplarisch sei hier verwiesen auf jüngere Studien zum Marienbild in Literatur, Musik und Film, aber auch auf das Marienbild in Judentum und Islam. Dazu: K.-J. Kuschel (Hg.), Und Maria trat aus ihren Bildern. Literarische Texte, Freiburg 1990; Ders., Maria in der deutschen Literatur des 20. Jahrhunderts, in: W. Beinert u. H. Petri (Hgg.), Handbuch der Marienkunde, Bd. II, Regensburg ²1997, 215–269; F. Fleckenstein, Marienverehrung in der Musik, in: Ebd. 173–214; R. Zwick, Maria im Film, in: Ebd. 270–320; S. Ben-Chorin, Mutter Mirjam. Maria in jüdischer Sicht, München ⁴1986; H. Stirnimann, Marjam. Marienrede an einer Wende, Freiburg/Schweiz 1989, bes. 39–163; L. Hagemann u. E. Pulsfort, Maria, die Mutter Jesu in Bibel und Koran (Religionswissenschaftl. Studien 19), Würzburg 1992.

[297] Dazu: R. Schimmelpfennig, Die Geschichte der Marienverehrung im deutschen Protestantismus, Paderborn 1952; W. Delius, Geschichte der Marienverehrung, München/Basel 1963; H. Graef, Maria. Eine Geschichte der Lehre und Verehrung, Freiburg 1964; K. Guth, Geschichtlicher Abriß der marianischen Wallfahrtsbewegungen im deutschsprachigen Raum, in: W. Beinert u. H. Petri (Hgg.), Handbuch der Marienkunde, Bd. II, Regensburg ²1997, 321–448; K. Schreiner, Maria – Jungfrau, Mutter, Herrscherin, München/Wien 1994.

a) *Die ökumenisch motivierte Unterscheidung zwischen theologischen Sachverhalten und deren marianischer Veranschaulichung*

Auf einer seiner Reisen nach Südamerika hat Papst Johannes Paul II. „unsere liebe Frau von Guadalupe" mit dem Titel aus dem Salve Regina „Du, unsere Hoffnung"[298] begrüßt. Dieser Anruf hat nicht wenig Kritik provoziert; und der Grundtenor dieser Kritik hatte sein Vorbild in Luthers Angriff auf das Salve Regina[299]. In einer Predigt des Jahres 1522 zum Fest Mariä Geburt wundert sich Luther darüber, „was das für Worte sind, die man ihr (Maria) zulegt: ‚Sei gegrüßt, eine Königin der Barmherzigkeit, unser Leben, unsere Süßigkeit und unsere Hoffnung!' Ist das nicht zu viel? Wer will das verantworten, daß sie ‚unser Leben, Barmherzigkeit und Süßigkeit' sein soll, wo sie sich doch (daran) genügen läßt, daß sie ein armes Gefäß sei? Dies Gebet singt man durch die ganze Welt und läutet große Glocken dazu! Also ist es auch mit dem ‚Regina coeli', das ist auch nicht besser, da man sie eine Königin des Himmels nennet. Ist das nicht eine Unehre Christo angetan, daß man einer Kreatur zuleget, was allein Gott gebührt? Darum lasse man ab von den unverschämten Worten"[300].

In diesem Zitat ist für den gesamten Protestantismus exemplarisch zum Ausdruck gebracht, daß Maria – biblisch verstanden – nicht Gnadenmittlerin, sondern im Gegenteil Ausdruck jener ausschließlich empfangenden Haltung („sola fide") ist, die das reformatorische „sola gratia" bezeugt. Luther fordert in seinem Magnifikat-Kommentar die Gläubigen auf, dies zu erwägen, wie in Maria „der überschwängliche Reichtum Gottes mit ihrer tiefen Armut, die göttliche Ehre mit ihrer Nichtigkeit, die göttliche Würdigkeit mit ihrer Verachtung, die göttliche Größe mit ihrer Kleinheit, die göttliche Güte mit ihrem Unverdienst, die göttliche Gnade mit ihrer Unwürdigkeit zusammengekommen sind"[301].

Während die katholische Theologie das Ja-Wort Marias zum Urbild jenes Bundes erklärt, in dem die Gnade im Modus des Gebens, des

---

298 Sekretariat der Deutschen Bischofskonferenz (Hg.), Predigten und Ansprachen von Papst Johannes Paul II. bei seiner Reise in die Dominikanische Republik und nach Mexiko (26.1.-4.2.1979), Bonn 1979, 4.

299 Dazu: F. Courth, Das Marienlob bei Martin Luther. Eine katholische Würdigung, in: MThZ 34 (1983) 279–292.

300 Textfassung nach W. Tappolet (Hg.), Das Marienlob der Reformatoren, Tübingen 1962, 111.

301 Das Magnificat verdeutscht und ausgelegt durch D, Martin Luther, eingel. v. H. Riedlinger, Freiburg 1982, 71 f.

eigenen Mit-Tuns, der je eigenen Sendung angenommen wird, sieht die reformatorische Theologie in Maria die exemplarische Gestalt des Menschen, der allein auf Gott vertraut und also alles ausschließlich seiner Gnade bzw. Rechtfertigung verdankt[302]. Von daher wird Barths These verständlich, daß die katholische Mariologie auf den Punkt bringt, weswegen er nicht katholisch werden könne: „Das Mariendogma", so bemerkt er wörtlich, „ist nicht mehr und nicht weniger als das kritische Zentraldogma der römisch-katholischen Kirche, das Dogma, von dem aus alle ihre entscheidenden Positionen einzusehen sind und mit dem sie stehen und fallen. Es hat schon seinen tiefen Grund, daß für das populäre Bewußtsein bei Katholiken und Protestanten wahrscheinlich keine von den reformatorischen Positionen für jedes Kind so einleuchtend geworden ist wie das schlichte Nein, das von der reformatorischen Erkenntnis aus zu der ganzen Marienlehre und zu dem ganzen Marienkult gesagt worden ist und unter allen Umständen unerbittlich gesagt werden muß. Eben in der Marienlehre und im Marienkult steckt anschaulich die Häresie der römisch-katholischen Kirche, von der aus alle anderen verständlich werden. Die ‚Mutter Gottes' des römisch-katholischen Mariendogmas ist nämlich sehr schlicht das Prinzip, das Urbild und der Inbegriff des bei seiner Erlösung auf Grund der zuvorkommenden Gnade dienend (*ministerialiter*) mitwirkenden menschlichen Geschöpfs und eben als das auch das Prinzip, das Urbild und der Inbegriff der Kirche."[303]

Mit dem Messen der katholischen Marienbilder an der Rechtfertigungslehre Luthers hängt eng zusammen die protestantische Forderung nach einer Reduktion aller Aussagen über Maria auf das in der Schrift explizit Enthaltene. Die neuere protestantische Theologie will auch die von Luther nie bestrittenen Aussagen des Konzils von Ephesus (θεοτόκος – Gottesgebärerin) und des zweiten Konzils von Konstantinopel (ἀειπαρθένος – immerwährende Jungfrau) wenn nicht aus

[302] Dazu: F. Courth, Maria im aktuellen ökumenischen Gespräch, in: TThZ 95 (1986) 38–53; ders., Kontroverspunkte im ökumenischen Gespräch über die Mutter Jesu und Ansätze zu ihrer Überwindung, in: H. Petri (Hg.), Divergenzen in der Mariologie. Zur ökumenischen Diskussion um die Mutter Jesu (MSt 7), Regensburg 1989, 9–33; R. Frieling, Maria und die Ökumene, in: JEB 32 (1989) 85–101; H. Petri, Maria in der Sicht evangelischer Christen, in: W. Beinert u. H. Petri (Hgg.), Handbuch der Marienkunde, Bd. I, Regensburg [2]1997, 382–419; im Sinne einer umfassenden Bilanz: A. Dittrich, Protestantische Mariologiekritik. Historische Entwicklung bis 1997 und dogmatische Analyse (MSt 11), Regensburg 1998.

[303] K. Barth, Kirchliche Dogmatik I/2 ([8]1990) 157. – Dazu: Riesenhuber (Anm. 229) 13–63.

dem Credo streichen, so doch nicht als verbindlich betrachten. Verbunden mit dieser Tendenz ist zugleich das ökumenische Bemühen, dem weltlos gewordenen Glauben die Anschaulichkeit zeit- und situationsgebundener Ausdrucksformen zuzugestehen. Dietrich Ritschl meint: „Wenn die unmittelbare Rückfrage nach biblischer Begründung der Mariendogmen – das klassische protestantische Anliegen – sich als sprödes und ergebnisloses Unternehmen erweist, so liegt das letztlich daran, daß diese Dogmen nur scheinbar eine Überhöhung von biblischen Aussagen über Maria sind. In Wahrheit sind sie ein anderer modus loquendi, eine ‚Alloiosis' sozusagen, für christologische sowie für ekklesiologische Anliegen. Damit haben sie letztlich eine Art Hilfsfunktion, denn sie wollen etwas transparent machen, was im Prinzip auch anders gesagt werden kann. Ein äußeres Anzeichen für diese Hilfs- und Sekundärfunktion der Mariendogmen ist schon die Tatsache, daß viele katholische Dogmatiker im eigentlichen Vollzug ihrer Arbeit ohne Mariendogmen auskommen."[304] – In dieser inzwischen von mehreren protestantischen Theologen affirmierten Position wird das ökumenische Gespräch über Maria in der Relativierung der „marianischen Dogmen" zu auswechselbaren Bildern gesucht. Natürlich kann die christologische Wahrheit, die in dem „Bild der Gottesgebärerin" ausgedrückt wird, auch ohne dieses „Bild" expliziert werden. Wenn aber damit – wenn auch unausgesprochen – vorausgesetzt ist, daß die Bezeichnung Marias als „Gottesgebärerin" oder „Immaculata" oder „Assumpta" nicht Ausdruck eines Faktums, sondern *nur* Interpretation und also *ausschließlich* „Bild" ist, dann entpuppt sich das „Alloiosis-Manöver" als beredtes Beispiel eben jener „Tintenfischökumenik", die Jörg Baur als „problemermäßigende Vertuschung"[305] beschreibt.

b) Die von der „feministischen Theologie" vorgelegten Entwürfe eines „kritisch befreienden Marienbildes"

In derselben Abhandlung, in der Dietrich Ritschl die katholischen Mariendogmen als auswechselbare Bilder relativiert hat, kommt er auch auf bestimmte Bilder feministischer Mariologie zu sprechen, um die Grenzen dessen, was er als „Alloiosis" bezeichnet, zu benennen. Er bemerkt: „Die Geschichte der Marienfrömmigkeit, nicht nur die

[304] D. Ritschl, Überlegungen zur gegenwärtigen Diskussion über Mariologie, in: ÖR 31 (1982) 443–461; hier: 451.

[305] J. Baur, Einig in Sachen Rechtfertigung?, Tübingen 1989, 26.

der Mariendogmen, [...] tendiert zum Gedanken einer autonomen, heilsbringenden und göttlichen Funktion Marias. In der heutigen ökumenischen Arbeit darf diese Gefahr nicht heruntergespielt werden. Erst recht darf die Tendenz zur Erhebung Marias als Göttin nicht durch den – an sich völlig berechtigten – Ruf nach der ‚weiblichen Dimension in Gott' legitimiert oder in begrifflicher Unschärfe romantisiert werden. Die Mütterlichkeit Gottes muß anhand von Texten aus den Psalmen, aus Dtn, Jes, Hos usw., auch aus der Trinitätslehre, neu verstanden und nicht durch die Apotheose einer historischen Frau konstruiert werden."[306] Generell darf man mit Ritschl feststellen, daß überall da, wo aus rein frauenpolitischen Gründen Marienbilder der Tradition verworfen und neue (kritisch befreiende) Marienbilder installiert werden, von einem Beitrag zur Theologie keine Rede sein kann.

Gestützt auf die ausgezeichnet differenzierenden Beobachtungen von Wolfgang Beinert[307], möchte ich fünf Richtungen der feministischen Mariologie unterscheiden:

(1) Maria als Symbol des Ewig-Weiblichen: Hier handelt es sich genau genommen nicht um ein feministisches Marienbild, sondern um das Marienbild von Frauen, die antifeministisch eingestellt sind. Sie betonen gerade die Polarität zwischen Mann und Frau, die von der feministischen Theologie unter Ideologieverdacht gestellt wird: nämlich Maria als Symbol der edelsten Züge wahrer Fraulichkeit. Als Vertreterinnen dieser Position nennt Beinert: Gertrud von Le Fort; Ida Friederike Görres, Barbara Albrecht und Jutta Burggraf[308].

(2) Maria als Symbol der Dämonisierung des weiblichen Geschlechts durch die Kirchen: Diese Position stellt das exakte Gegenteil der erstgenannten dar. Sie wird vor allem vertreten von Mary Daly und Elga Sorge. Daly geht bis zur Bezeichnung der Jungfrauengeburt als „christlichen Vergewaltigungsmythos"[309]. Und für E. Sorge ist selbst das

---

306 Ritschl (Anm. 304) 451 f.

307 Vgl. W. Beinert, Unsere Liebe Frau und die Frauen, Freiburg 1989, 111–138.

308 Dazu: G. v. Le Fort, Die ewige Frau – die Frau in der Zeit – die zeitlose Frau, München 1934; I. F. Görres, Laiengedanken zum Zölibat, Frankfurt 1962; B. Albrecht, Vom Dienst der Frau in der Kirche. Aktuelle Fragen und biblisch-spirituelle Grundlegung, Vallendar/Schönstatt 1980; dies., Kleine Marienkunde, Vallendar/Schönstatt ²1985; J. Burggraf, Die Mutter der Kirche und die Frau in der Kirche. Ein kritischer Beitrag zum Thema „feministische Theologie", Kevelaer 1986.

309 Vgl. M. Daly, Jenseits von Gottvater, Sohn & Co. Aufbruch zu eine Philosophie der Frauenbefreiung, München ⁴1986; dies., Gyn/Ökologie. Eine Meta-Ethik des radikalen Feminismus, München ⁴1986.

Magnifikat – nicht selten von Feministinnen (z. B. von Dorothee Sölle) als Ausdruck der Befreiung gewürdigt – die Legitimierung von Macht und Herrrschaft – wenn auch mit umgekehrtem Vorzeichen[310].

(3) Maria als vorchristliches Symbol des Urmythos vom Weiblichen: Diese Richtung ist bestimmt von der Suche nach dem historischen Mutterschoß des Feminismus. Die Frauenforschung ist seit Jahrzehnten bemüht, hinter und vor den überlieferten patriarchalischen Gesellschaftsstrukturen matriarchalische Ur-Kulturen nachzuweisen. Ob vor dem Patriarchat stets das Matriarchat stand, ist stark umstritten. Jedenfalls versuchen Feministinnen wie Christa Mulack und Marina Warner (m. E. auch Maria Kassel), Maria als Transposition der Muttergottheiten der alten Kulte ins Christliche bzw. als die christlich gewendete Urmuttergottheit zu verstehen[311]. Dabei wird von Christa Mulack bedauert, daß die männlichen Theologen diese Transposition behindert haben, so daß Maria nicht wirklich in die Trinität aufgenommen, sondern unter „dieses Triumvirat" gestellt wurde.

(4) Maria als Symbol für den Selbstwert der Frau: Im Gegensatz zu den beiden vorgenannten Positionen ist diese Richtung dezidiert den geschichtlichen Quellen des Christentums verpflichtet. Maria soll nicht frauenpolitisch instrumentalisiert, sondern als die, die sie faktisch war, zur Anfrage werden. Catharina Halkes versteht Maria als Symbol des freien Menschen[312]. Als Jungfrau ist sie die Frau, die nicht vom Mann her definiert ist. Im Magnifikat erweist sie sich als Anwältin aller Entrechteten und Unterdrückten. Als „Immaculata" steht sie gegen den Mythos vom weiblich Bösen (Eva als Verführerin des Mannes). Als Assumpta ist sie näher bei Gott als jeder Mann. Rosemary Radford Ruether entwickelt von daher Sympathien für die Gnadenmittlerschaft und Miterlöserschaft Marias. Wörtlich bemerkt sie: „Wenn die Menschheit, die aus Männern und Frauen besteht, erlöst werden soll, dann muß der weibliche Teil irgendwie an diesem Erlösungswerk mitarbeitend beteiligt sein."[313]

---

310 Vgl. E. Sorge, Religion und Frau. Weibliche Spiritualität im Christentum, Stuttgart ^{2}1987.

311 Vgl. C. Mulack, Maria. Die geheime Göttin im Christentum, Stuttgart 1985; M. Warner, Maria. Geburt, Triumph, Niedergang – Rückkehr eines Mythos?, München 1982; M. Kassel, Maria und die menschliche Psyche, in: Conc(D) 19 (1983) 653–659.

312 Vgl. C. Halkes, Gott hat nicht nur starke Söhne. Grundzüge einer feministischen Theologie, Gütersloh 1980; dies., Maria und die Frauen, in: Conc(D) 19 (1983) 646–653.

313 R. R. Ruether, Maria – Kirche in weiblicher Gestalt (KT 48), München 1980, 69.

(5) Maria als Zeichen für die heilsgeschichtliche Bedeutung des weiblichen Geschlechts: Diese Position wird von Exegetinnen vertreten, die einen Schwerpunkt auf Themen der Frauenforschung legen (Jane Schaberg, Monika Fander, Hisako Kinukawa)[314]. Einige Grundgedanken bestimmen die entsprechenden Publikationen: Durch Maria geht Gott einen weiblichen Weg von Israel zu den Völkern. Maria ist identisch mit dem „heiligen Rest“. Sie ist es, die durch ihr Ja-Wort zur Stellvertreterin der Menschheit wird. Wie Abraham der Vater, so wird sie die Mutter vieler Völker. Wie Abraham Urbild des Glaubens ist, so Maria in noch vollkommenerer Weise.

Resümierend betont Wolfgang Beinert: „Ein auffallender und beinahe durchgängiger Zug der feministischen Mariologie besteht darin, daß Maria als Symbolgestalt gefaßt wird. Am deutlichsten erscheint das in der religionsgeschichtlich-tiefenpsychologischen Konzeption [...], doch auch die anderen sind davon nicht frei. Auch darin spiegelt sich eine defizitäre Tradition wider. Man braucht bloß an die Titel- und Privilegientheologie des sogenannten ‚Marianischen Jahrhunderts‘ zwischen 1850 und 1960 zu denken, deren Ergebnisse heute noch in vielen Traktaten zu lesen sind. Die Marienkunde ist jedoch immer dann in eine tiefe Krise gestürzt worden – im 16. wie im 20. Jahrhundert –, wenn Symbolismen ihre heilsgeschichtliche Funktion zu überwuchern drohten. Niemand kann in Abrede stellen, daß Maria nicht nur historische, sondern auch typologische und damit symbolische Bedeutung für die Kirche hat. Aber sie darf nicht bloß in anthropologischen Daten – seien sie der Religionsgeschichte, der Psychologie oder auch der Poesie entnommen – begründet werden, sondern einzig und allein in der Heilsgeschichte.“[315]

c) Die durch „Marienerscheinungen“ in die Kirche eingetragenen Bilder

Was Beinert kritisch zu den Marienbildern eines von den Fakten der Heilsgeschichte abgekoppelten Feminismus sagt, gilt mutatis mutandis auch von den Marienbildern der Empfänger und Interpreten von

---

[314] J. Schaberg, The Illegitimacy of Jesus: A Feminist Theological Interpretation of the Infancy Narratives, New York 1990; M. Fander, Die Stellung der Frau im Markusevangelium. Unter besonderer Berücksichtigung kultur- und religionswissenschaftlicher Hintergründe (MThA 8), Altenberge ³1992; H. Kinukawa, Frauen im Markusevangelium. Eine japanische Lektüre, Luzern 1995.

[315] Beinert (Anm. 307) 135 f.

Marienerscheinungen[316]. Es soll hier nicht bestritten werden, daß Maria – da sie, wie im vorausgehenden Kapitel beschrieben, über den Tod hinaus Leib ist und also in Beziehung zu Welt und Geschichte steht – sich in Analogie zu den biblisch bezeugten Selbstbekundungen des Auferstandenen zeigen kann. Aber die Selbstbekundungen eines verklärten Leibes sind keine dem innerweltlichen Kausalzusammenhang unterworfene Fakten und deshalb in keiner Weise verifizierbar. Anders gesagt: Es gibt kein Kriterium zur Unterscheidung objektiver von subjektiven Visionen. Die Bilder einer Vision sind ausschließlich dem Seher bzw. der Seherin zugänglich. Und zu Recht unterstreicht Karl Rahner, daß eine „echte Vision" nicht nur von Gott verursacht, sondern ebenso Akt des Visionärs bzw. der Visionärin ist, weil Gott seine Adressaten nicht überwältigt, sondern sich ihnen unter Wahrung der natürlichen psychischen Strukturen und Gesetze mitteilt[317]. Eine „Marienerscheinung", die als Selbstbekundung Marias erklärt wird, ist immer vermittelt durch die Imagination des Visionärs bzw. der Visionärin.

Erst unter dem Einfluß der Aufklärung wurde die Präsenz des Übernatürlichen in der Welt als Durchbrechung der Naturgesetze mißverstanden. Biblisch gesehen ist der Schöpfer in jedem Geschöpf anwesend; er muß nicht die Gesetze der Schöpfung durchbrechen, um in der Welt präsent zu sein. Wer ein Wunder als Durchbrechung der Naturgesetze definiert, geht dem von der Aufklärung propagierten Deismus (Natur als in sich geschlossener, autonomer Kausalzusammenhang) auf den Leim.

Der Gott, der als der trinitarische absolute Liebe ist, hat in fünfzehn Milliarden Jahren eine Welt entstehen lassen, die wirkliche (nicht nur scheinbare) Freiheit hervorgebracht hat: Liebe hebt die Andersheit (Freiheit) bzw. das Eigensein der Schöpfung niemals auf. Wenn Gott also in der Welt handelt, dann immer unter Wahrung der Eigenheit der

---

316 Dazu: G. Hierzenberge – O. Nedomansky, Erscheinungen und Botschaften der Gottesmutter Maria, Augsburg 1993; A. Ziegenaus (Hg.), Marienerscheinungen, Regensburg 1995; H. Petri, Marienerscheinungen, in: W. Beinert u. H. Petri (Hgg.), Handbuch der Marienkunde, Bd. II, Regensburg [2]1997, 31–59.

317 „Damit eine Vision wirklich die seelische Wirklichkeit eines bestimmten Subjektes sei, muß sie (metaphysisch gesprochen) wirklich ‚der Akt' dieses Subjektes sein, das heißt, nicht nur von Gott in sich bewirkt, sondern auch real als Tat dieses Subjektes von ihm selbst vollzogen sein. Damit ist aber ohne weiteres gesagt, daß die ontologische Struktur dieses Subjektes, seine Gesetzlichkeit im Akt sich geltend machen muß, weil andernfalls gar keine Vision zustande kommen könnte." (K. Rahner, Visionen und Prophezeiungen. Zur Mystik und Transzendenzerfahrung, Freiburg [2]1989, 42).

zur Freiheit berufenen Schöpfung. Bezogen auf die Marienerscheinungen bedeutet dies: Eine Selbstbekundung der Mutter Gottes setzt das Eigensein (z. B. die Vorstellungswelt) des Rezipienten mit Sicherheit nicht außer Kraft[318]. Die großen Visionäre Ignatius von Loyola, Johannes vom Kreuz oder Teresa von Avila betrachten ihre Visionen keineswegs als etwas Außerordentliches; sie sind sich bewußt, daß Gott ihnen in den ihnen greifbaren und verständlichen Bildern – also vermittelt durch die Schöpfung – etwas Bestimmtes sagen will. Kriterium für die Echtheit ist für sie nicht das Gesehene, sondern das durch das Gesehene Gesagte und die Wirkung des so Gesagten im eigenen Leben. Wenn z. B. Ignatius immer wieder Bilder erfährt, in denen er sich von der Trinität angesprochen weiß, dann in dem klaren Bewußtsein, daß diese Bilder nur Vehikel des Eigentlichen und ganz sicher nicht ein Durchbrechen der Eigensphäre des Geschöpflichen sind.

Vor diesem Hintergrund ist das vor allem im 19. Jahrhundert und in der ersten Hälfte des 20. Jahrhunderts zu verzeichnende Phänomen der „Marienerscheinungen" sehr kritisch zu sehen. Je südlicher ein Land in Europa gelegen ist und je beängstigender die politische Situation (z. B. zweiter Weltkrieg), desto häufiger sind die Berichte von solchen „Erscheinungen". Die Visionäre sind meistens Kinder und weiblichen Geschlechts.

---

318 „Die Tatsache des Realitäts*eindrucks* des Visionsgegenstandes auf den Visionär und selbst die Eingliederung des Gegenstandes in den normalen Wahrnehmungsraum sind kein Beweis für die Objektivität dieses Eindrucks. Denn einerseits findet er sich ebenso bei eigentlichen Halluzinationen und bei eidetischen Phänomenen, anderseits ist die *Richtigkeit* dieses Eindrucks nicht eine einfache und unmittelbare Bewußtseinstatsache, sondern ist (wie schon bei einfachsten und normalsten Sinnestäuschungen) erkenntnistheoretisch als ein Urteil zu werten, das die Wahrnehmung falsch interpretiert, und so auf Rechnung des Visionärs, nicht der Vision und ihrer transzendenten Ursache zu setzen. Der Mensch *täuscht* sich, nicht Gott ihn. Aus denselben Gründen beweist es nichts für die Körperlichkeit (und für die Gottgewirktheit) der Vision, wenn die geschaute Person ‚spricht', ‚sich bewegt', ja selbst ‚sich berühren läßt' (denn auch dies geschieht in natürlichen, rein imaginären Vorgängen), auch nicht, wenn der Visionär den Eindruck hat, etwas ihn Überraschendes, von ihm nicht Gewußtes wahrzunehmen. Eine solche Verteilung des einen Bewußtseins auf zwei ‚Personen' (auch mit dem Überraschungserlebnis) erleben wir schon im Traum; nur wundern wir uns da nicht mehr, weil wir es gewohnt sind, obwohl dieses Erlebnis psychologisch gar nicht so selbstverständlich ist. Damit der vernommene Inhalt einer Rede der wahrgenommenen Person nicht mehr als Produkt des schöpferischen Unterbewußtseins des Visionärs auffaßbar sei, müßte dieser Inhalt schon sehr eindeutig über den Möglichkeiten des Bewußtseins des Visionärs liegen, was nicht leicht nachgewiesen werden kann." (Ebd. 37 f).

Die Psychopathologie[319] unterscheidet eine ganze Reihe von Phänomenen, die als Erscheinungen ausgegeben werden, mit Sicherheit aber nicht übernatürlich verursacht bzw. vermittelt sind:

(1) *Halluzinationen*: Darunter versteht man Sinnestäuschungen, die im Unterschied zu Illusionen ohne äußere Sinnesreize entstehen, wie diese aber vom Bewußtsein objektiver Realität begleitet sind (dies im Gegensatz zu „Pseudohalluzinationen"!).

(2) *Illusionen und Pareidolien*: Sie beruhen auf einer Fehldeutung von objektiv gegebenen Sinneseindrücken; z. B. in der Deutung einer Lichtquelle als Erscheinung der Mutter Gottes.

(3) *Wahnvorstellungen*: Sie beruhen auf einer krankhaften Veränderung des Realitätsbewußtseins mit unkorrigierbarer Fehlbeurteilung der Wirklichkeit.

(4) *Eidetische Bilder*: So bezeichnet man die bei jedem Menschen mehr oder weniger ausgeprägte Fähigkeit, Anschauungsbilder von objektiv nicht verifizierbaren Gestalten in sinnlicher Deutlichkeit zu produzieren.

Unter strikter Beachtung der Tatsache, daß Gott, wenn er in der Welt handelt, das Eigensein seiner Schöpfung wahrt, und unter ebenso kritischer Berücksichtigung aller psychologischen (und parapsychologischen) Erklärungsangebote ist nicht auszuschließen, daß Gott sich durch die Menschen, die als Heilige weiterhin in Beziehung stehen zu Welt und Geschichte, bestimmten Menschen mitteilt.

d) Die von der Kirche selbst normierten „Gnadenbilder"

Während „Marienerscheinungen" für das Glaubensbewußtsein der Kirche von marginaler Bedeutung sind, ist die Kunst des Marienbildes ein kaum überschätzbarer „locus theologicus". Es würde meine Kompetenzen bei weitem überschreiten und auch den Rahmen dieser kleinen Studie sprengen, wollte ich im folgenden selbst beitragen zur Erforschung dieses Sektors der Mariologie. Deshalb beschränke ich mich zur Abrundung meiner abschließenden Bemerkungen zu den von Maria entworfenen Bildern auf eine kurze Zusammenfassung der entsprechenden Arbeiten von Karl Kolb[320].

---

319 Dazu: G. Schallenberg, Visionäre Erlebnisse im 20. Jahrhundert. Eine psychopathologische Untersuchung, Bonn 1979.

320 K. Kolb, Franken-Madonnen im Wandel der Jahrhunderte, Würzburg 1975; ders. Mariengnadenbilder, München ²1978; ders., Typologie der Gnadenbilder, in: W. Beinert u. H. Petri (Hgg.), Handbuch der Marienkunde, Bd. II, Regensburg ²1997, 449–482.

Als eine der ältesten Darstellungen der Mutter Gottes kann jenes Fresko der Priscilla-Katakombe aus dem 3. Jahrhundert gelten, in dem Maria mit dem Kind und Bileam (der aus den Heiden berufene Prophet des Messias, vgl. Num 24,17) dargestellt ist. Allerdings handelt es sich hier wie auch in anderen Fresken der römischen Katakomben (Darstellungen der Anbetung der Könige) nicht um eine „autonome Mariendarstellung". Eine solche findet sich erst nach dem Konzil von Ephesus 431. Die thronende θεοτόκος im Apsismosaik von Santa Maria Maggiore in Rom nimmt Bezug auf dieses Konzil. Doch auch nach Ephesus blieb die bildliche Darstellung des eigentlich nicht Darstellbaren umstritten. Erst die Beilegung des sogenannten Bilderstreites durch das Zweite Konzil von Nicäa 787 brach den Bildern Bahn. Dieses Konzil stellte unter Berufung auf die wahre Menschwerdung des Erlösers fest, daß die Ikone nur Abbild des Urbildes ist und durch die Beschriftung mit einem Namen auf das Urbild verweist.

Der Osten bildete zur Wahrung dieses Verweisungszusammenhangs ganz bestimmte Typen aus. Und im Westen entstand das sogenannte „Gnadenbild", welches nur die eine Funktion hat, so auf die dargestellte Person zu verweisen, daß in dem Abbild das Urbild verehrt, berührt, erfahren werden kann. Immer werden beim Gnadenbild „die Dargestellten durch die Vorstellungskraft mit dem Bild identisch, ein Vorgang, der auch in der Mystik eine bedeutende Rolle spielt. [...] Gleichwohl bleibt das Bild nur Mittler. Einen ursächlichen Zusammenhang zwischen Gnadenbild und Erhörung erkennt die Kirche nicht an, sondern ausschlaggebend sind Erhörungswürdigkeit und Gesinnungsreinheit der Beter."[321]

Alle „Gnadenbilder" der Gottesmutter lassen sich auf drei Typen zurückführen: auf zwei dem Evangelisten Lukas zugeschriebene Halbfigurenbilder („Hodegetria" und „Eleusa") und auf ein Madonnenbild, das dem als „Edesseum" bezeichneten Christusbild nachgeformt ist.

„Hodegetria" bedeutet so viel wie: „die den Weg Weisende". Der Typus dieses Gnadenbildes soll so groß wie eine Tischplatte gewesen sein. Aus dieser Tatsache formte sich die Legende, Lukas habe die erste „Hodegetria" auf die Tischplatte des Hauses von Nazaret gemalt. Wahrscheinlich aber gehen die Ursprünge in das 5. oder 6. Jahrhundert zurück. Sicher ist das Bild nicht vor dem Konzil von Ephesus entstanden. Charakteristika aller unter die Sammelbezeichnung „Hodegetria" gefaßten Gnadenbilder sind: Das Sitzen des Kindes auf dem linken

[321] Kolb (Anm. 320: Typologie) 453.

Arm der Mutter; der herrscherliche (göttliche) Gestus des Kindes, das in der Linken eine Schriftrolle hält und mit der Rechten segnet; das Hinweisen der Mutter mit der rechten Hand (Wegweiserin) auf den Sohn; und das frontale Schauen der Mutter und des Sohnes auf den Betrachter. Berühmt ist die „Hodegetria" von Tschenstochau. Ebenso bekannt ist das als „Salus Populi Romani" bezeichnete „Lukasbild" der Capella Borghese in der römischen Basilika Santa Maria Maggiore, das unzählige Male kopiert und vor allem auch zum Marienbild aller Jesuitenmissionare avancierte. Doch im Unterschied zum östlichen Vorbild weist in dem römischen Exemplar Maria nicht mehr mit der rechten Hand auf den Sohn. Eine weitere Variation der ursprünglichen „Hodegetria" stellt jene Ikone dar, die im 15. Jahrhundert wahrscheinlich von Kreta nach Rom gelangt ist und zu „dem" Marienbild der Redemptoristen wurde. Charakteristisch für diese Version ist der traurige, auf das Leiden des Sohnes vorauseilende Blick und das Sichfesthalten des Sohnes mit beiden Händen an der Mutter.

Die Bezeichnung des zweiten Grundtypus „Eleusa" bedeutet aus dem Griechischen übersetzt so viel wie: „die sich Erbarmende". Das älteste uns bekannte Exemplar ist eine kleine Elfenbeinplastik aus dem Syrien des 8. Jahrhunderts. Charakteristika aller unter die Sammelbezeichnung „Eleusa" gefaßten Gnadenbilder sind: das Anschmiegen des Sohnes an die Mutter; das hilfesuchende Ergreifen des Halses der Mutter mit der rechten Hand bzw. dem rechten Arm; das schmerzliche und ahnende Hinausschauen der Mutter in die von der Passion geprägte Zukunft. Ein wirkungsgeschichtlich bedeutendes Exemplar dieses Typs ist das 1125 in Konstantinopel entstandene und über Wladimir 1480 nach Moskau gelangte Urbild der russischen Marienfrömmigkeit. Dem entspricht im Westen die Eleusa-Madonna „Vom guten Rat" in dem kleinen Städtchen Genazzano bei Rom. Ebenfalls von großer Bedeutung wurde eine von Lukas Cranach geschaffene „Eleusa", welcher der Sieg über die Türken bei Wien 1692 zugeschrieben wurde und die zum Vorbild der sogenannten „Mariahilf"-Bilder avancierte.

Der dritte Grundtypus wird nach der syrischen Stadt Edessa „Edesseum" genannt. Der Legende nach soll der kranke Fürst Abgar Jesus um Hilfe gebeten haben; und er erhielt von ihm als Antwort ein Leinentuch mit dem Abdruck seines Gesichtes; durch dessen Anblick soll er geheilt worden sein. Später vermischte man diese Legende mit der biblischen Erzählung vom Schweißtuch der Veronika. Das Edesseum ist charakterisiert durch einen strengen Christuskopf mit einem

Kreuz-Nimbus. Wahrscheinlich entstand schon vor dem 15. Jahrhundert dazu ein entsprechendes Marienbild. „Der einzige Unterschied zwischen dem Antlitz Christi und dem der Muttergottes ist der Blick: Christus schaut meist auf den Beschauer, während Maria die Augen demütig gesenkt hält."[322] Im Rheinland hat sich dieser Typ unter der Bezeichnung „Sedes Sapientiae" (vgl. das Exemplar in St. Matthias in Trier) durchgesetzt. Oft verbunden wird der mit dem kreuzförmigen Nimbus versehene Kopf mit der sogenannten „Platytera"[323], einer ganzfigurigen Darstellung, welche vor oder im Leib Marias das Jesuskind abbildet.

Während bis etwa 1400 Maria meistens sitzend oder in Gestalt eines Brustbildes mit dem Kind erscheint, setzt sich im Spätmittelalter die stehende Madonna durch. Immer stärker erscheint sie als Königin: als Königin der Engel und des Himmels oder als Königin der Welt bzw. eines bestimmten Landes mit Zepter (vgl. die „Patrona Bavariae" auf dem Münchener Marienplatz oder die „Regina Coeli" in Bonn). „Während die thronende Madonna der gotischen Altarschreine Herrin im himmlischen Bereich ist, wird Maria in der barocken Interpretation auch Herrscherin über die irdischen Länder."[324] Die Krönung Marias (zwischen Vater und Sohn; darüber schwebend die Taube des Heiligen Geistes) wird zum barocken Gnadenbild.

Ohne Kind erscheint Maria in dem vor allem von den Dominikanern und Zisterziensern geförderten Typus der Schutzmantelmadonna. Mit diesem theologisch fragwürdigen Bild von der Mutter, die alle Not unter ihrem Mantel tröstet, war nicht selten ein von Angst geprägtes Gottesbild verbunden – konkret der groteske Versuch, vor der Strafe des strengen Richters unter den schützenden Mantel der Madonna zu flüchten. Besonders in Pestzeiten verbanden die Menschen mit der Vorstellung von der barmherzigen Mutter ein furchtbares Gottesbild.

Ebenfalls im 14. Jahrhundert entfaltet sich der Typus der „Pietà" – ein Marienbild, das ähnlich wie die Schutzmantelmadonna vor allem in Zeiten des Leids verbreitet war (nach weitgehendem Verschwinden im 16. Jahrhundert erneut während des dreißigjährigen Krieges). In der Barockzeit sehr beliebt ist auch die sogenannte „Mater dolorosa": unter dem Kreuz stehend mit einem oder sieben Schwertern in der Brust.

---

[322] Ebd. 463 f.

[323] Dazu: A. Weis, Die Madonna Platytera. Entwurf für ein Christentum als Bildoffenbarung anhand der Geschichte eines Madonnenthemas, Königstein 1985.

[324] Kolb (Anm. 320: Typologie) 466 f.

Immer als stehende Madonna erscheint „Maria im Ährenkleid" (Ähren als Sinnbild der „Immaculata"). Wie die Schutzmantelmadonna erscheint sie ohne Kind mit betenden oder zum Betrachter ausgestreckten Händen. Die älteste bekannte Version ist eine Silberstatuette von 1387 aus Mailand. Während die Ährenkleid-Madonna im 15. Jahrhundert weit verbreitet war, wurde dieser Typus während der Reformationszeit stark zurückgedrängt und erst auf spanischen Einfluß hin (dort starke Immaculata-Verehrung) im 17. Jahrhundert wieder häufiger. Nach der weltweiten Einführung des Immaculata-Festes durch Papst Clemens XI. (1708) kam es zur Ausgestaltung des Typs der Ährenkleid-Madonna durch den Sternenkranz (Nimbus) und die Andeutung der Weltkugel zu Füßen der Sündlosen, die der Schlange (dem Bösen) den Kopf zertritt. Auch die nach der Beschreibung der Seherkinder von Lourdes und Fatima entstandenen Gestalten sind dem „Immaculata-Typus" zuzuordnen.

Natürlich hat die christliche Kunst Maria nicht nur im sogenannten Gnadenbild dargestellt. Sie erscheint immer auch als Begleiterin ihres Sohnes bei dessen Geburt, auf dem Kreuzweg, in der Begegnung mit dem Auferstandenen, bei der Himmelfahrt oder in Pfingstdarstellungen[325]. Gerade diese „heilsgeschichtliche Einbindung" kann eine Verehrung Marias als eigenständige Mittlerin neben Christus vermeiden helfen.

[325] Dazu: W. Nyssen, Maria. Geisterfüllte Kirche, Mainz 1979.

Statt eines Nachworts:
EINE PREDIGT ZUM FEST DER „IMMACULATA"

Wir alle erfahren täglich, was das heißt: zu wenig Glaube, zu zaghafte Hoffnung, zu kühle Liebe; Gespräche, die abgebrochen, Entwicklungen und Anregungen zum Guten, die abgeknickt, Versprechen, die nicht gehalten werden; Gleichgültigkeit, die zur Entfremdung wird. Keiner von uns kann in seinem Leben diese Risse leugnen, diese Brüche, diese heimliche und versteckte Selbstgerechtigkeit, diese Ohnmacht zum Guten, diese Anpassung an das, was alle tun. Wir kleben an Gewohnheiten, an Schwächen und Versuchungen. Da möchte einer verzeihen und kann es doch nur äußerlich. Da möchte einer Geduld aufbringen, und der Kragen platzt ihm doch. Da möchte einer nicht mehr trinken, und er tut es trotzdem immer wieder. Da will einer restlos wahrhaftig sein und bleibt doch Opfer seiner Angst. Da will einer endlich mutig sein und paßt sich dennoch feige an. Da will einer wirklich selbstlos werden und denkt auch dabei an sich selbst. Kurz: Wir wollen sehen und sind doch blind. Wir wollen gehen und sind doch lahm. Wir wollen hören und sind doch taub. Wir wollen ganz sein und sind doch halb.

Wären wir in jedem unserer Akte ganz wir selbst, dann gäbe es das nicht; dann gäbe es keine Halbheit. Dann gäbe es keine halbe Entscheidung für Gott, aber auch keine halbe Entscheidung gegen Gott. Wenn wir in all unserem Reden, Denken und Tun ganz wir selbst wären, dann gäbe es weder im Guten noch im Schlechten die oft undurchschaubare Mischung von „positiv" und „negativ"; dann gäbe es nicht so etwas wie eine halbe („läßliche") Sünde, sondern nur eine ganze Sünde („Todsünde"). Dann gäbe es auch keine „halbe Heiligkeit", kein halbes „Ja", kein „Jein" zu Gott, sondern nur ein ganzes, ein vollkommenes „Ja".

Frage: Kann das sein, daß der Mensch, der – wie auch immer – von Gott gefragt wurde, ob er Mutter des Erlösers werden wolle, mit einem halben „Ja" geantwortet hat? Kann das sein, daß das Ja-Wort Marias, von dem die Verkündigungsszene des Lukasevangeliums erzählt, ein in der eben geschilderten Weise gebrochenes „fiat" war?

Nun sollte man sich hüten, nach dem Motto zu argumentieren, daß nicht sein kann, was nicht sein darf. Aus der Angemessenheit läßt sich kein Faktum ableiten. Deshalb vorab die Frage: Gibt es in der Urkunde unseres Glaubens, in der Heiligen Schrift, einen Hinweis auf das, was die Kirche dogmatisch von Maria aussagt: nämlich daß sie ohne Sünde war und blieb; daß also in ihr auch nichts von den Folgen der Sünde zu spüren war, von dem Graben, den wir eben beschrieben haben: zwischen dem, was wir eigentlich wollen, und dem, was wir tatsächlich zustande bringen?

Die Antwort liegt in der alttestamentlichen Hoffnung auf den „heiligen Rest", der die Tora (den Willen Gottes) erfüllt. Die mit Maria identifizierte Tochter Zion ist dieser „heilige Rest". Der Bund Jahwes mit Israel scheitert nicht. Er ermöglicht jene Tora-Treue, jenes Ja-Sagen zum Wollen Gottes, das Lukas in der Verkündigungsszene in bezug auf Maria bezeugt: „Siehe, ich bin die Magd des Herrn; mir geschehe nach Deinem Worte!"

Aus dem Christusereignis darf man nicht folgern, der Bund Jahwes mit Israel sei irgendwann aufgekündigt worden. Paulus bezeichnet in Röm 11 den „Rest" als Zeichen dafür, daß Jahwe seine Bundestreue niemals aufgekündigt hat. Er verweist auf die Siebentausend, die zur Zeit des Elija ihre Knie nicht vor Baal gebeugt haben. Und er betont, daß ein bestimmter Rest auch später die Treue zur Tora gewahrt habe. Wenn schon die Väter des zweiten Jahrhunderts Maria als die „neue Eva" bezeichnen und ihr in diesem Bild unbedingte Treue zum Willen Gottes zusprechen, dann wohl auch deshalb, weil die Heilige Schrift selbst immer wieder von dem „heiligen Rest" spricht, der das Kommen des Erlösers ermöglicht.

Die Sündelosigkeit der Mutter Gottes bedeutet nicht, daß sie aus der Geschichte Israels herausgenommen wird, sondern ganz im Gegenteil: Maria steht in der Heilsgeschichte Israels. Sie ist der „heilige Rest", in dem der „Alte Bund" doch noch zum Ziel kommt. Die Gnade, die ihr ein vollkommenes (immakulates) Ja-Wort zum Willen Gottes ermöglicht, wird ihr nicht unsichtbar, ungeschichtlich oder rein privat geschenkt, sondern durch den Bundespartner Jahwes – durch Israel – vermittelt.

An Maria wird deutlich: Sie ist ganz Werk des Herrn; und doch kann man von ihr auch sagen: Sie ist als die der Tora treue Jüdin ganz und gar heilig. Gott will sein Volk nicht retten, indem er den Bundesgedanken aufhebt, sondern unter Wahrung des Bundes. Auch wenn dieser Bund ganz und gar sein Geschenk ist, so bedeutet „Bund" doch auch, daß der Herr sein Volk Israel als aktives Subjekt und nicht als passives Objekt will. Kurzum: Die Liebe des Gottes, der Mensch wird, will das freie und ganze „Ja-Wort" des Menschen, durch den er Mensch wird.

In Maria konnte Gott im wahrsten Sinne des Wortes „ankommen". Sie hat das Geschöpf, in dem Gott sich selbst als Mensch ausgesagt hat, ohne jeden Widerstand, ohne jede Einschränkung in sich aufgenommen. Maria war ohne Sünde, und sie blieb ohne Sünde und mithin auch ohne jene Gespaltenheit, die all unser eigenes Reden, Denken, Handeln unvollkommen macht. Deshalb bekennt die Kirche von Maria, daß nicht nur ihr Leben, sondern auch ihr Sterben verschont war von den Folgen der Sünde, von der Gespaltenheit zwischen Person (dem, was wir eigentlich sein sollten bzw. sein möchten) und Natur (dem, was wir tatsächlich sind). Ihr Sterben war ein vollkommener Übergang in die innerste Gemeinschaft mit Gott.

Maria ist das „unbefleckte", das „immakulate Konzept", das Gott von Ewigkeit her vom Menschen hatte. In ihr ist das „Konzept" des freien Geschöpfes von keiner Sünde getrübt. Aber fragen wir gerade deshalb: Was geht das mich an? Wieso betrifft das mich, mein Leben und meinen Alltag?

Eine Gegenfrage: Was wäre, wenn Maria „Nein" statt „Ja" gesagt hätte? Gewiß eine theoretische Frage, aber doch eine reale Möglichkeit! Deswegen nennen die Kirchenväter Maria ja die „neue Eva", weil sie im Unterschied zur ersten Eva „Ja" statt „Nein" gesagt hat. Wie die erste Sünde, das erste „Nein" eines Menschen, Konsequenzen für alle Nachkommen hatte, so auch umgekehrt das totale Gegenteil der Sünde, das vollkommene, von keiner Gespaltenheit gezeichnete Ja-Wort Marias. Wie unsere Eltern und Paten bei unserer Taufe stellvertretend für uns „Ja" gesagt haben, so ähnlich Maria in der Stunde der Verkündigung, in der Stunde ihrer großen Lebensentscheidung. Sie steht wie eine Patin an der Wiege unserer eigenen Erlösung. Sie ist das Tor für alle Menschen zum Erlöser, seit sie für den Erlöser das Tor zu uns Sündern wurde. Sie ist nicht nur Mutter des Erlösers, sondern auch Mutter aller Erlösten. Sie ist nicht nur „Mutter Gottes", sondern auch „Urbild der Kirche".

Dennoch: Ist Maria nicht eine Privilegierte, eine im Unterschied zu uns Bevorzugte?

Einmal abgesehen davon, daß nur ein Mensch unter allen Menschen Mutter Jesu Christi werden konnte, gilt ganz allgemein: Jeder Mensch hat nicht nur eine Berufung, sondern jeder ist eine Berufung, eine unersetzliche und deshalb einmalige Sendung. Was die Tradition mit dem abgegriffenen Begriff „Gnade" bezeichnet, ist immer etwas ganz und gar Einmaliges, weil einem unwiederholbar konkreten Menschen Geschenktes. Zudem ist Gnade immer auch Zumutung, Anruf, Herausforderung. Denken wir an Marias Glauben an den Sohn, der in einem Stall zur Welt kommt; denken wir an ihre Suche nach dem unverstandenen Sohn, an ihren Glauben an den angefeindeten, verfolgten, ausgestoßenen und gekreuzigten Sohn.

An Maria wird geradezu exemplarisch deutlich, was für den Bundesgedanken ganz allgemein gilt: Man kann den Bund des Herrn, die „Gnade", nicht annehmen für sich selbst, sondern nur für die anderen. Maria ist Mutter Jesu Christi nicht für sich selbst, sondern für uns. Sie ist das Gegenteil der Sünde nicht für sich, sondern für uns.

Wo jemand Enttäuschungen annimmt ohne Bitterkeit, da geschieht Bejahung, da lebt einer in der Nachfolge des marianischen Ja-Wortes. Wo jemand es wagt, Schuld einzugestehen, nichts zu beschönigen und den dornigen Weg der Umkehr zu beginnen, oder wo einer ihm zugefügtes Unrecht verzeiht, da geschieht Bejahung. Wo jemand das Antlitz Jesu Christi im Antlitz seines Nächsten sucht, z. B. in einem von Angst, Einsamkeit oder Schuld entstellten Antlitz, da geschieht Bejahung, da lebt einer „marianisch". Oder wenn einer an einem offenen Grab, oder dann, wenn die eigenen Kinder versagen, wenn sie ganz andere Wege gehen, oder wenn eine Krankheit alle schönen Pläne zunichte macht, wenn jemand da, wo er Gott nicht versteht, in aller Anfechtung doch ein glaubender, hoffender und liebender Mensch bleibt, da steht er an der Seite Marias.

Gewiß: Im Unterschied zu Maria sind wir selbst von der Sünde gezeichnet, sind wir behaftet mit der Gespaltenheit zwischen Person und Natur, die durch jede weitere Sünde vertieft wird. Aber wenn wir das Ja-Wort Marias wenigstens nachzusprechen versuchen, wenn wir mehr „Ja" als „Nein" sagen, mehr glauben als zweifeln, mehr hoffen als resignieren, wenn wir uns wenigstens immer wieder danach sehnen, daß unsere Halbheit der Ganzheit, unsere Trägheit der Begeisterung und unsere Traurigkeit der Freude weicht, dann sind wir wie Maria adventliche Menschen; dann wird an uns erfahrbar, daß das Blinde sehend, das Lahme gehend, das Aussätzige rein, das Tote lebendig wird.

PERSONENREGISTER